溧阳天目湖
考古发掘报告

南京博物院
常州博物馆 编

文物出版社

图书在版编目（CIP）数据

溧阳天目湖考古发掘报告 / 南京博物院，常州博物馆编. -- 北京: 文物出版社, 2022.7
ISBN 978-7-5010-7501-0

Ⅰ. ①溧… Ⅱ. ①南… ②常… Ⅲ. ①考古工作—发掘报告—溧阳市 Ⅳ. ①K872.533

中国版本图书馆CIP数据核字(2011)第140441号

溧阳天目湖考古发掘报告

编　　者　南京博物院　常州博物馆

责任编辑　智　朴
责任印制　张道奇

出版发行　文物出版社
社　　址　北京市东城区东直门内北小街2号楼
邮　　编　100007
网　　址　http://www.wenwu.com
经　　销　新华书店
制版印刷　天津图文方嘉印刷有限公司
开　　本　889mm × 1194mm　1/16
印　　张　15.75
版　　次　2022年7月第1版
印　　次　2022年7月第1次印刷
书　　号　ISBN 978-7-5010-7501-0
定　　价　320.00元

主　编

林留根

副主编

马永强　黄建康

目 录

前　言

溧阳市位于长江三角洲西南部的苏、浙、皖三省交界处，地处北纬 31° 09′ ~ 31° 41′、东经 119° 08′ ~ 119° 36′，东邻宜兴，西与高淳、溧水毗邻，南与安徽省的广德、郎溪接壤，北接句容、金坛，南北长 59.06 公里，东西宽 45.14 公里，土地总面积 1535.87 平方公里（图一）。

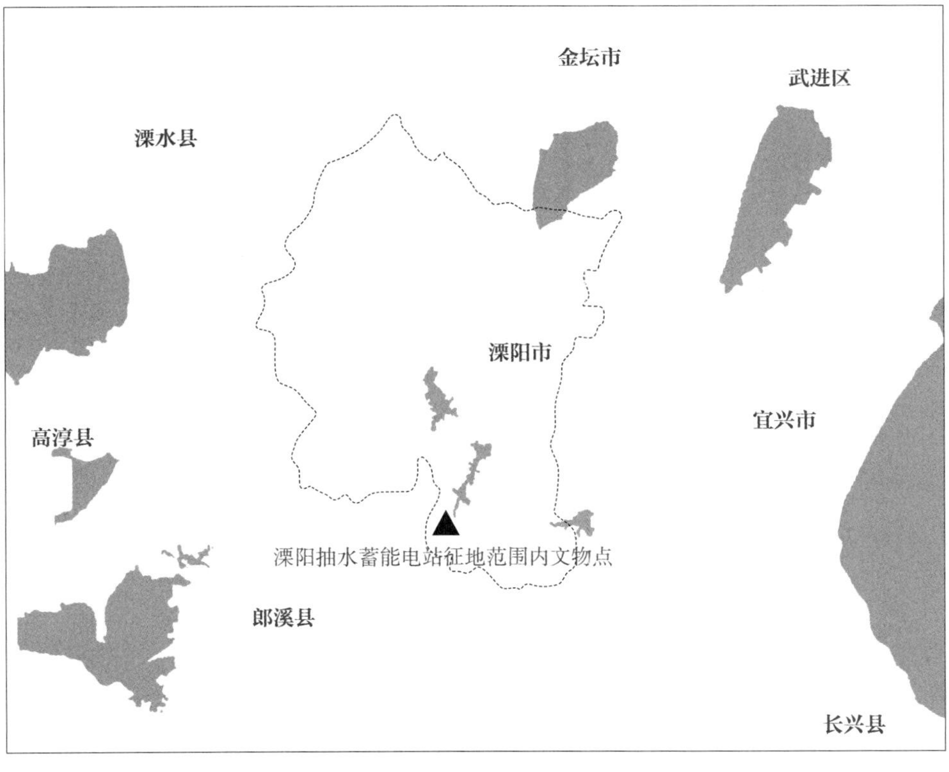

图一　溧阳市地理位置与抽水蓄能电站征地范围内文物点位置示意图

境内有低山、丘陵、平原圩区等多种地貌类型。南部为低山区，属天目山脉延伸，山势较为陡峭，绝对高程在250米以上，比高（吴淞基面）在200米以上；西北部为丘陵区，属茅山余脉，冈峦起伏连绵；腹部自西向东地势平坦，为平原圩区，平均海拔3米。溧阳处于太湖湖西水网区，属太湖水系，境内之水及高淳、郎溪部分客水主要经南河、中河、北河注入太湖。

天目湖，距离溧阳市区仅8公里。区内坐落着沙河、大溪两座国家级大型水库，素有“江南明珠”之称，因属天目山余脉，故名“天目湖”，兼具太湖烟波浩淼之势、千岛湖星罗棋布之局、西湖的淡妆浓抹之美。湖水清澈如镜，碧波浩瀚，周围群峰绵延，树木葱茏，其内野鸟纷飞，鱼虾欢跃。天目湖地区不但风景优美，而且历史悠久，孕育了灿烂的地域文明，具有深厚的文化底蕴。

水母山化石产地保护区是震惊世界的“中华曙猿”化石发现地。另外，重要的历史遗迹有大石山摩崖石刻。

“中华曙猿”化石的发现，说明距今5000多年前，溧阳境内即有先民活动。春秋末期，楚吴边界就有溧阳地名。公元前221年，溧阳始建县制，区域包括今溧阳市大部以及高淳县和溧水县的东南部。自三国吴大帝黄武元年（222年）至唐高祖武德三年（620年）的近400年间，溧阳县域区划变化甚大，溧阳县曾两度被废，境内先后设置过屯田都尉和永平县、永世县、平陵县。唐高祖武德三年（620年），废永世县，并划溧水东部之地复置溧阳县，自此溧阳作为行政区域名连续延用至今。元、明时期，溧阳曾升为溧州、溧阳府、溧阳路、溧阳州。民国时期，溧阳县先后隶属于江苏省行政公署、金陵道、江苏省政府、江苏省第一行政督察区（专员公署驻溧阳县）、江苏省江南行署管辖。1949年4月25日溧阳解放，建立县人民政府，先后属苏南行署武进行政分区、常州专署、镇江专署管辖。1983年3月实行市管县体制后，溧阳县属常州市管辖。1990年8月经国务院批准，撤销溧阳县，设立县级溧阳市。溧阳历史上曾有多座县治，自唐昭宗天复三年（903年）迁至溧阳城（今溧城镇）以来，距今已有1000多年。

溧阳抽水蓄能电站位于江苏省溧阳市天目湖镇，主要承担江苏省电网的调峰、填谷、调频、调相和事故备用等任务，其上、下水库建设永久征地和临时占地涉及天目湖镇的吴村村、新村、中田村等3个村及龙潭林场伍员山工区，建设征地总面积1.958平方公里。

图二 溧阳抽水蓄能电站征地范围内文物点分布图

2005年，受江苏省文物局委托，南京博物院考古研究所负责对溧阳抽水蓄能电站建设征地范围内的文物点进行考古调查、勘探，共发现文物点11个，其中春秋战国时期土墩墓9座、明清遗址2处（图二）。参加调查的工作人员为南京博物院考古所周润垦、张浩林。2009年11月，再次对各文物点进行了核查，并于12月下旬对各文物点开始考古发掘工作。此次考古发掘是在江苏省文物局的统一领导下，由具有团体考古领队资质的南京博物院负责，考古总领队为南京博物院考古研究所所长林留根，参加单位有南京博物院考古研究所、常州博物馆、南京大学考古专业、镇江博物馆、徐州博物馆（表一），溧阳市文广体局等单位为此次发掘配合、协调单位。

表一　溧阳抽水蓄能电站征地范围内文物点概况及任务分配表

编号	文物点名称	隶属	地理坐标	总面积（平方米）	时代	发掘单位
1	坟山头遗址	溧阳天目湖镇平桥区吴村村坟山头自然村	东经119° 23.403′ 北纬31° 14.710′	4800	明清	常州博物馆
2	桃园遗址	溧阳天目湖镇平桥区吴村村桃园自然村	东经119° 23.649′ 北纬31° 14.710′	2000	明清	常州博物馆
3	青龙墩土墩墓D1	溧阳天目湖镇平桥区吴村村坟山自然村	东经119° 23.626′ 北纬31° 14.370′	180	西周－春秋	徐州博物馆
4	温山土墩墓D1	溧阳天目湖镇平桥区吴村村温山自然村	东经119° 23.878′ 北纬31° 14.980′	300	西周－春秋	南京博物院
5	四分山土墩墓D1	溧阳天目湖镇平桥区吴村村坟山自然村	东经119° 23.520′ 北纬31° 14.804′	300	西周－春秋	南京大学
6	四分山土墩墓D2	溧阳天目湖镇平桥区吴村村坟山自然村	东经119° 23.560′ 北纬31° 14.794′	200	西周－春秋	南京大学
7	四分山土墩墓D3	溧阳天目湖镇平桥区吴村村坟山自然村	东经119° 23.534′ 北纬31° 14.852′	300	西周－春秋	徐州博物馆
8	四分山土墩墓D4	溧阳天目湖镇平桥区吴村村坟山自然村	东经119° 23.504′ 北纬31° 14.822′	180	西周－春秋	南京大学
9	庙山土墩墓D1	溧阳天目湖镇平桥区吴村村桃园自然村	东经119° 23.592′ 北纬31° 14.595′	300	西周－春秋	镇江博物馆
10	刘家山土墩墓D1	溧阳天目湖镇平桥区吴村村桃园自然村	东经119° 23.446′ 北纬31° 14.674′	500	西周－春秋	南京博物院
11	门口田土墩墓D1	溧阳天目湖镇平桥区吴村村岭头自然村	东经119° 23.477′ 北纬31° 14.575′	100	西周－春秋	镇江博物馆

刘家山土墩墓D1发掘报告

南京博物院

一 概 况

刘家山土墩墓D1（编号2009LWLD1）位于溧阳市天目湖镇平桥区吴村村桃园自然村西北的刘家山上，中心地理坐标为东经119°23.446′，北纬31°14.674′（图一）。

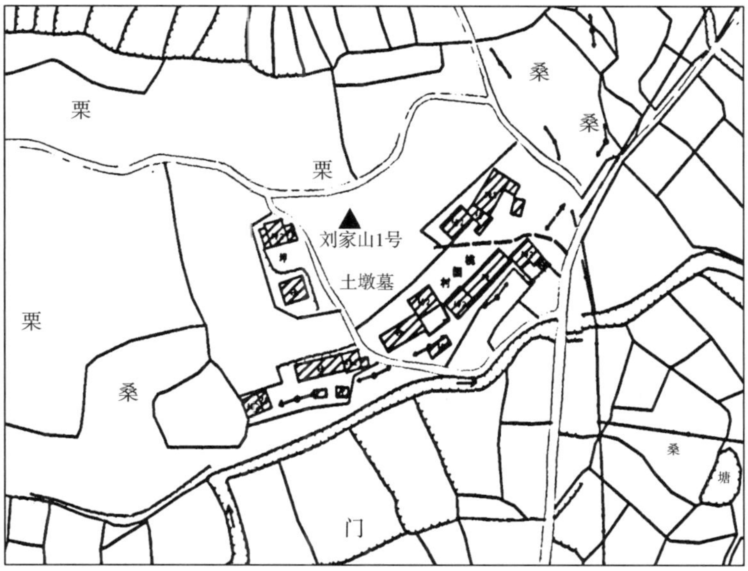

图一 2009LWLD1位置图

土墩墓呈馒头状，高出周围地表约2米，底径约25米，总面积近500平方米（彩版一）。地表有较多的竹子及杂草。在土墩墓中心，土地主人曾挖有一个深约2米的山芋窖。据讲未挖至老土（即生土），没有发现陶片。经考古调查人员钻探，其封土分为三层，并在距地表1.2米处钻探到夹砂红陶片。土墩墓的年代应为西周—春秋时期。

2009年12月10日至2010年2月10日，由南京博物院考古所对该土墩墓进行了发掘。

参加发掘的工作人员有南京博物院考古所林留根、马永强、周恒明，南京大学历史系考古专业研究生任林平、刘斌以及技工吕真理。2010 年 2 月至 3 月，对 2009LWLD1 的发掘资料进行了整理。参加整理的人员有南京博物院考古所马永强、甘恢元，技工吕真理。

二 工作方法

溧阳抽水蓄能电站征地范围内文物点的考古工作，严格按照《田野考古工作规程》的要求进行，根据土墩墓相对特殊的发掘对象，采用四分法和探方法相结合。按照四分法布方，土墩近中部留正方向十字形交叉的 1 米宽隔梁，西北、东北、西南、东南四个探方编号为Ⅰ、Ⅱ、Ⅲ、Ⅳ。然后按照探方逐层向下进行发掘，注意遗迹、遗物的发现与出土，并随时进行文字、绘图、照相记录，保证考古发掘资料的完整性和科学性。在土墩发掘过程中，十分注意安全问题。从开工开始，不管遗迹有无显露，中午和晚上一直安排专人看守工地，当遗迹现象显露后，考虑当时情况，能在工作时间结束发掘的尽量结束发掘，不能结束的，安排工人看护，每晚还分组分时段到现场检查。文物取回驻地有专门的地方存放，并做了及时清理、装箱。这些措施有效地保障了工作人员和文物的安全。

三 地层堆积及包含物

根据土质土色及地层出土的包含物，2009LWLD1 的地层共可划分为 5 层（以南北隔梁的东壁、东西隔梁的南壁为例）（图二、三；彩版二、三），分述如下：

第①层：灰褐色土层。厚 5 ~ 15 厘米。土质松散，有大量竹根、树根及植物根茎等，分布于整个土墩墓，为现代扰土层。该层下发现器物群 2 个，编号为 2009LWLD1Q1、2009LWLD1Q2。

第②层：黄色土层。深 10 ~ 80、厚 0 ~ 250 厘米。土质较松，含水量大，较纯净。呈内高外低陡坡状分布于土墩墓外围及周边。包含零星陶片及石块，陶片多为印纹硬陶，纹饰有方格纹、回纹等，另有少量夹砂红陶片。为人工堆积而成。该层下发现器物群 5 个，编号依次为 2009LWLD1Q3 ~ 2009LWLD1Q7。

第③层：灰褐色土层。深 15 ~ 120、厚 0 ~ 250 厘米。土质较硬，含灰褐色泥点，并夹有少量石块。地层中出土 1 件石箭镞、1 件有段石锛。同时，出土少量陶片，多为印纹硬陶，

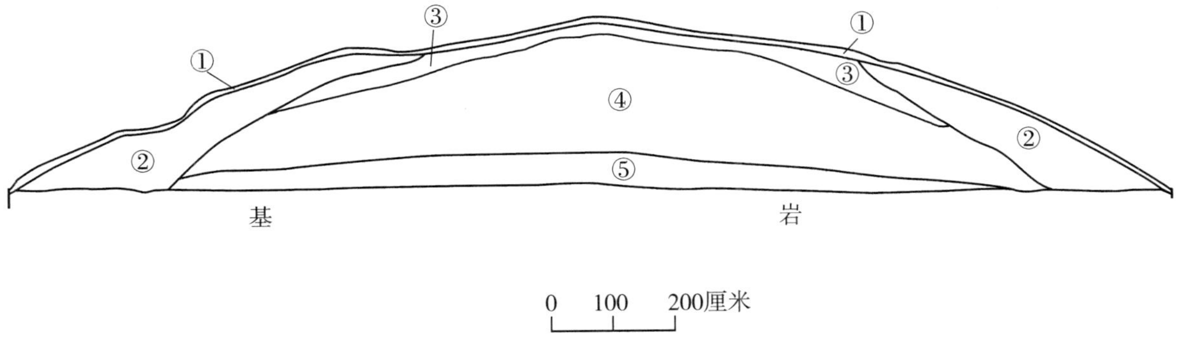

图二 2009LWLD1南北隔梁东壁剖面图

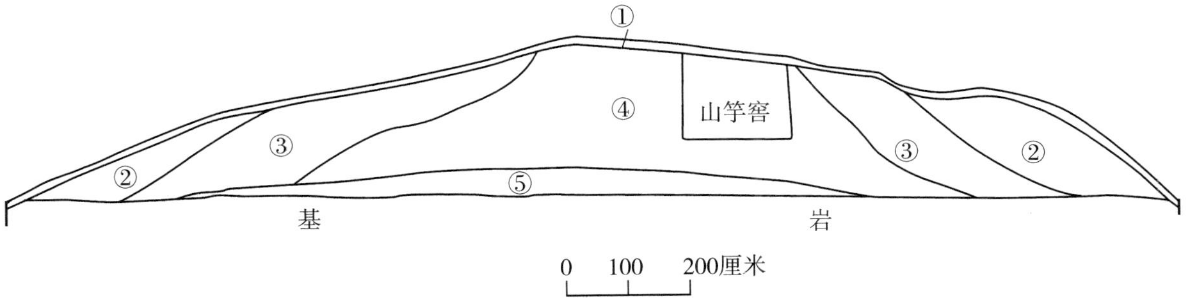

图三 2009LWLD1东西隔梁南壁剖面图

少量泥质灰陶及红陶，纹饰多为方格纹、席纹等，还有少量夹砂红陶片。该层下发现器物群 3 个，编号为 2009LWLD1Q8 ~ 2009LWLD1Q10。

第④层：红褐色土层。深 20 ~ 200、厚 0 ~ 170 厘米。土质稍硬，含大量团状黑褐色泥点，并夹有少量砾石块，分布于整个土墩，呈中高外低馒首状，人为堆筑而成。出土少量陶片，多为泥质灰陶及夹砂红陶，素面，及少量原始瓷片。夹砂红陶片中可辨器形有鼎足、支座、鬲口沿、罐口沿等。地层中出土石器 4 件，分别为石凿、石锛、石刀、石箭镞。该层下发现石棺床 1 处，为土墩墓主墓，编号 2009LWLD1M1；发现器物群 5 个，编号依次为 2009LWLD1Q11 ~ 2009LWLD1Q15；祭祀石堆遗迹 2 处，编号为 2009LWLD1SD1、2009LWLD1SD2。

第⑤层：灰黑色花土层。深 80 ~ 250、厚 10 ~ 65 厘米。土质坚硬，含灰白色条状泥和僵石粒，位于土墩底部，中部略高。出土少量陶片，多为夹砂红陶，素面。

生土为含大量灰黄色砂石的基岩山体，表面凹凸不平，呈西高东低的走势。

第③层出土包含物：

有段石锛　1件（2009LWLD1③：1）。通体打磨，呈长梯形，有段，顶端有打击痕迹，单面刃，刃口较钝，多处有崩口。长5.8、宽2.3～2.7、厚0.9～1.2厘米（图四：1；彩版四：1）。

石镞　1件（2009LWLD1③：2）。残，通体磨光，两面有脊，两侧刃部锋利，崩口较多，铤部近圆锥状。长7.3、宽1.9、铤长2.9厘米（图四：2；彩版四：2）。

第④层出土包含物：

石凿　1件（2009LWLD1④：1）。器形厚重，呈长条形，双面刃，刃部磨光，其他部位未打磨，较粗糙，器身残留有打击痕迹。长14.8、宽4.3～4.8、厚5.5厘米（图四：3；彩版四：3）。

石锛　1件（2009LWLD1④：2）。形状不甚规整，平面呈梯形，扁平状，单面刃，刃部较锋利，有崩口，顶端及侧面有多处打击痕迹，正面及刃部磨制较为光滑。长4.8、宽3.9～4.6、厚0.9～1.1厘米（图四：4；彩版四：4）。

有孔石刀　1件（2009LWLD1④：3）。残，磨制，存局部。呈薄片状，刃部呈弧形，较钝，一面光滑，另一面较为粗糙，可能为器体剥落的残片。长4.1、残高3.3、残厚0.3厘米（图五：1；彩版五：1）。

石镞　1件（2009LWLD1④：4）。残，通体磨光，呈柳叶形，两面中间起脊，两侧刃部较锋利，有细磨痕，铤部残断，截面呈菱形。残长9.5、宽2.1厘米（图五：2；彩版五：2）。

鼎足　5件。2009LWLD1④：5，夹砂红陶，器形较大，扁足，外侧略平齐，内侧呈弧形，截面呈拱形。残高10.4厘米（图五：3；彩版五：3）。2009LWLD1④：6，夹砂红陶，器形厚重，鱼鳍形足，外侧略平。残高9.6厘米（图五：4；彩版五：4）。2009LWLD1④：7，夹砂红陶，圆形锥状足，截面近圆形。残高6.6厘米（图六：1；彩版六：1）。2009LWLD1④：8，夹砂红陶，器形较小，鱼鳍形足，足上刻划有条形纹，截面呈拱形。残高6.2厘米（图六：2；彩版六：2）。2009LWLD1④：9，夹砂红陶，锥状足，足端略尖，足根部中间内凹，截面略呈圆角三角形。残高5.4厘米（图六：3；彩版六：3）。

支座　1件（2009LWLD1④：10）。残，泥质红陶，牛角形，顶端内弯，较细，底端宽厚。

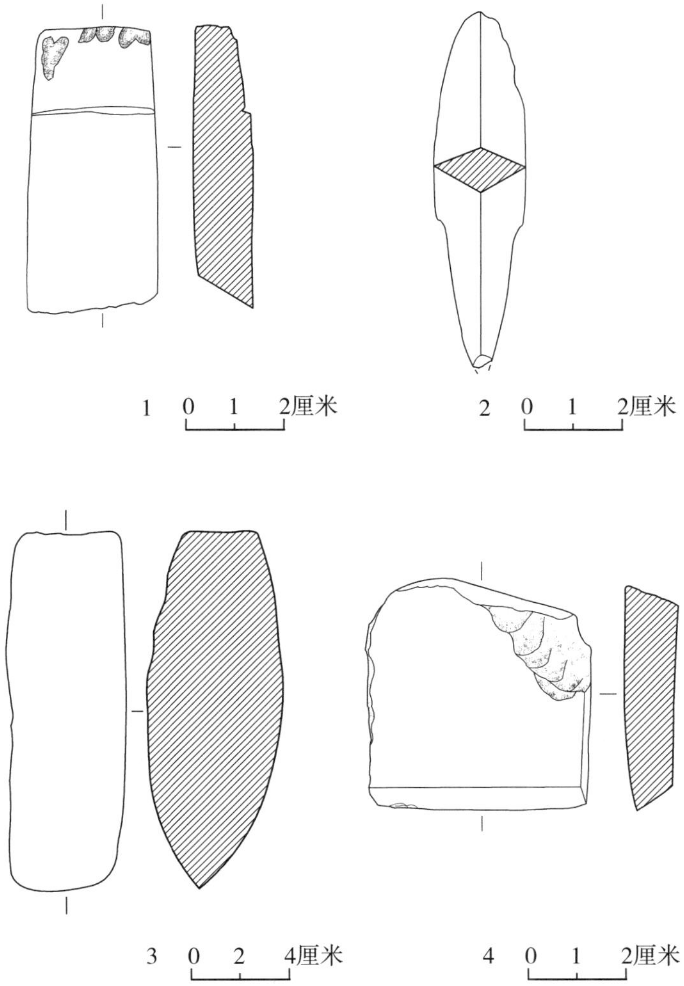

图四

1. 有段石锛（2009LWLD1③：1） 2. 石镞（2009LWLD1③：2）
3. 石凿（2009LWLD1④：1） 4. 石锛（2009LWLD1④：2）

残高 10.7 厘米（图六：4；彩版六：4）。

鬲 1 件（2009LWLD1 ④：11）。残，仅存上半部。夹砂红陶，侈口，卷沿上翻，圆唇，束颈，上腹斜直，外饰绳纹。口径 23.6、残高 8.4 厘米（图七：1；彩版七：1）。

罐 1 件（2009LWLD1 ④：12）。残，仅存上半部。泥质红陶，侈口，圆唇，束颈，溜肩。口径 16.4、残高 8.3 厘米（图七：2；彩版七：2）。

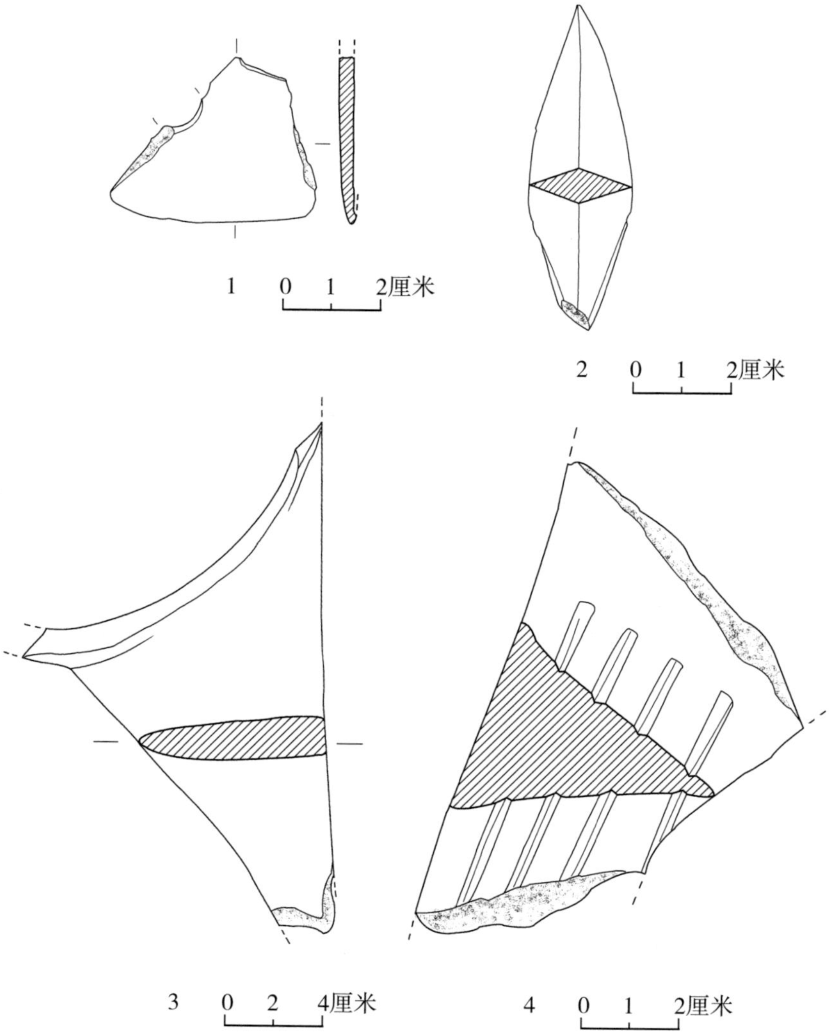

图五

1. 有孔石刀（2009LWLD1④：3） 2. 石镞（2009LWLD1④：4）
3. 鼎足（2009LWLD1④：5） 4. 鼎足（2009LWLD1④：6）

四 遗迹遗物

在2009LWLD1的发掘中，共发现器物群15处，编号依次为2009LWLD1Q1～2009LWLD1Q15；墓葬1座，编号为2009LWLD1M1；石堆遗迹2处，编号依次为2009LWLD1SD1、2009LWLD1SD2（图八）。

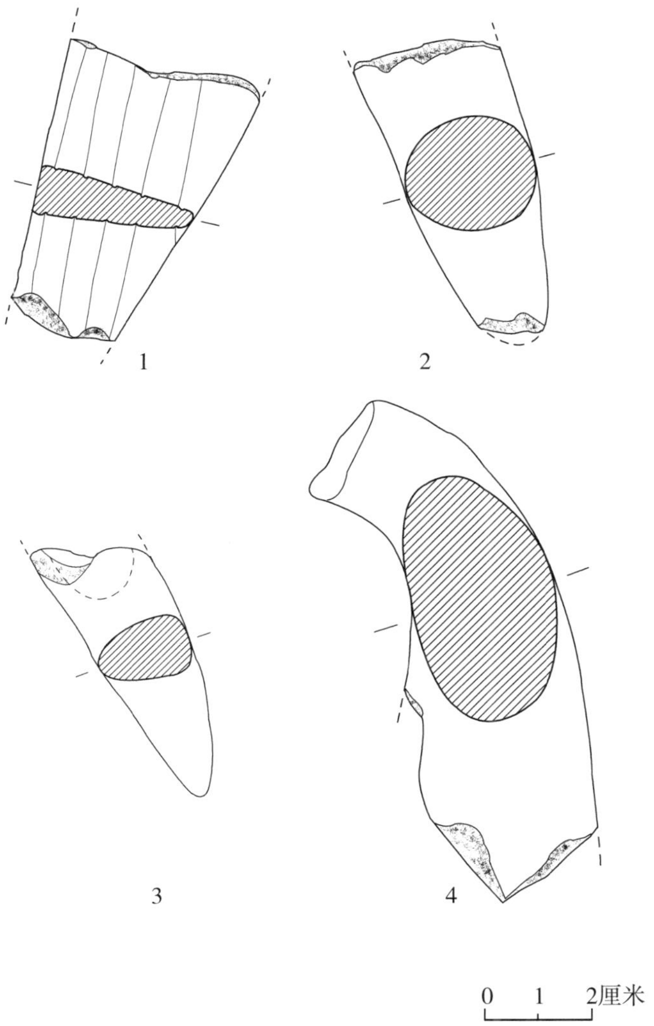

图六

1．鼎足（2009LWLD1④：7）　2．鼎足（2009LWLD1④：8）
3．鼎足（2009LWLD1④：9）　4．支座（2009LWLD1④：10）

（一）墓葬

在 2009LWLD1 的发掘中，于土墩中心位置发现并清理墓葬 1 座，应为 2009LWLD1 的主墓，编号 2009LWLD1M1。

M1 开口于 2009LWLD1 ④层下，D1 ⑤层面之上，方向 90°（图九；彩版八）。

该墓仅存石棺床。石棺床平面形状不规则，貌似一动物，由小石块东西向铺设，西部

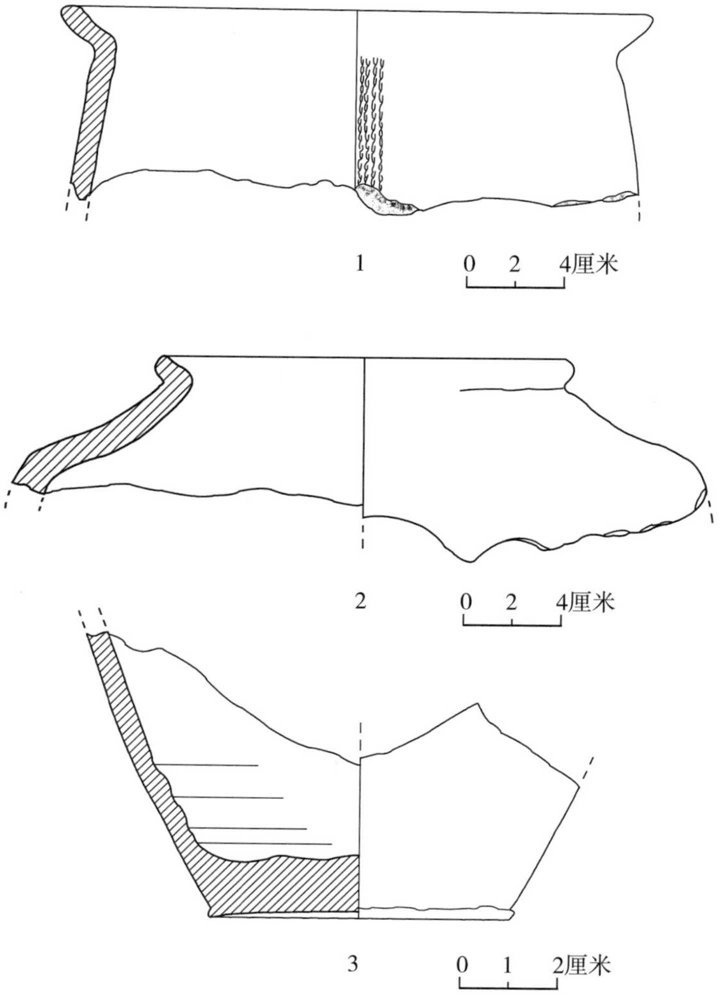

图七

1. 鬲（2009LWLD1④：11） 2. 罐（2009LWLD1④：12）
3. 罐（2009LWLD1M1：1）

被一山芋窖打破。残长 358、宽 176 厘米、厚 14 厘米。石块大小不一，大者 10～15 厘米，小者 2～5 厘米。石棺床东北、西北、西南三处各有一较大的石块，应作象征性标明墓葬范围之用，形状梯形。在西北部的清理中，发现一圆形浅坑，直径 18 厘米，同时在东南部的清理过程中，出土 1 件残硬陶罐。

罐 1 件（2009LWLD1M1：1）。残，仅存下半部。硬陶，下腹弧收，平底内凹，内壁有多道弦纹，内外壁皆施酱釉。底径 6.2、残高 5.8 厘米（图七：3；彩版七：3）。

（二）器物群

2009LWLD1 共发现器物群 15 个，2009LWLD1Q1、2009LWLD1Q2 发现于 2009LWLD1 ①层下；2009LWLD1Q3 ～ 2009LWLD1Q7 发现于 2009LWLD1 ②层下；2009LWLD1Q8 ～ 2009LWLD1Q10 发现于 2009LWLD1 ③层下；2009LWLD1Q11 ～ 2009LWLD1Q15 发现于 2009LWLD1 ④层下。且 2009LWLD1Q1 ～ 2009LWLD1Q10 其中放置于 2009LWLD1 ④层面之上（图一〇），2009LWLD1Q11 ～ 2009LWLD1Q15 放置于 2009LWLD1 ⑤层面上（图一一），皆未发现有坑的迹象。

出土器物，以印纹硬陶器为大宗，其次有原始瓷、泥质灰陶、印纹陶、夹砂红陶等（表一）。器形可辨有罐、碗、钵，纹饰有菱形填线纹、席纹、方格纹等。

1．2009LWLD1Q1

2009LWLD1Q1 位于 2009LWLD1 中部偏东，方向 0°（图一二；彩版九：1）。发现于 2009LWLD1 ①层下，放置于 2009LWLD1 ④层面之上，未发现有坑的迹象。器物平放，

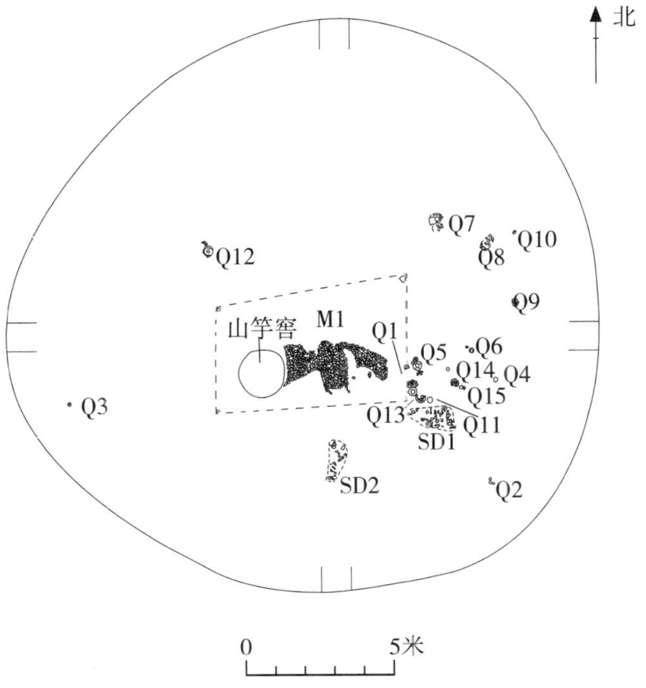

图八　2009LWLD1总平面图

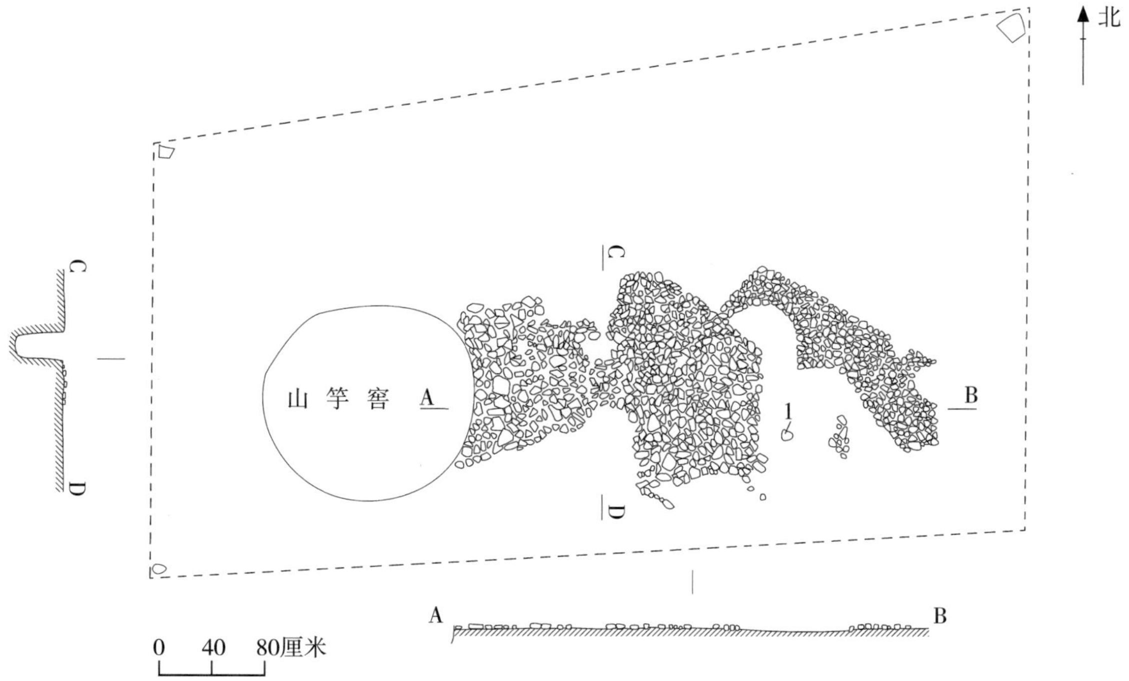

图九　2009LWLD1M1平、剖面图

1. 罐（2009LWLD1M1：1）

表一　2009LWLD1出土器物登记表

序 号	编 号	名 称	质 地	时 代
1	2009LWLD1Q1：1	三足盆	陶	春秋战国
2	2009LWLD1Q2：1	碗	原始瓷	春秋战国
3	2009LWLD1Q2：2	碗	原始瓷	春秋战国
4	2009LWLD1Q2：3	碗	原始瓷	春秋战国
5	2009LWLD1Q3：1	碗	原始瓷	春秋战国
6	2009LWLD1Q4：1	罐	夹砂红陶	春秋战国
7	2009LWLD1Q5：1	瓿	硬陶	春秋战国
8	2009LWLD1Q5：2	盆	硬陶	春秋战国
9	2009LWLD1Q5：3	罐	硬陶	春秋战国
10	2009LWLD1Q5：4	盆	硬陶	春秋战国
11	2009LWLD1Q5：5	三足盆	陶	春秋战国
12	2009LWLD1Q5：6	盘	陶	春秋战国
13	2009LWLD1Q5：7	罐	夹砂红陶	春秋战国
14	2009LWLD1Q6：1	钵	陶	春秋战国
15	2009LWLD1Q6：2	碗	原始瓷	春秋战国

续表一

序号	编号	名称	质地	时代
16	2009LWLD1Q6：3	碗	原始瓷	春秋战国
17	2009LWLD1Q7：1	罐	硬陶	春秋战国
18	2009LWLD1Q7：2	三足盆	陶	春秋战国
19	2009LWLD1Q8：1	罐	硬陶	春秋战国
20	2009LWLD1Q8：2	罐	泥质灰陶	春秋战国
21	2009LWLD1Q9：1	罐	泥质灰陶	春秋战国
22	2009LWLD1Q10：1	豆	原始瓷	春秋战国
23	2009LWLD1Q11：1	盆	陶	春秋战国
24	2009LWLD1Q12：1	双耳罐	硬陶	春秋战国
25	2009LWLD1Q12：2	三足盆	陶	春秋战国
26	2009LWLD1Q12：3	盘	夹砂红陶	春秋战国
27	2009LWLD1Q12：4	罐	硬陶	春秋战国
28	2009LWLD1Q12：5	罐	硬陶	春秋战国
29	2009LWLD1Q13：1	罐	硬陶	春秋战国
30	2009LWLD1Q13：2	罐	陶	春秋战国
31	2009LWLD1Q13：3	罐	泥质灰陶	春秋战国
32	2009LWLD1Q13：4	盆	陶	春秋战国
33	2009LWLD1Q14：1	三足盆	陶	春秋战国
34	2009LWLD1Q15：1	碗	原始瓷	春秋战国
35	2009LWLD1Q15：2	盘	泥质灰陶	春秋战国
36	2009LWLD1③：1	有段石锛	石	良渚文化
37	2009LWLD1③：2	镞	石	良渚文化
38	2009LWLD1④：1	凿	石	良渚文化
39	2009LWLD1④：2	锛	石	良渚文化
40	2009LWLD1④：3	有孔石刀	石	良渚文化
41	2009LWLD1④：4	镞	石	良渚文化
42	2009LWLD1④：5	鼎足	夹砂红陶	良渚文化
43	2009LWLD1④：6	鼎足	夹砂红陶	良渚文化
44	2009LWLD1④：7	鼎足	夹砂红陶	良渚文化
45	2009LWLD1④：8	鼎足	夹砂红陶	良渚文化
46	2009LWLD1④：9	鼎足	夹砂红陶	良渚文化
47	2009LWLD1④：10	支座	泥质红陶	良渚文化
48	2009LWLD1④：11	鬲口沿	夹砂红陶	良渚文化
49	2009LWLD1④：12	罐	泥质红陶	春秋战国
50	2009LWLD1M1：1	罐	硬陶	春秋战国

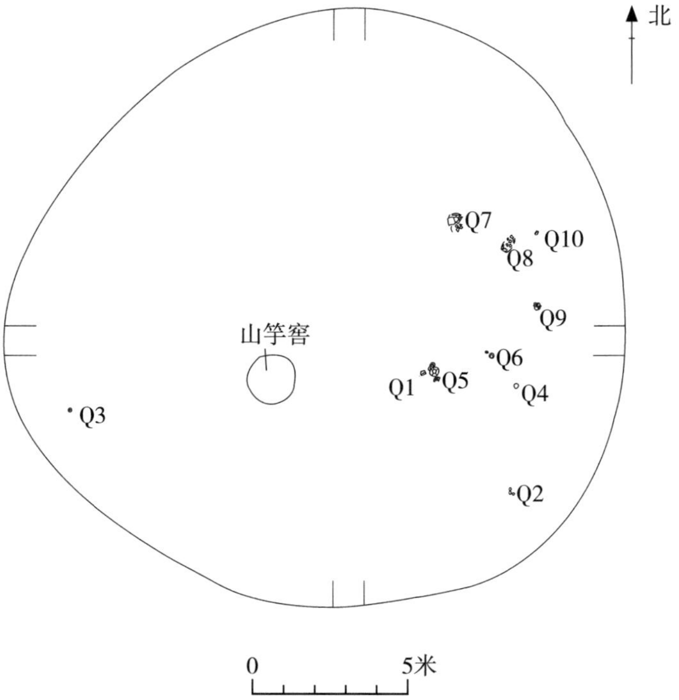

图一〇 2009LWLD1④层平面图

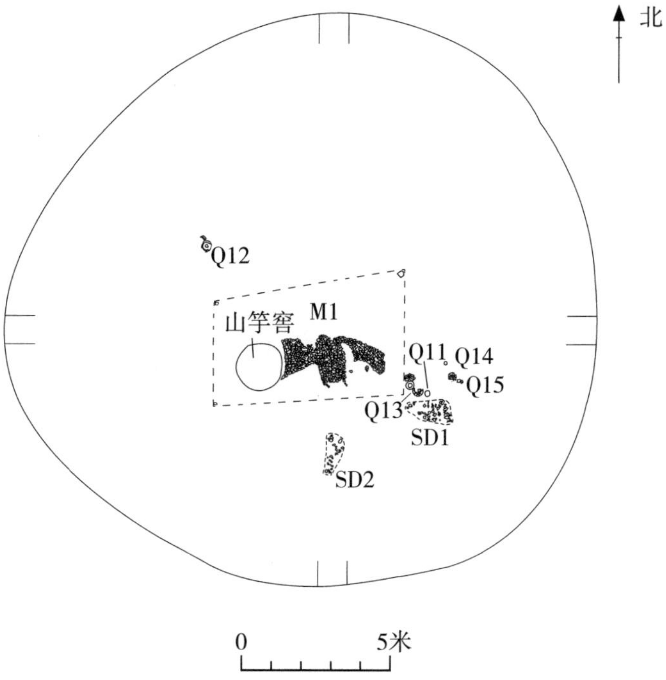

图一一 2009LWLD1⑤层平面图

仅1件三足盆，残。

三足盆 1件（2009LWLD1Q1：1）。残，泥质灰陶，侈口，平沿，尖圆唇，弧腹，腹外壁有多道凸棱，平底，底部有三个乳钉状足。口径18、高5.5厘米（图一四：1；彩版七：4）。

2．2009LWLD1Q2

2009LWLD1Q2位于2009LWLD1东南部，方向0°（图一三；彩版九：2）。发现于2009LWLD1①层下，放置于2009LWL D1④层面之上，未发现有坑的迹象。3件原始青瓷碗呈等腰三角形平放。

碗 3件，原始瓷。2009LWLD1Q 2:1，残，母口，圆唇，弧腹，平底内凹，内壁及底部有密集的旋痕，除底部外遍施青黄釉，局部有脱落的现象。口径9.1、底径5.3、高3厘米（图一四:2；彩版一〇:1）。2009LWLD1Q2:2，残，母口，尖圆唇，弧腹，下部斜收，平底内凹，内壁及底部有密集的旋痕。口径10.6、底径7.2、高4.5厘米（图一四:3；彩版一〇:2）。2009LWLD1Q2:3，残，母口，尖唇，弧腹，下部斜收，平底，内壁及底部有密集的旋痕，除底部外遍施青绿釉。口径8.4、底径4.8、高2.8厘米（图一四:4；彩版一〇:3）。

3．2009LWLD1Q3

2009LWLD1Q3位于2009LWLD1西部，方向0°（图一五；彩版一一：1）。发现于2009LWL D1②层下，放置于2009LWL D1④层面之上，未发现有坑的迹象。该组仅有1件原始青瓷碗，倒置。

碗 1件（2009LWLD1Q3：1）。原始瓷，母口，斜沿，尖唇，弧腹，平底内凹，内底有烧制时形成的气泡，外底有线切痕，通体施青黄釉。口径8.1、底径5.2、高4.3厘米（图一八：1；彩版一〇：4）。

4．2009LWLD1Q4

2009LWLD1Q4位于2009LWLD1中东部，方向0°（图一六；彩版一一：2）。发现于2009LWLD1②层下，放置于2009LWLD1④层面之上，未发现有坑的迹象。该组仅有1件夹砂红陶罐，平放。

罐 1件（2009LWLD1Q4：1）。残碎不存，夹砂红陶，下腹斜收，平底内凹。

5．2009LWLD1Q5

2009LWLD1Q5位于2009LWLD1中东部，方向0°（图一七；彩版一二：1）。发现于

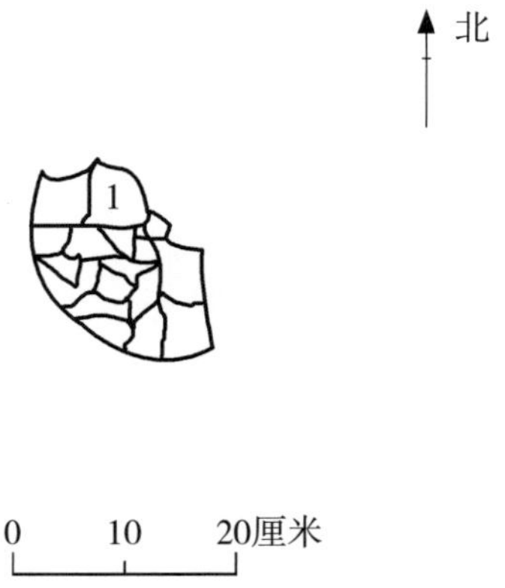

图一二 2009LWLD1Q1平面图

1. 三足盘

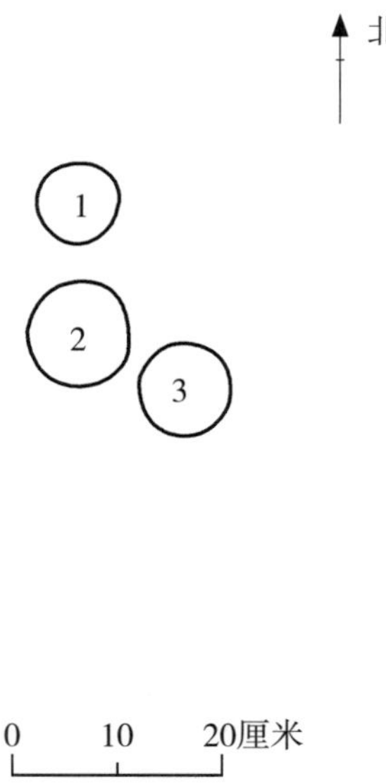

图一三 2009LWLD1Q2平面图

1～3. 碗

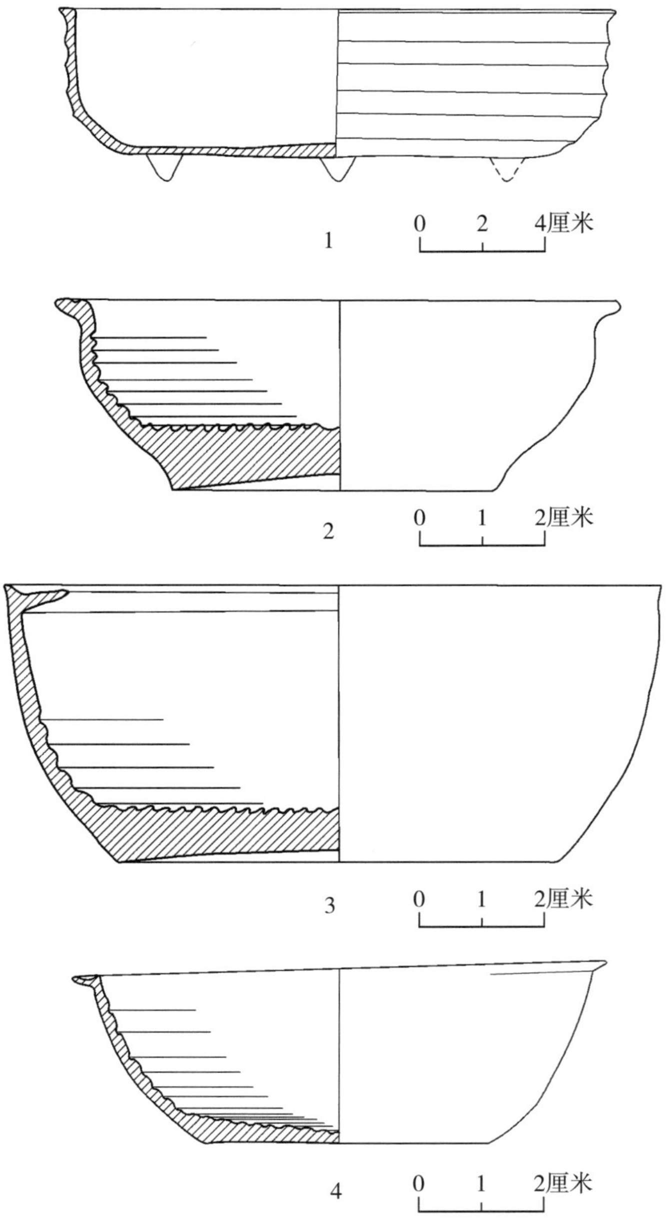

图一四

1. 三足盆（2009LWLD1Q1：1） 2. 碗（2009LWLD1Q2：1）
3. 碗（2009LWLD1Q2：2） 4. 碗（2009LWLD1Q2：3）

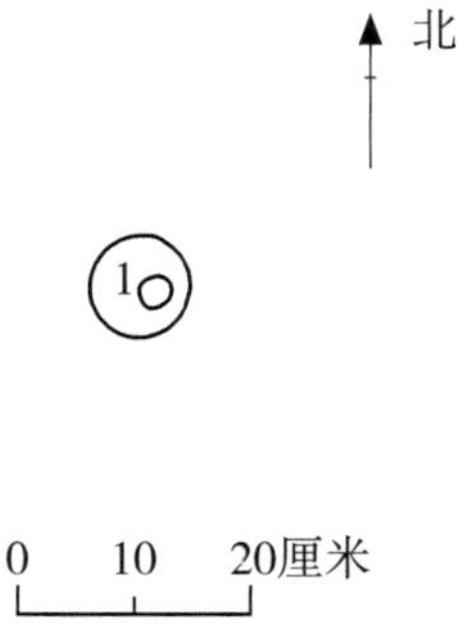

图一五 2009LWLD1Q3平面图

1. 碗

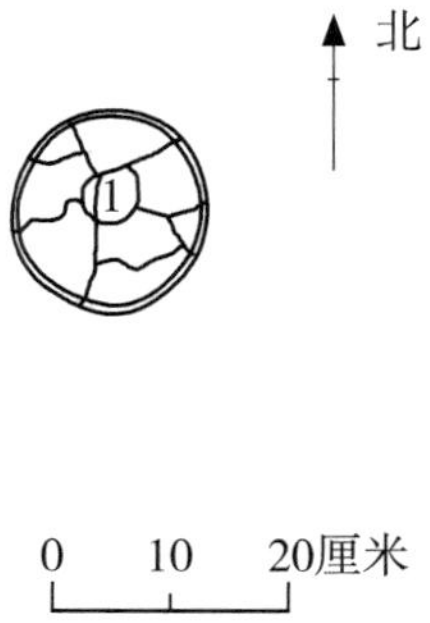

图一六 2009LWLD1Q4平面图

1. 罐

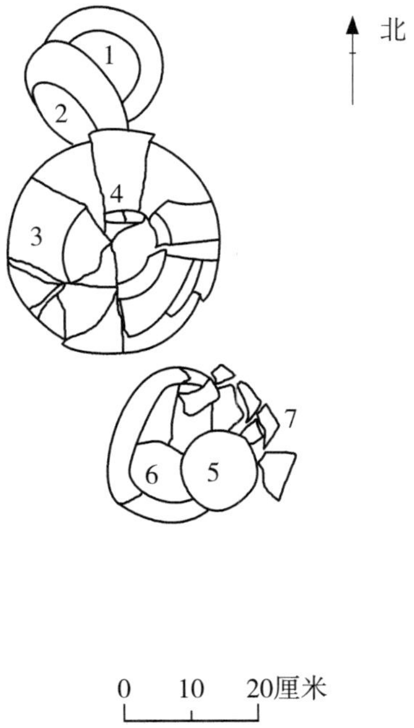

图一七 2009LWLD1Q5平面图

1. 瓶 2. 盆 3. 罐 4. 盆
5. 三足盘 6. 盘 7. 罐

2009LWLD1②层下，放置于2009LWLD1④层面之上，未发现有坑的迹象。该组器物略呈西北东南向直线排列。共出土器物7件，其中硬陶瓿、硬陶罐、盘、陶三足盆各1件，盆2件、夹砂红陶罐1件。

瓿 1件（2009LWLD1Q5：1）。硬陶，侈口，圆唇，卷沿，沿面中间有一凹槽，束颈，溜肩，鼓腹，平底，内壁遍布刮抹痕及泥条盘筑痕，腹壁多处有烧制时形成的气泡，器表饰方格纹，且肩部有一"个"字形刻划符。口径12.4、底径16、高16厘米（图一八：2；彩版一三：1）。

盆 2件，硬陶。2009LWLD1Q5：2，残，侈口，尖圆唇，卷沿外翻，束颈，折肩，弧腹，平底内凹，腹底交接处有刮抹痕，肩部以下饰席纹，通体饰酱釉，局部脱落。口径16.6、底径11、高9.5厘米（图一九：1；彩版一○：5）。2009LWLD1Q5：4，残，侈口，

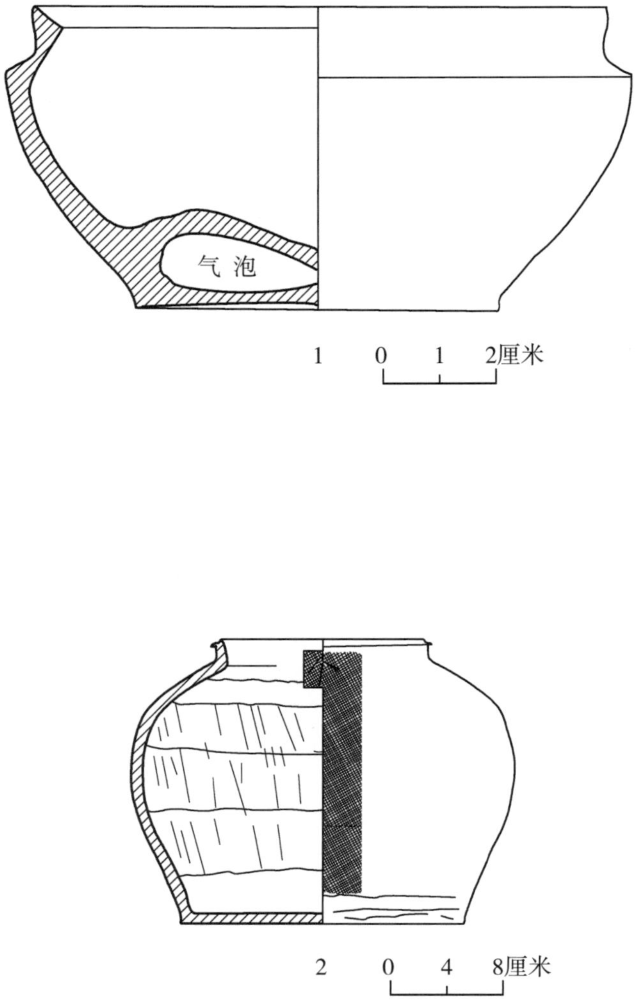

图一八

1. 碗（2009LWLD1Q3：1） 2. 瓿（2009LWLD1Q5：1）

圆唇，卷沿外翻，沿面有一道凹槽，束颈，溜肩，鼓腹，下腹内收，平底内凹，腹饰席纹。口径 26.9、底径 17.6、高 12 厘米（图一九：2）。

罐 2 件。2009LWLD1Q5：7，夹砂红陶，残碎不存。2009LWLD1Q5：3，硬陶，残，侈口，尖唇，卷沿外翻，束颈，溜肩，鼓腹，平底内凹，肩饰弦纹，腹饰方格纹，外施酱黄釉。口径 18.4、底径 21.2、高 27.8 厘米（图二〇：1；彩版一〇：6）。

三足盆 1 件（2009LWLD1Q5：5），残碎不存。

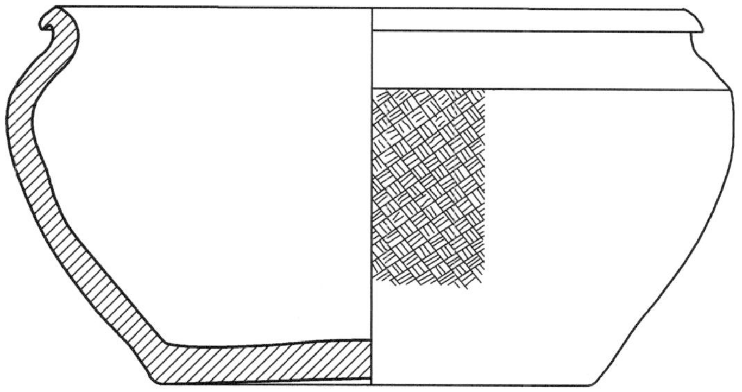

1

0 2 4厘米

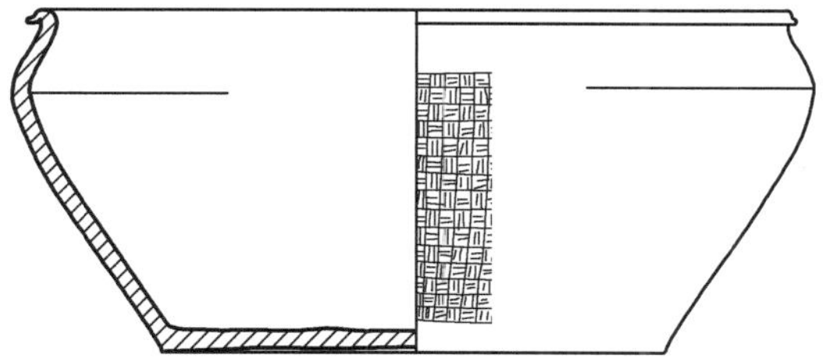

2

0 4 8厘米

图一九

1. 盆（2009LWLD1Q5：2） 2. 盆（2009LWLD1Q5：4）

盘　1件（2009LWLD1Q5：6)，残碎不存。

6．2009LWLD1Q6

2009LWLD1Q6位于2009LWLD1中东部，方向0°（图二一；彩版一二：2)。发现于2009LWLD1②层下，放置于2009LWL D1④层面之上，未发现有坑的迹象。该组器物略呈西北东南向直线排列。共出土器物3件，其中陶钵1件、原始瓷碗2件。

钵　1件(2009LWLD1Q6：1)。泥质灰陶，口残，鼓腹，三乳钉状足，腹中部有两道凸棱。

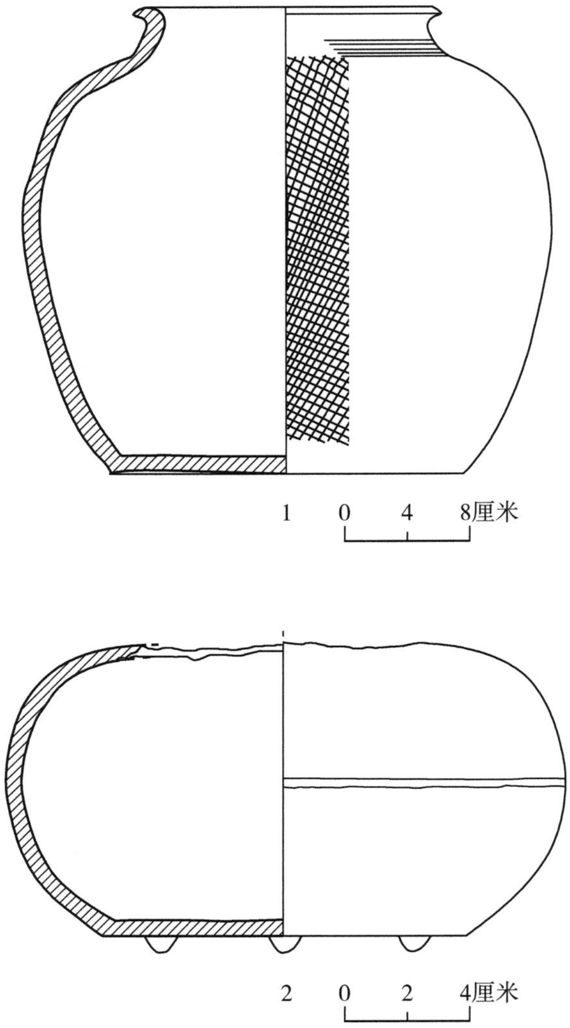

图二〇

1. 罐（2009LWLD1Q5：3） 2. 钵（2009LWLD1Q6：1）

底径 11、残高 9.3 厘米（图二〇：2）。

碗 2 件，原始瓷。2009LWLD1Q6：2，残，母口，尖唇，斜直腹，下腹内收，平底内凹，内壁有多道旋痕，器底有线切痕，通体施青黄釉。口径 10.5、底径 5.8、高 5.5 厘米（图二五：1；彩版一三：2）。2009LWLD1Q6：3，母口，尖唇，斜直腹，下腹折收，平底内凹，内壁及底有密集旋痕，外底粘沙，通体施青釉。口径 10.4、底径 4.6、高 5.3 厘米（图二五：2；彩版一三：3）。

图二一 2009LWLD1Q6平面图

1. 钵 2. 碗 3. 碗

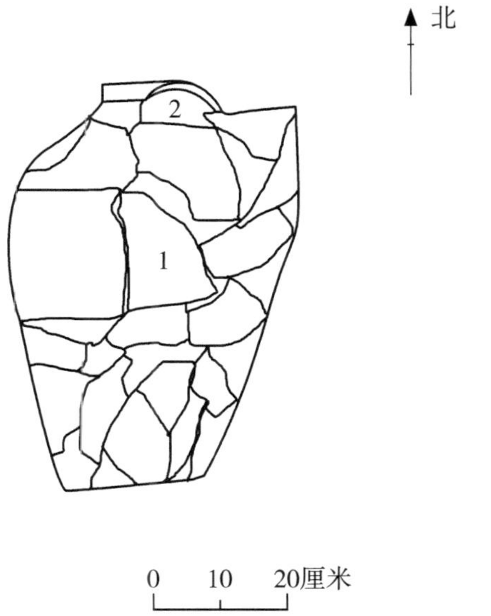

图二二 2009LWLD1Q7平面图

1. 罐 2. 三足盆

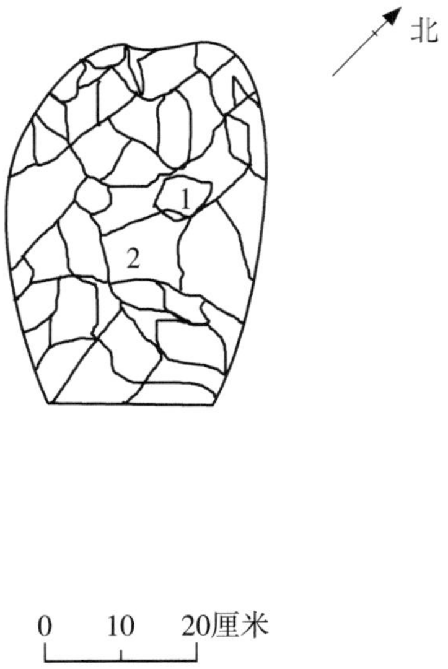

图二三 2009LWLD1Q8平面图

1. 罐 2. 罐

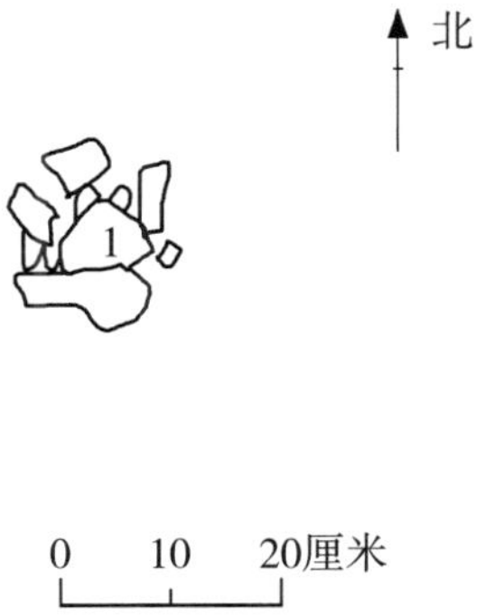

图二四 2009LWLD1Q9平面图

1. 罐

7．2009LWLD1Q7

2009LWLD1Q7 位于 2009LWLD1 东北部，方向 0°（图二二；彩版一四：1）。发现于 2009LWLD1 ②层下，放置于 2009LWLD1 ④层面之上，未发现有坑的迹象。该组器物西北向侧放。共出土器物 2 件，其中陶三足盆、硬陶罐各 1 件。

罐　1 件（2009LWLD1Q7：1）。硬陶，残，侈口，尖圆唇，卷沿外翻，沿面有一道凹槽，折肩，鼓腹，下腹斜收，平底，肩及上腹饰席纹，下腹饰菱形填线纹。口径 22.3、底径 18、高 46.6 厘米（图二六：1；彩版一三：4）。

三足盆　1 件（2009LWLD1Q7：2）。泥质灰陶，残，侈口，圆唇，弧腹，器身有多道凸棱。口径 19、高 5.2 厘米（图二六：2；彩版一三：5）。

8．2009LWLD1Q8

2009LWLD1Q8 位于 2009LWLD1 东北部，方向 45°（图二三；彩版一四：2）。发现于 2009LWLD1 ③层下，放置于 2009LWLD1 ④层面之上，未发现有坑的迹象。该组器物东北西南向侧放。共出土器物 2 件，其中陶罐、硬陶罐各 1 件。

罐　2 件。2009LWLD1Q8：2，泥质灰陶，残碎不存。2009LWLD1Q8：1，侈口，卷沿外翻，尖圆唇，低领，束颈，耸肩，鼓腹，平底内凹，上腹饰席纹，下腹饰方格纹。口径 19.6、底径 18.4、高 42.4 厘米（图二七：1；彩版一三：6）。

9．2009LWLD1Q9

2009LWLD1Q9 位于 2009LWLD1 东部，方向 0°（图二四；彩版一五：1）。发现于 2009LWLD1 ③层下，放置于 2009LWLD1 ④层面之上，未发现有坑的迹象。该组仅有 1 件陶罐，残碎。

罐　1 件（2009LWLD1Q9：1），泥质灰陶，残碎不存。

10．2009LWLD1Q10

2009LWLD1Q10 位于 2009LWLD1 东北部，方向 0°（图二八；彩版一五：2）。发现于 2009LWLD1 ③下，放置于 2009LWLD1 ④层面之上，未发现有坑的迹象。该组仅出土 1 件原始瓷豆，残半。

豆　1 件（2009LWLD1Q10：1）。硬陶，残，敞口，圆唇，沿面有一道凹槽，折腹，喇叭形圈足，器表及内壁有多道旋痕，器表施青黄釉，多脱落。口径 12.7、圈足底径 5.2、高 4.9 厘米（图二七：2；彩版一七：1）。

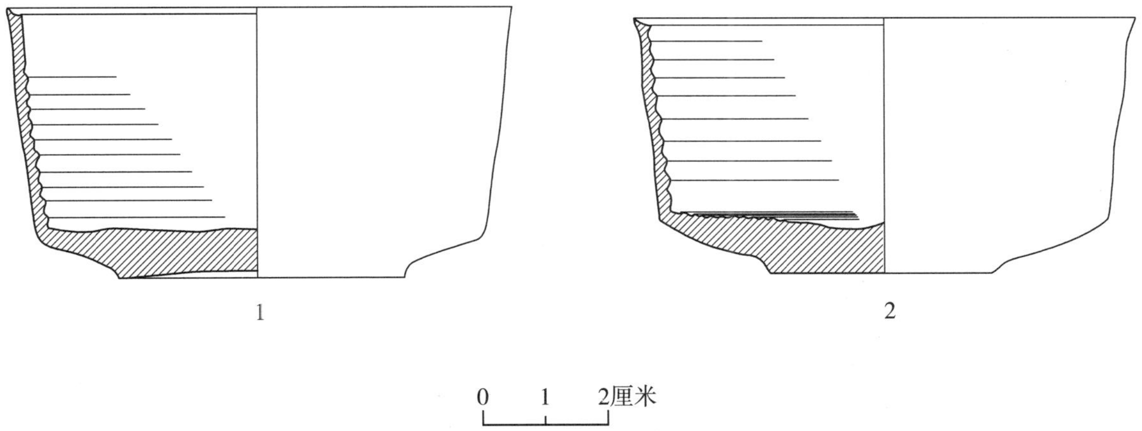

图二五

1. 碗（2009LWLD1Q6：2） 2. 碗（2009LWLD1Q6：3）

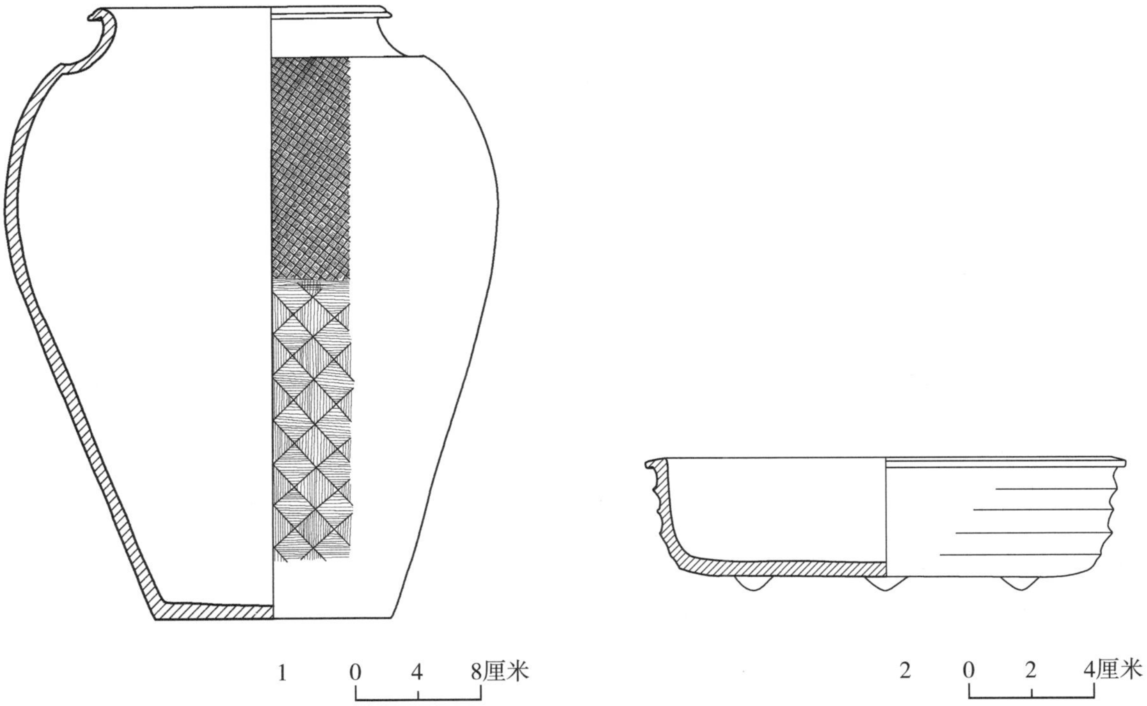

图二六

1. 罐（2009LWLD1Q7：1） 2. 三足盆（2009LWLD1Q7：2）

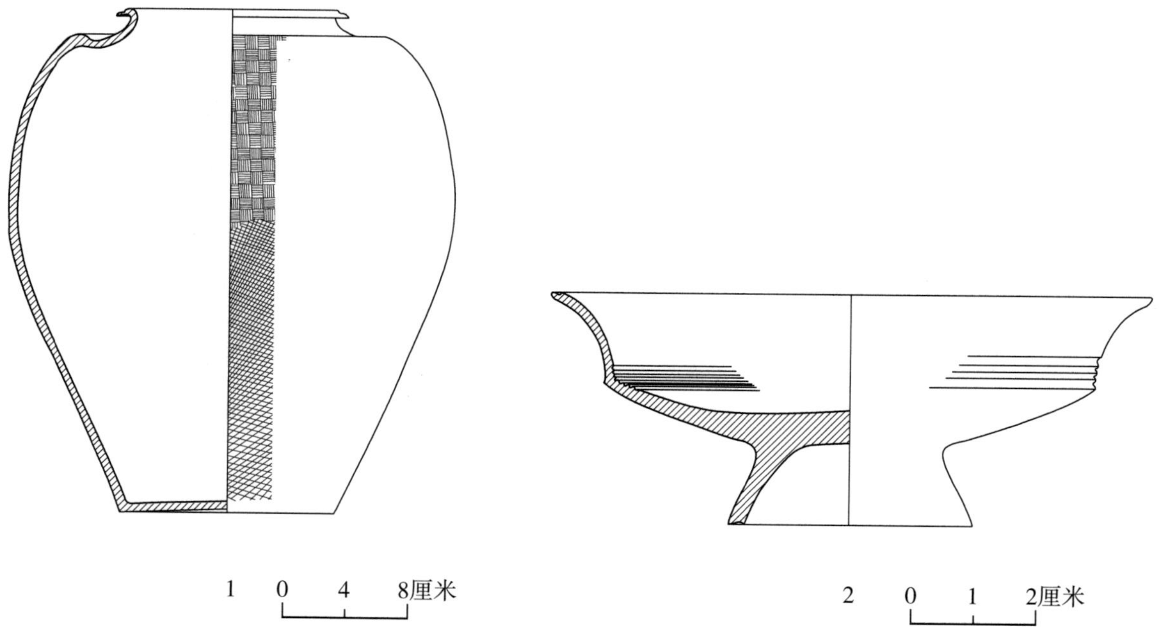

图二七

1. 罐（2009LWLD1Q8：1） 2. 豆（2009LWLD1Q10：1）

11．2009LWLD1Q11

2009LWLD1Q11 位于 2009LWLD1 东南部，方向 0°（图二九；彩版一六：1）。发现于 2009LWLD1 ④层下，放置于 2009LWLD1 ⑤层面上，未发现有坑的迹象。该组仅出土 1 件灰陶盆，残半。

盆 1 件（2009LWLD1Q11：1）。泥质灰陶，残半，侈口，尖圆唇，折腹，下腹内收，平底。口径 31.8、底径 18.6、高 8 厘米（图三一：1；彩版一七：2）。

12．2009LWLD1Q12

2009LWLD1Q12 位于 2009LWLD1 中西部，方向 0°（图三〇；彩版一六：2）。发现于 2009LWLD1 ④层下，放置于 2009LWLD1 ⑤层面上，未发现有坑的迹象。该组器物呈西北东南向放置，其中 1 件硬陶罐置于另 1 件内。共出土器物 5 件，其中三足盆、夹砂红陶盘各 1 件，陶罐 3 件。

罐 3 件，硬陶。2009LWLD1Q12：1，双耳罐，侈口，卷沿外翻，圆唇，溜肩，肩

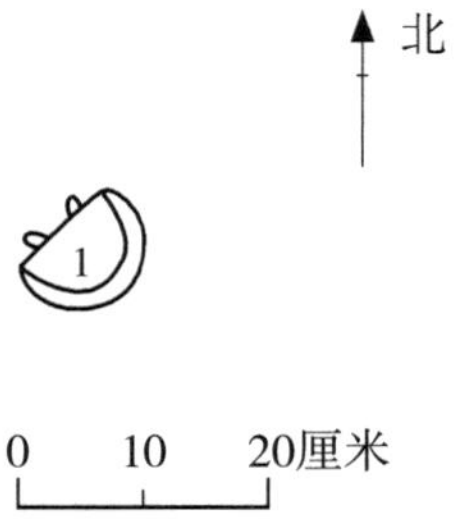

图二八 2009LWLD1Q10平面图
1．原始瓷豆

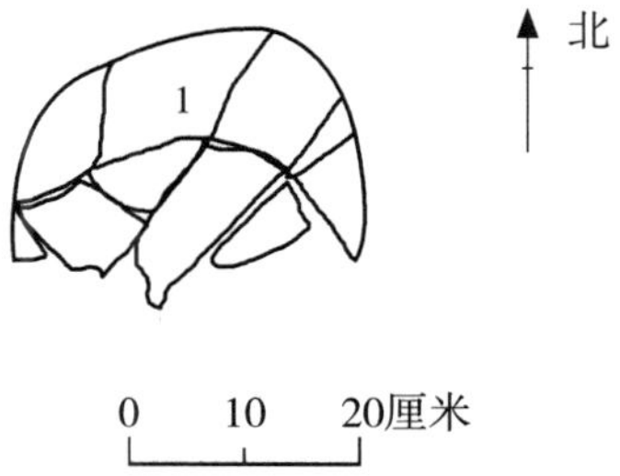

图二九 2009LWLD1Q11平面图
1．盆

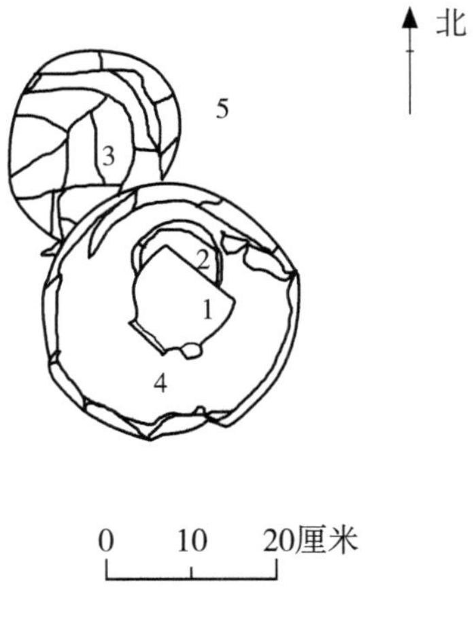

图三〇 2009LWLD1Q12平面图
1．罐 2．三足盆 3．盘 4．罐 5．罐

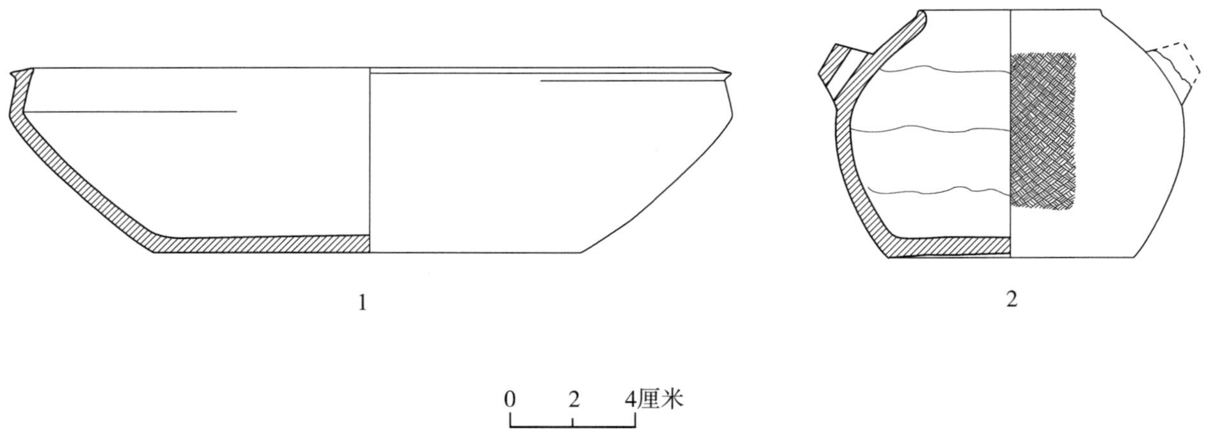

图三一

1．盆（2009LWLD1Q11：1）　2．罐（2009LWLD1Q12：1）

两侧有对称贯耳，鼓腹，平底内凹，腹底交接处见横向刮抹痕，内壁有明显泥条盘筑痕及刮抹痕，肩、腹饰席纹。口径7.9、底径10.8、高10.8厘米（图三一：2；彩版一七：3）。2009LWLD1Q12：4，残，平沿，尖圆唇，矮束颈，溜肩，鼓腹，平底内凹，内壁有手抹痕，肩饰方格纹，腹饰方格多边形纹。口径19.5、底径18、高36厘米（图三二：1；彩版一七：5）。2009LWLD1Q12：5，侈口，尖唇，卷沿外翻，束颈，溜肩，鼓腹，平底内凹，器表饰方格纹，通体施青黄釉，大部脱落。口径11.5、底径12.5、高16厘米（图三二：2；彩版一七：6）。

三足盆　1件（2009LWLD1Q12：2）。残，泥质灰陶，侈口，圆唇，上腹略直，下腹折收，腹有三道凸棱，底有三乳钉状足。口径23、高7.2厘米（图三三：1；彩版一七：4）。

盘　1件（2009LWLD1Q12：3）。泥质灰陶，残碎不存。

13．2009LWLD1Q13

2009LWLD1Q13位于2009LWLD1东南部，方向0°（图三四；彩版一八：1）。发现于2009LWLD1④层下，放置于2009LWLD1⑤层面上，未发现有坑的迹象。该组器物呈曲尺形放置。共出土器物4件，其中硬陶罐、陶盆各1件，罐2件。

罐　3件。2009LWLD1Q13：1，硬陶，残，侈口，圆唇，卷沿外翻，沿面有一道凹槽，溜肩，弧腹，平底内凹，器表饰方格纹。口径14.4、底径14.6、高18.4厘米（图三三：2；彩版二〇：1）。

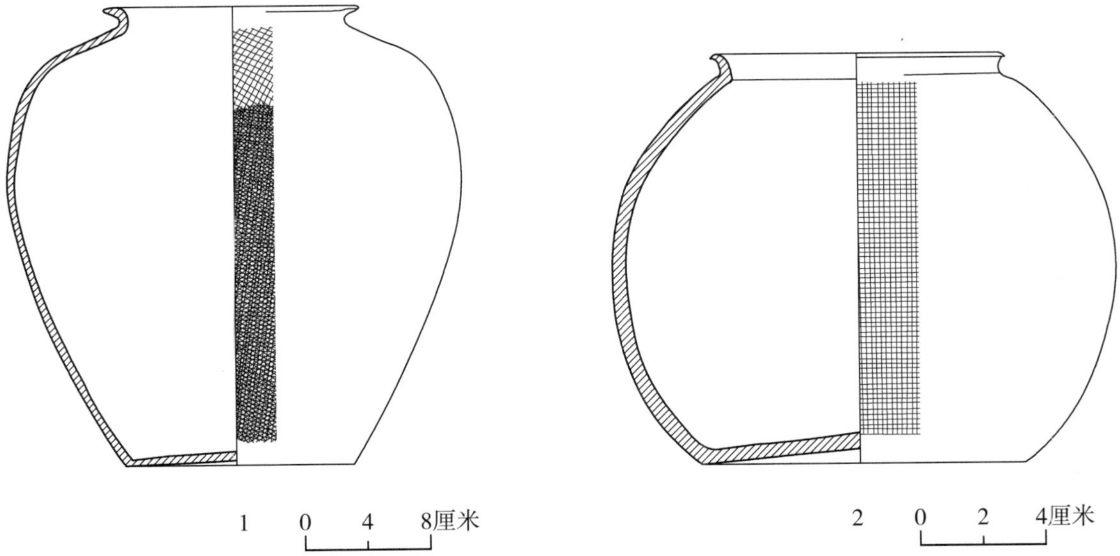

图三二

1．罐（2009LWLD1Q12：4） 2．罐（2009LWLD1Q12：5）

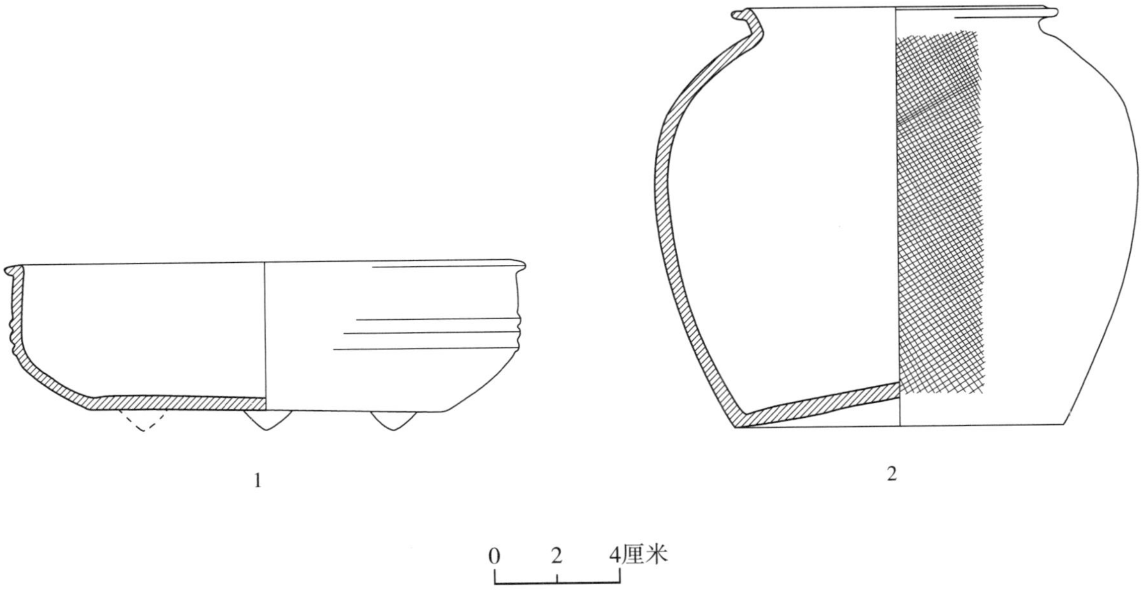

图三三

1．三足盆（2009LWLD1Q12：2） 2．罐（2009LWLD1Q13：1）

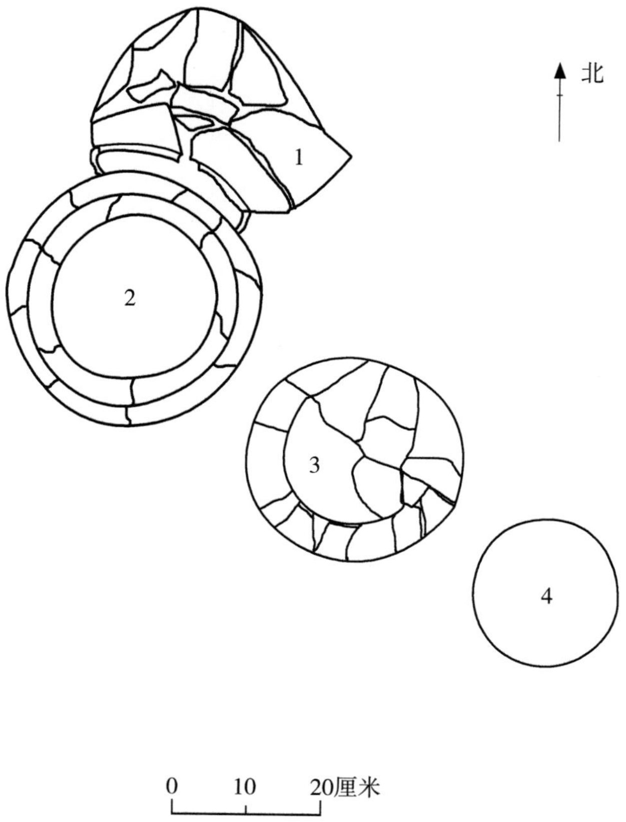

图三四 2009LWLD1Q13平面图

1. 瓿 2. 罐 3. 罐 4. 盆

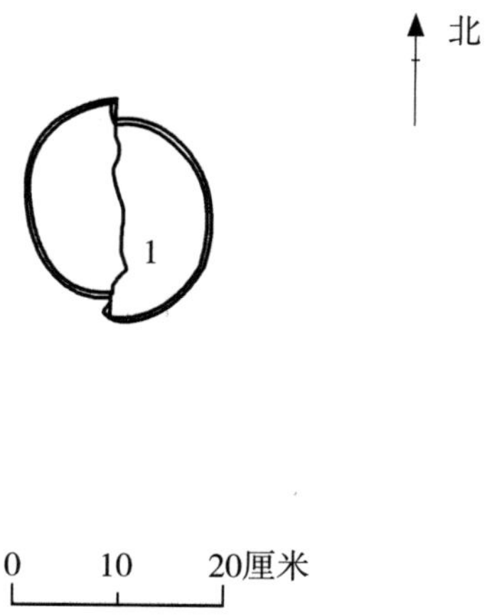

图三五 2009LWLD1Q14平面图

1. 三足盆

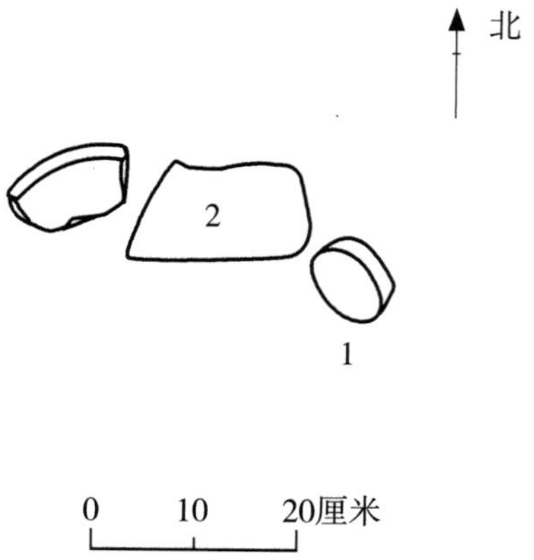

图三六 2009LWLD1Q15平面图

1. 原始瓷碗 2. 陶盘

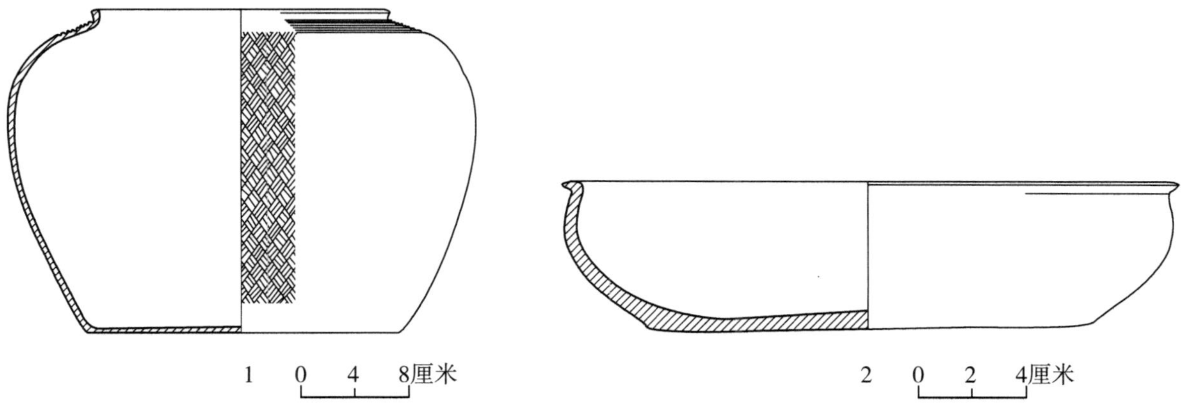

图三七

1. 罐（2009LWLD1Q13：2） 2. 盆（2009LWLD1Q13：4）

2009LWLD1Q13：3，泥质灰陶，残碎不存。2009LWLD1Q13：2，残，泥质灰陶。斜沿，方唇，低领，弧肩，鼓腹，平底，肩饰弦纹，腹饰席纹。口径21.2、底径22、高22.8厘米（图三七：1；彩版二〇：2）。

盆 1件（2009LWLD1Q13：4）。泥质灰陶，残，侈口，尖圆唇，弧腹，平底局部内凹。口径21.8、底径16、高5.2厘米（图三七：2；彩版二〇：3）。

14．2009LWLD1Q14

2009LWLD1Q14位于2009LWLD1东南部，方向0°（图三五；彩版一八：2）。发现于2009LWLD1④层下，放置于2009LWLD1⑤层面上，未发现有坑的迹象。该组仅出土1件三足陶盆。

三足盆 1件（2009LWLD1Q14：1）。泥质灰陶，残，侈口，圆唇，弧腹，底有三个乳钉状足，器身有数道折棱。口径20.6、高5.8厘米（图三八：1；彩版二〇：4）。

15．2009LWLD1Q15

2009LWLD1Q15位于2009LWLD1东南部，方向0°（图三六；彩版一九）。发现于2009LWLD1④层下，放置于2009LWLD1⑤层面上，未发现有坑的迹象。该组出土器物2件。其中，陶盘、原始瓷碗各1件。

碗 1件（2009LWLD1Q15：1）。原始瓷，母口，尖唇，斜直腹，下腹折收，平底内凹，

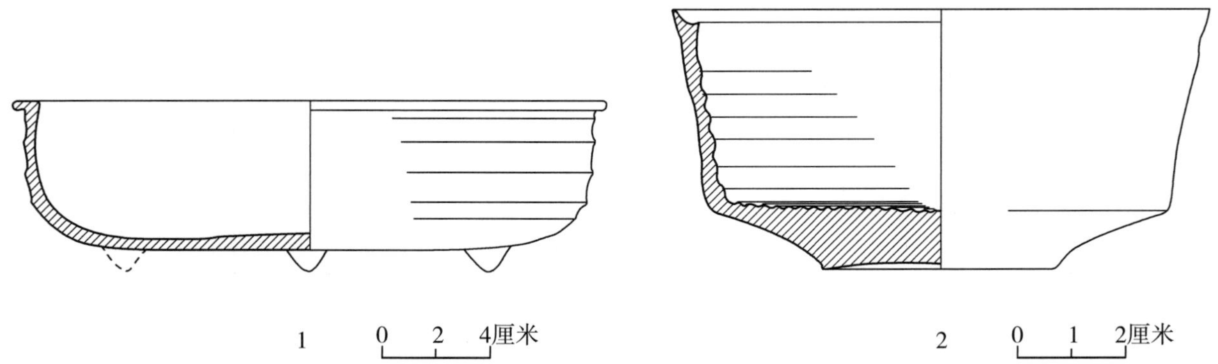

图三八

1．三足盆（2009LWLD1Q14：1） 2．碗（2009LWLD1Q15：1）

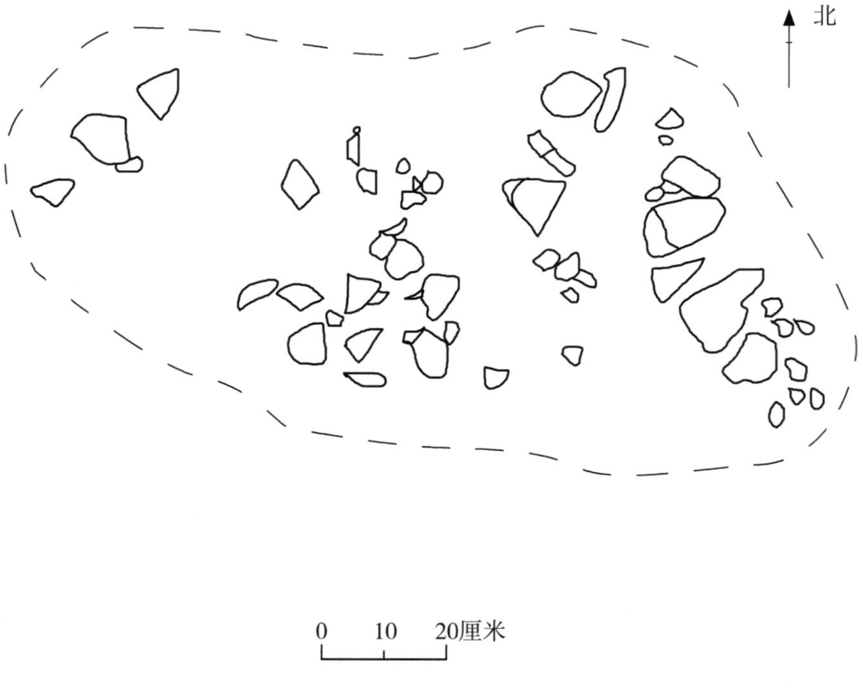

图三九 2009LWLD1SD1平面图

器表、内壁及内底有旋痕，外底有线切痕，通体施青灰釉，部分脱落。口径 9.2、底径 4、高 4.4 厘米（图三八：2；彩版二〇：5）。

盘　1 件（2009LWLD1Q15：2）。泥质灰陶，残碎不存。

（三）石堆遗迹

在该土墩墓的清理中，共发现祭祀石堆遗迹 2 处，编号 2009LWLD1SD1、2009LWLD1SD2，皆发现于 2009LWLD1 ④层下、2009LWLD1 ⑤层面上。

1．2009LWLD1SD1

2009LWLD1SD1 位于石棺床东南角，东西向，方向 90°（图三九；彩版二一：1）。平面近椭圆形，由不规则石块散乱排列而成。长 128、宽 58、厚 14 厘米。

2．2009LWLD1SD2

2009LWLD1SD2 位于石棺床南侧，南北向，方向 0°（图四〇；彩版二一：2）。平面

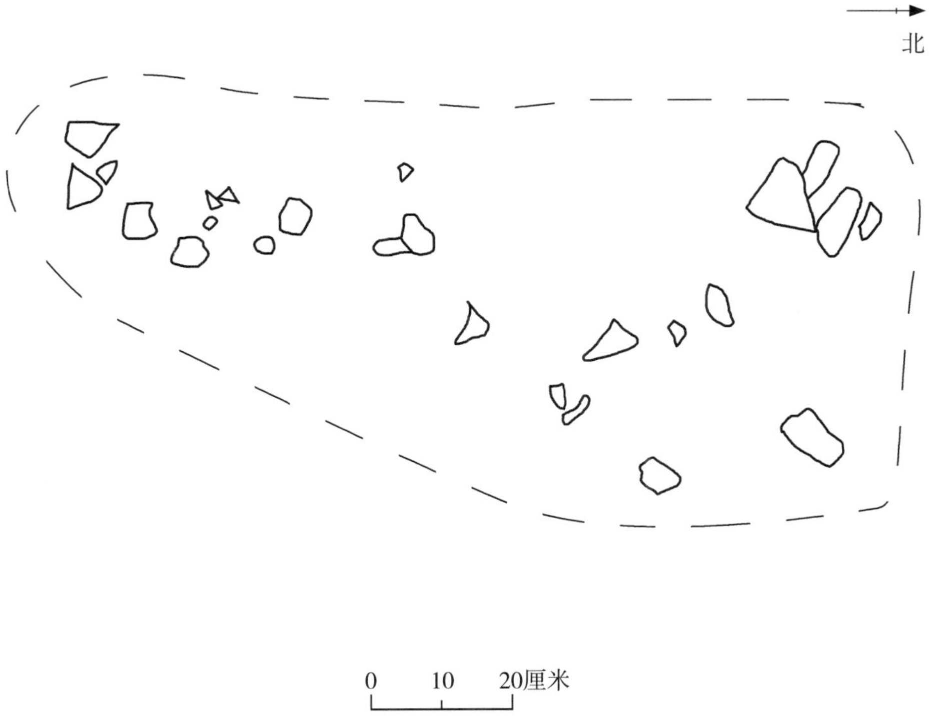

图四〇　2009LWLD1SD2平面图

形状不规则，由不规则石块散乱排列而成。长 115、宽 53、厚 7 厘米。

结　语

经过此次对 2009LWLD1 的清理发掘，使我们对于土墩墓的认识又有了新的看法，获得了一些额外的收获。

1．2009LWLD1 从地层堆积分析，其从表土到山体基岩共分为 5 层，都属于人为堆积而成，不过表土层的形成与后期人类的活动有关，以下各层保存较好，发现并清理了器物群 15 个、祭祀石堆遗迹 2 处、墓葬 1 座。从其层位分析，2009LWLD1M1 的时代最早。由于 2009LWLD1SD1、2009LWLD1SD2 与 2009LWLD1M1 为同一层遗迹，说明 2009LWLD1SD1、2009LWLD1SD2 与 2009LWLD1M1 的时代相同。而发现的 15 个器物群皆略晚于 2009LWLD1M1 和 2009LWLD1SD1、2009LWLD1SD2。其中三足盘 2009LWLD1Q1：1 与《论土墩墓分期》[①]中第五期中三足盘器形相近，与句容浮山 1 号墩出土豆相近；碗 2009LWLD1Q15：1 与句容浮山 1 号墩出土碗相近；罐 2009LWLD1Q12：5 与第六期溧水徐母塘土墩墓出土罐相近；罐 2009LWLD1Q5：3 与第五期金坛鳖墩出土罐相同；罐 2009LWLD1Q12：4 与《江苏南部土墩墓》[②]中第四、五期即春秋晚期罐相近。因此，2009LWLD1 的时代应该相当于《论土墩墓分期》中的第五、六期，以及《江苏南部土墩墓》中的第四、五期，即春秋中晚期。

2．此次溧阳抽水蓄能电站征地范围内土墩墓发掘，大多数土墩墓都是直接修筑于山顶之上，以山体基岩为依托，基础未加修整，依山势而为，而 2009LWLD1 是一个特例，其于山体基岩上铺设一层垫土，再修筑墓葬，这种情况与以前所发掘的土墩墓情况相近，特别与宜兴地区发现的土墩墓相近，可能是由于地域影响的原因。同时，其他直接修筑于山体上的土墩墓，说明了当时该地区的人民生活的贫穷落后以及生产力水平的低下的。这一点，从 2009LWLD1 中也可以说明。一般的土墩墓基础垫土都较为纯净，而 2009LWLD1 中的垫土没有经过处理，土质差，还含有大量的陶片石块等。

3．土墩墓由于大多修筑于山顶，且溧阳西南地区山顶的土层很薄，所以土墩墓中的人为堆积用土是从附近搬运而来的。在 2009LWLD1 的发掘中发现，从第①层至第⑤层都出土了较多的夹砂红陶片，特别是在第③、④层出土了一些器形可辨的陶片，属典型的良渚文化时期陶器，有鬲足、鬲口沿、鼎足、支座等。说明在 2009LWLD1 附近地区存在有良渚文化时期的遗址类遗存，并且内涵较为丰富。

4．在2009LWLD1M1的清理中发现有石棺床，其西部被山芋窖打破，余部保存较好。石棺床东西向，形制奇特，似一动物行走状，这是以往发掘土墩墓所没有见到过的。另M1棺床的四角摆放有三个较石块，可能为标示墓葬的范围之用。

领　队：林留根

参加发掘人员：马永强　周恒明　任林平　刘　斌

摄　影：甘恢元　吕真理

绘　图：甘恢元　刘　斌　任林平

执　笔：李虎仁　马永强　潘明月

注释

① 刘建国：《论土墩墓分期》，《东南文化》1989年第4、5期。

② 邹厚本：《江苏南部土墩墓》，《文物资料丛刊》第6辑，文物出版社1982年版。

四分山土墩墓D1、D2、D4发掘报告

南京大学历史系考古专业

溧阳四分山土墩墓位于常州市溧阳市天目湖镇吴村村桃园四分山上，海拔在25～30米之间，属于溧阳抽水蓄能电站工程的文物保护发掘点之一。南京大学历史

图一　四分山土墩墓2009LWSD1、2009LWSD2、2009LWSD4分布示意图

系考古专业负责四分山土墩墓 D1、D2、D4 的发掘工作，编号分别为 2009LWSD1、2009LWSD2、2009LWSD4。2009 年 12 月至 2010 年 2 月，我们对这三个土墩墓进行了抢救性发掘（图一）。

鉴于土墩墓相对特殊的形制，我们采用四分法与探方法相结合进行发掘。首先按照四分法布方，在可确认的土墩范围的中部，保留正方向十字形 1 米宽隔梁，将西北、东北、西南、东南 4 个探方分别编号为 Ⅰ、Ⅱ、Ⅲ、Ⅳ，之后 4 个探方以同样的进度逐层下挖，揭露封土，清理遗迹。现将四分山土墩墓 D1、D2 和 D4 的发掘情况报告如下。

一　四分山土墩墓D1（简称D1）

该土墩墓地表原种植竹子、杂树，因村民耕作、取土，土墩原貌已遭到破坏，范围不明。土墩东面为竹林，南面为竹林和断崖，西面为现代建筑垃圾所压，北面为菜园所破坏。D1 中心地理坐标为东经 119°23.520′，北纬 31°14.804′，海拔 25 米左右。D1 长径（南北底径）18.2、短径（东西底径）16 米，近椭圆形，发掘面积约 250 平方米（彩版二二）。

（一）地层及包含物

1．地层堆积

根据土质土色及地层出土的包含物，2009LWSD1 的地层可划分为 5 层（以东西隔梁的南壁、南北隔梁的东壁为例）（图二），分述如下：

第①层：表土层，厚 5 ~ 25 厘米，分布于整个土墩。灰褐色土，泥质，夹少量细沙，土质较软。该层包含物有大量植物根茎、零星红烧土块、木炭以及砖块、瓦片、近现代白瓷片等。4 个近代坑均开口该层下。

第②层：深黄褐色黏土，土质较硬，包含少量植物根系。该层分布在 D1 中部及周边区域，深 5 ~ 25、厚 0 ~ 20 厘米。该层下未发现遗迹现象。

第③层：浅黄褐色软土，较纯净，部分杂少量植物根系。该层分布在土墩中部及中部偏北，深 10 ~ 25、厚 0 ~ 50 厘米。2009LWSD1Q1、2009LWSD1Q3、2009LWSD1Q4、2009LWSD1Q6、2009LWSD1Q10 等 5 个器物群发现于该层下。

③层下夹层：青灰色软土，杂黄色、褐色斑点，疏松。该层分布于土墩中部偏北一小块，

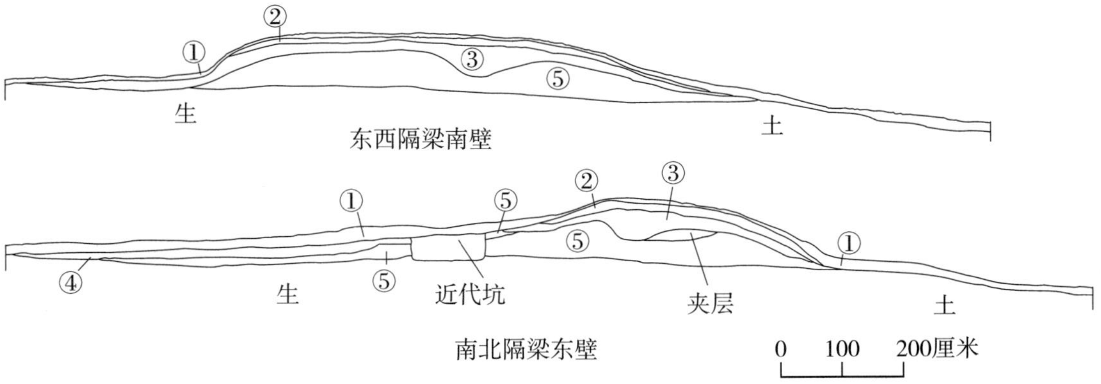

图二　2009LWSD1东西隔梁南壁、南北隔梁东壁剖面图

深 40～60、厚 0～20 厘米。该层未发现遗迹现象。

第④层：红褐色黏土，细腻松软，较纯净。该层分布于土墩中南部，深 15～25、厚 0～20 厘米。该层下发现 2009LWSD1Q2、2009LWSD1Q7、2009LWSD1Q9 等 3 个器物群。

第⑤层：黄褐色土，夹杂黑褐色斑点及黄、红、褐色碎石子，较硬，中部土质较四周干硬，含水量低。该层分布于土墩中部，深 20～45、厚 0～70 厘米。该层下发现 2009LWSD1Q5、2009LWSD1Q8、2009LWSD1Q11、2009LWSD1Q12、2009LWSD1Q13、2009LWSD1Q14 等 6 个器物群及墓葬 2009LWSD1M1。该层出土石器 4 件及陶豆柄 1 个。

⑤层下为生土。

2．地层中出土的包含物

在 D1 ①层中出土大口罐 1 件。

大口罐　1 件（2009LWSD1 ①：1）。红褐色硬陶。素面，方唇，敛口，腹微鼓，平底。口径 14.6、最大腹径 17.2、底径 11.4、高 15 厘米（图三：7；彩版二三：1）。

在 D1 ⑤层内共发现小件 5 件，其中石器 4 件、豆柄 1 件。

石器 4 件，条形器 1 件，石斧 1 件，另 2 件用途不明，或为石料（彩版二三：2）。

条形器　1 件（2009LWSD1 ⑤：1）。长条形，中间顺岩石纹理裂成两部分，其中一部分又断裂为两块。石器呈浅黄褐色，质地较软，4 个表面光滑，两端也有磨光痕迹，一端残。残长 17.5、宽 3、厚 2 厘米。该石器与屯溪土墩墓二号墓出土的 M2：78 类似，定

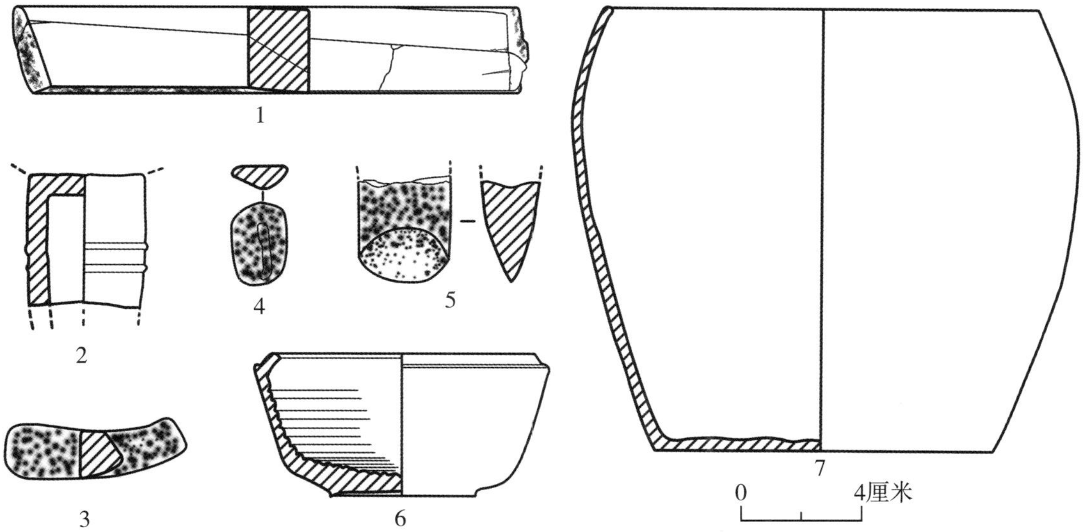

图三　2009LWSD1①、⑤层出土器物及采集品

1. 条形器（2009LWSD1⑤：1）　2. 豆柄（2009LWSD1⑤：5）
3、4. 石料（2009LWSD1⑤：4、3）　5. 石斧（2009LWSD1⑤：2）
6. 原始瓷碗（2009LWSD1采：1）　7. 大口罐（2009LWSD1①：1）

名为圭形石料[①]、砺石[②]（图三：1；彩版二三：3）。

石斧　1件（2009LWSD1⑤：2）。仅余下端及刃部，弧刃。磨制精细，黑色，质地坚硬。宽3.1、残高3.6、刃部宽3、长1.8厘米（图三：5；彩版二三：4）。

石料　2件。2009LWSD1⑤：3，黑色石器，质地坚硬。一面较平，另一面中部有明显人工痕迹，横截面呈三角形，用途不明。长2.8、最宽1.9、最厚0.8厘米（图三：4；彩版二三：5）。2009LWSD1⑤：4，黑色石器，质地坚硬。形状不规则，用途不明。长6.2、最宽2、最厚1.8厘米（图三：3；彩版二三：6）。

豆柄　1件(2009LWSD1⑤：5)。泥质灰陶，圆柱形柄，中空，残有两道弦纹。残高5.3、孔径2.6厘米（图三：2；彩版二六：1）。

3．采集品

原始瓷碗　1件（2009LWSD1采：1）。浅灰胎，釉色黄褐，多已脱落。圆唇，敛口，子母口，斜弧腹，小平底略内凹。素面，内壁有轮制时遗留的螺旋纹，底有线切割痕迹。口径8.8、最大腹径10、底径5、高4.8厘米（图三：6；彩版二六：2）。

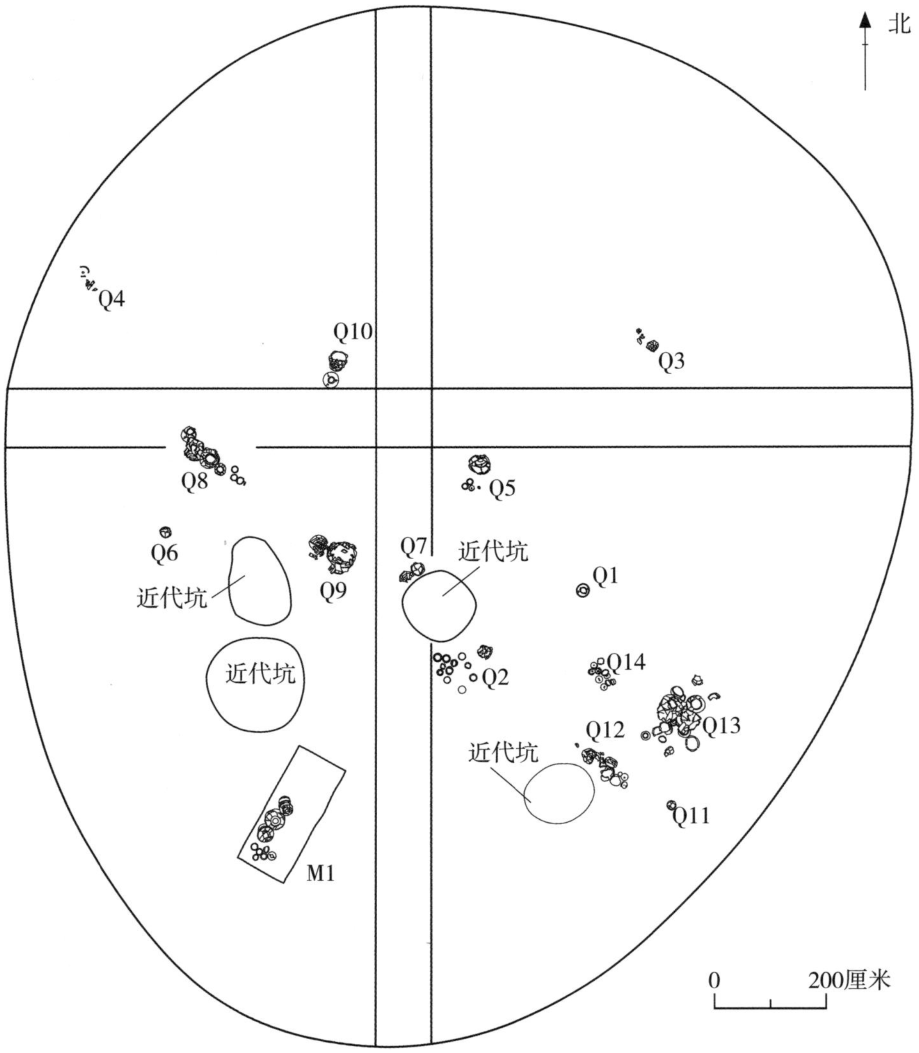

图四　2009LWSD1总平面图

（二）遗迹与遗物

D1 共发现遗迹 15 处。其中器物群 14 个，编号为 2009LWSD1Q1 ~ 2009LWSD1Q14，墓葬 1 座，编号为 2009LWSD1M1。此外，还发现开口①层下的近代坑 4 个（图四）。

1．器物群

D1 共发现器物群 14 个，下面按层位关系分单位进行介绍。

③层下器物群有2009LWSD1Q1、2009LWSD1Q3、2009LWSD1Q4、2009LWSD1Q6、2009LWSD1Q10等5个。这5个器物群除2009LWSD1Q10外，均位于生土层上，且均位于土墩外围，器物群之间距离较远，分布较散。5个器物群出土器物的数量较少，在1～3个之间，这是与④、⑤层下器物群的一个不同之处。这5个器物群年代应相当，性质可能均属于祭祀器物群。

（1）2009LWSD1Q1

Q1位于③层下，生土层上，D1东南部。Q1出土器物1件，为陶罐（图五；彩版二四：1）。

罐 1件(2009LWSD1Q1：1)。泥质红陶,酥化,外壁有脱落现象,口部残。尖圆唇,敛口,丰肩，鼓腹，大平底。肩上有一对堆塑纹饰，模糊不清，或为铺首。素面，内壁有明显泥条盘筑痕迹。口径9、最大腹径18.2、高9.6厘米（图六：5；彩版二六：3)。

（2）2009LWSD1Q3

Q3位于③层下，生土层上，D1东北部。出土器物3件，呈西北—东南向线形排列（图七；彩版二四：2)。因距现地表很浅，这3件器物均遭到严重破坏，已难辨别器形。

夹砂陶器 2件，器形不明。2009LWSD1Q3：1，夹砂红陶，中间灰色，残余少量碎陶片。2009LWSD1Q3：2，夹砂红陶，仅余少量碎片。

泥质陶器 1件（2009LWSD1Q3：3)，器形不明。泥质灰陶，仅余少量碎片。

（3）2009LWSD1Q4

Q4位于③层下，生土层上，D1西北部，土墩外围。出土器物2件，1件泥质陶，1件印纹硬陶罐，呈西北—东南向排列（图八；彩版二五：1)。Q4距现地表很浅，遭到破坏。

硬陶罐 1件（2009LWSD1Q4：2)。印纹硬陶,灰色,仅余少量碎片,残有一小片底,平底，可能为一罐形器。残片饰小方格纹。

泥质陶器 1件（2009LWSD1Q4：1)。残，泥质灰陶，灰色，仅余少量碎片，残有一小片底，可能为平底。器形不明，素面。

（4）2009LWSD1Q6

Q6位于③层下，生土层上，D1西部。出土器物1件，为泥质灰陶盆，出土时倒扣，底朝上（图九；彩版二五：2)。

盆 1件(2009LWSD1Q6：1)。泥质陶,灰褐色。素面,侈口,尖圆唇,折腹,上腹斜直,下腹折收至底，大平底略内凹。口径17、最大腹径18、底径10.5、高4厘米（图六：15；

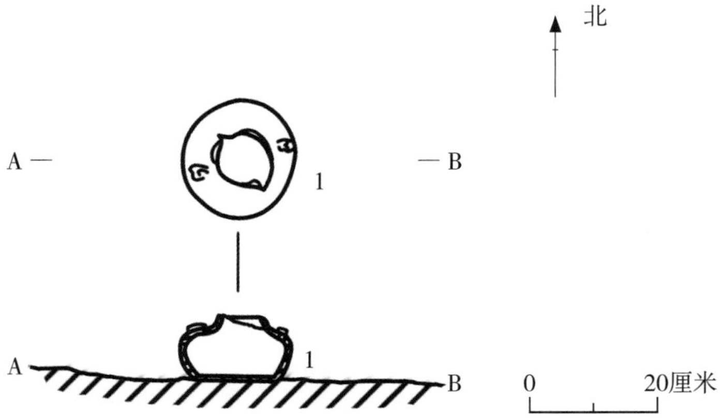

图五　2009LWSD1Q1平、剖面图
1. 罐

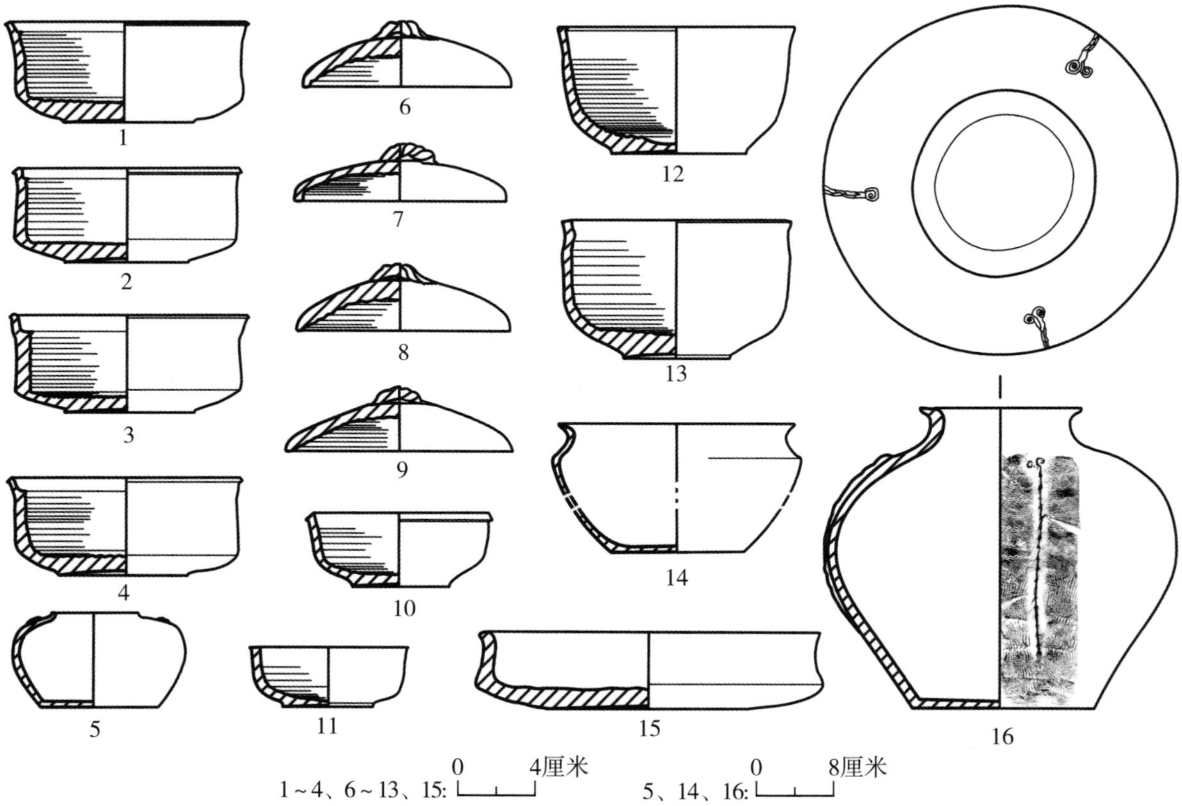

图六　2009LWSD1Q1、Q2、Q6、Q10出土器物
1~4、10~13. 原始瓷碗（2009LWSD1Q2：5、7、9、10、4、6、3、8）
5、16. 罐（2009LWSD1Q1：1、2009LWSD1Q10：1）
6~9. 原始瓷器盖（2009LWSD1Q2：1、2、11、13）
14、15. 盆（2009LWSD1Q2：12，2009LWSD1Q6：1）

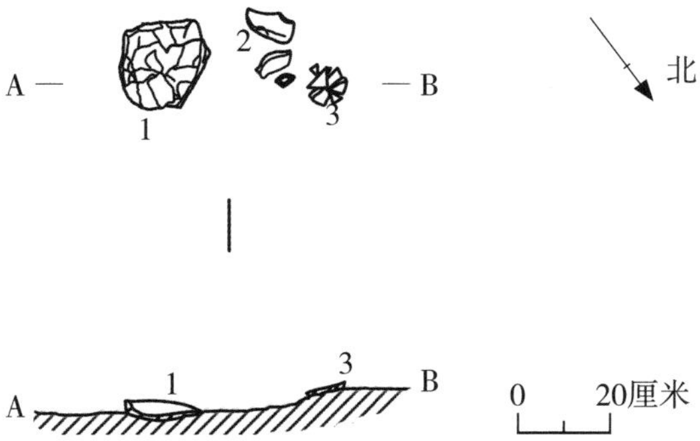

图七 2009LWSD1Q3平、剖面图

1、2. 夹砂红陶器 3. 泥质灰陶器

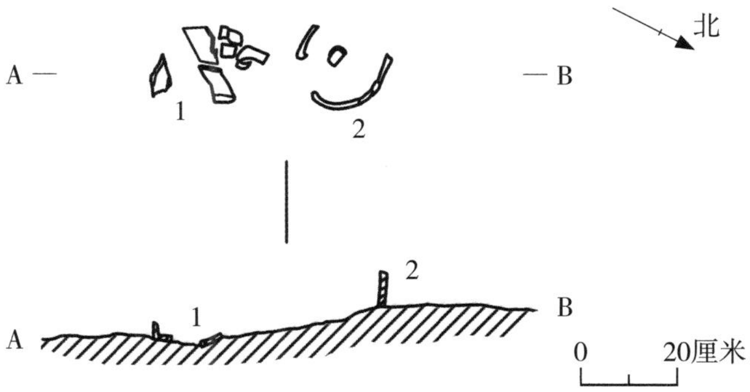

图八 2009LWSD1Q4平、剖面图

1. 泥质灰陶器 2. 罐

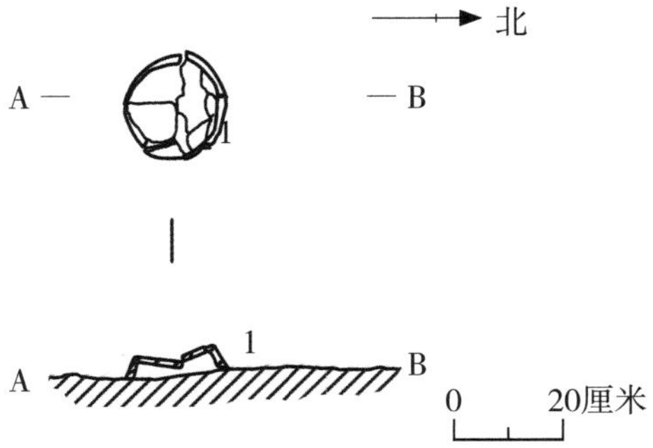

图九 2009LWSD1Q6平、剖面图

1. 盆

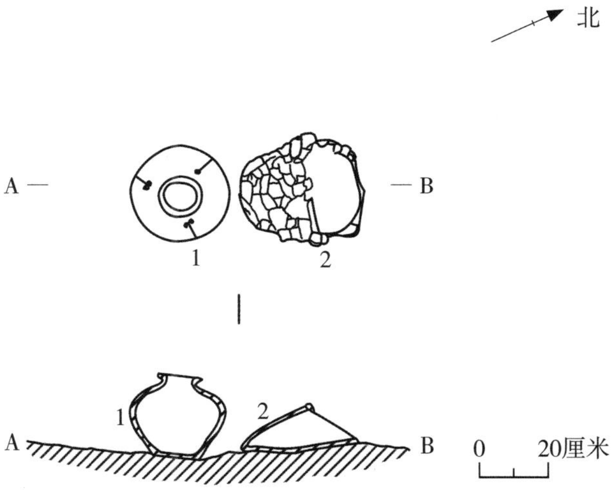

图一〇 2009LWSD1Q10平、剖面图

1、2. 罐

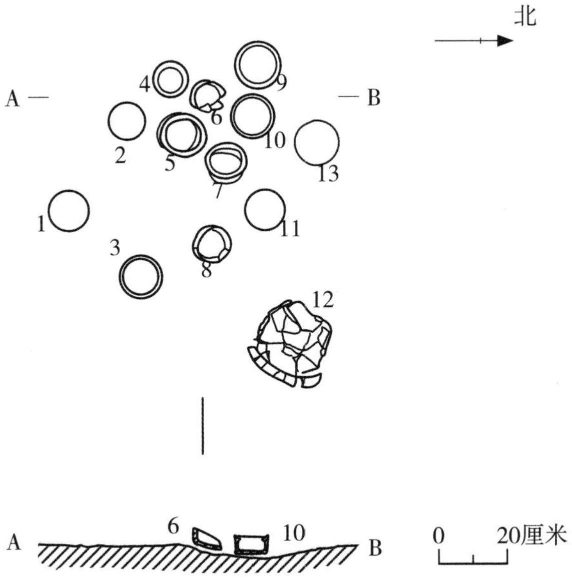

图一一 2009LWSD1Q2平、剖面图

1、2、11、13. 原始瓷器盖 3～10. 原始瓷碗 12. 盆

彩版二六：4）。

（5）2009LWSD1Q10

Q10位于③层下，⑤层上，D1西北部，近东西隔梁西段北壁。共清理出器物2件，均为罐，其中1件硬陶，1件夹砂红陶，呈东北—西南向排列（图一〇；彩版二七：1）。

硬陶罐　1件（2009LWSD1Q10：1）。印纹硬陶，浅灰色，部分发红。卷沿，圆唇，侈口，束颈，鼓腹，平底。器外壁堆塑有三条云纹头辫纹，从肩部延伸至下腹部，云头造型细腻美观，其中一条云头残，一条辫纹中部微残。颈部有细弦纹，肩部饰波浪纹，腹部饰菱形填线纹。口径16.8、最大腹径37、底径19、高24.3厘米（图六：16；彩版二六：5）。

夹砂陶罐　1件（2009LWSD1Q10：2）。夹砂红陶，红褐色，酥化严重，残余小片口沿及部分腹片。从遗留痕迹推测为一罐，圆唇。

④层下器物群有2009LWSD1Q2、2009LWSD1Q7、2009LWSD1Q9等3个。这三个器物群均位于⑤层上，且位于土墩中部，器物群之间距离较近，分布较集中。其中2009LWSD1Q7与2009LWSD1Q9之间还有一个开口①层下，打破生土的近代坑，或为盗洞。这3个器物群出土的器物数量较多，均在3个以上，性质应为祭祀器物群。

（6）2009LWSD1Q2

Q2位于④层下，⑤层上，D1中南部，近南北隔梁南段东壁。Q2出土器物13件，其中原始瓷12件，泥质陶1件。原始瓷中碗8件，器盖4件。其中4、5、6、7、9、10号原始瓷排列方式似梅花形。器盖Q2：1、Q2：2、Q2：11、Q2：13分别位于原始瓷碗Q2：3、Q2：5、Q2：7、Q2：10的旁边，可能与这几件原始瓷配套。器盖均呈盖面朝下放置。Q2：12为泥质陶盆，位于12件原始瓷的东北方（图一一；彩版二七：2，彩版二六：6）。

原始瓷12件。其中碗8件、器盖4件。

碗　8件。2009LWSD1Q2：3，浅黄胎，茶绿釉，釉大部分已脱落。方唇，侈口，弧腹，平底略内凹。素面，内壁有轮制遗留的螺旋纹。口径12.4、底径7、高7厘米（图六：12；彩版二八：1）。2009LWSD1Q2：4，浅灰胎，茶绿色釉，釉部分脱落。折沿，尖唇，上腹弧直，下腹折腹至底，平底略内凹。素面，内壁有轮制时遗留的螺旋纹，底有线切割痕迹。口径8.7、底径4.8、高3.6厘米（图六：10；彩版二八：2）。2009LWSD1Q2：5，浅灰胎，茶绿色釉，釉多已脱落。细方唇，侈口，子母口，上腹略内弧，下腹折收至底，平底略内凹。素面，内壁有轮制遗留的螺旋纹。口径12.5、底径6.8、高5.5厘米（图六：1；彩版二八：3）。2009LWSD1Q2：6，浅黄胎，浅绿色釉，釉多已脱落。折沿，尖唇，敞口，弧腹，下腹弧收至底，平底略内凹。素面，内壁有轮制遗留的螺旋纹，底部有叠烧时粘结的泥块及线切割痕迹。口径8.2、底径4.9、高3.4厘米（图六：11；彩版二八：4）。2009LWSD1Q2：7，浅灰胎，茶绿釉，釉部分已脱落。方唇，侈口，子母口，上腹直，下腹折收至底，平底内凹。素面，内壁有螺旋纹，底部有线切割痕迹。口径12、底径6.8、高5.5厘米（图六：2；彩版二八：5）。2009LWSD1Q2：8，浅黄胎，米黄釉，釉基本已脱落。方唇，侈口，上腹弧直，下腹折收至底，平底略内凹。素面，内壁有轮制遗留的螺旋纹，底有线切割痕迹。口径12、底径6、高7.5厘米（图六：13；彩版二八：6）。2009LWSD1Q2：9，浅灰胎，茶绿釉，釉部分已脱落。方唇，侈口，子母口，上腹弧直，下腹折收至底，平底略内凹。素面，内壁有轮制时遗留螺旋纹，底部有线切割痕迹。口径12.2、底径6.8、高5.5厘米（图六：3；彩版二九：1）。2009LWSD1Q2：10，浅灰胎，浅绿釉，釉部分已脱落。方唇，侈口，子母口，上腹直，下腹弧收至底，平底内凹。素面，内壁有螺旋纹。口径12.5、底径6.5、高5.5厘米（图六：4；彩版二九：2）。

器盖　4件。2009LWSD1Q2：1，浅灰胎，茶绿釉，部分釉已脱落。盖身平面呈圆形，圆唇，弧顶，盖内有螺旋纹，顶上有一钮，辫形。口径10.9、高3.4厘米（图六：6；彩版二九：3）。2009LWSD1Q2：2，浅灰胎，茶绿釉，部分釉已脱落。盖身平面呈圆形，圆唇，弧顶，盖内有螺旋纹，顶上有一钮，辫形。口径11.1、高3厘米（图六：7；彩版二九：4）。2009LWSD1Q2：11，浅灰胎，茶绿釉，部分釉已脱落。盖身平面呈圆形，圆唇，弧顶，盖内有螺旋纹，顶上有一钮，辫形。口径11.2、高2.5厘米（图六：8；彩版二九：5）。2009LWSD1Q2：13，浅灰胎，茶绿釉，部分釉已脱落。盖身平面呈圆形，圆唇，弧顶，盖内有螺旋纹，顶上有一钮，辫形。口径11.9、高3.2厘米（图六：9；彩版二九：6）。

陶盆　1件（2009LWSD1Q2：12）。泥质软陶，残，浅褐色。素面，折沿，圆唇，敞口，折腹，下腹折收至底，平底。口径24、最大腹径26、底径14厘米（图六：14）。

（7）2009LWSD1Q7

Q7位于④层下，⑤层上，南北隔梁南段北部内。共清理出器物4件，盆2件，纺轮2件。盆为泥质陶，纺轮为夹细砂陶。Q7：1、Q7：2两件盆呈东北—西南向排列，纺轮Q7：3、Q7：4位于倒扣的Q7：2内（图一二；彩版三〇：1，彩版三一：1）。

陶盆　2件，其中1件为三足盆。2009LWSD1Q7：1，泥质灰陶，平沿，圆唇，鼓腹下垂，大平底，底下有三乳丁足，腹饰戳点纹。口径19.4、最大腹径21.2、底径19.8、高8.8

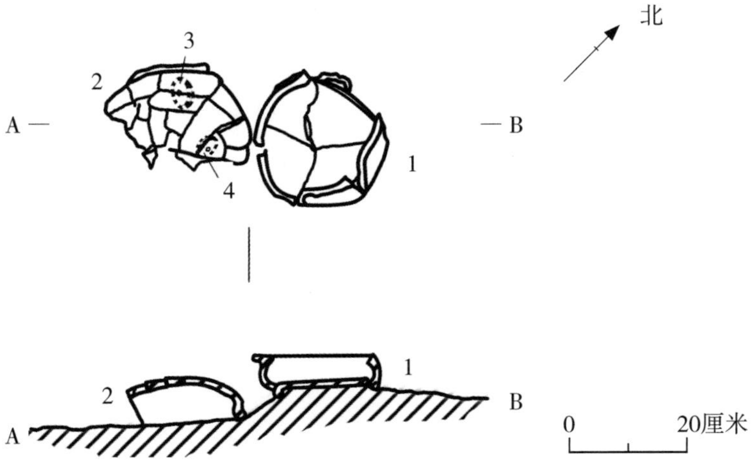

图一二 2009LWSD1Q7平、剖面图

1. 三足盆 2. 盆 3、4. 纺轮

厘米（图一三：4；彩版三一：2）。2009LWSD1Q7：2，泥质灰陶，外皮黑色，残。素面，折沿，圆唇，敞口，折腹，下腹弧收至底，平底略内凹。沿上有凹弦纹两道。口径 28.8、最大腹径 28.6、底径 15.6、高 9.2 厘米（图一三：6）。

纺轮 2 件。2009LWSD1Q7：3，夹细砂灰陶，算珠形，腰部较尖，上下两部分呈明显的折线，表面有轮制时遗留的细弦纹。制法轮制。最大径 3.5、高 2.8、孔径 0.4 厘米（图一三：2；彩版三一：3）。2009LWSD1Q7：4，夹细砂灰陶，腰部微残，算珠形，腰部较尖，上下两部分呈明显的折线，表面有轮制时遗留的细弦纹。制法轮制。最大径 3.5、高 2.6、孔径 0.5 厘米（图一三：3；彩版三一：4）。

（8）2009LWSD1Q9

Q9 位于④层下，⑤层上，D1 中部偏西。共出土器物 3 件，包括印纹硬陶罐、瓿各 1 件，灰色软陶盆 1 件，呈西北—东南向排列。其中 Q9：2 为灰色软陶盆，残破，部分置于 Q9：3 之上，系 Q9：3 的器盖（图一四；彩版三〇：2，彩版三一：5）。

硬陶 2 件，罐、瓿各 1 件。

罐 1 件（2009LWSD1Q9：1）。印纹硬陶，灰色，唇部残失。卷沿，侈口，束颈，丰肩，鼓腹，下腹斜收至底，平底略内凹。颈饰弦纹，上腹饰席纹，下腹饰菱形填线纹。口径

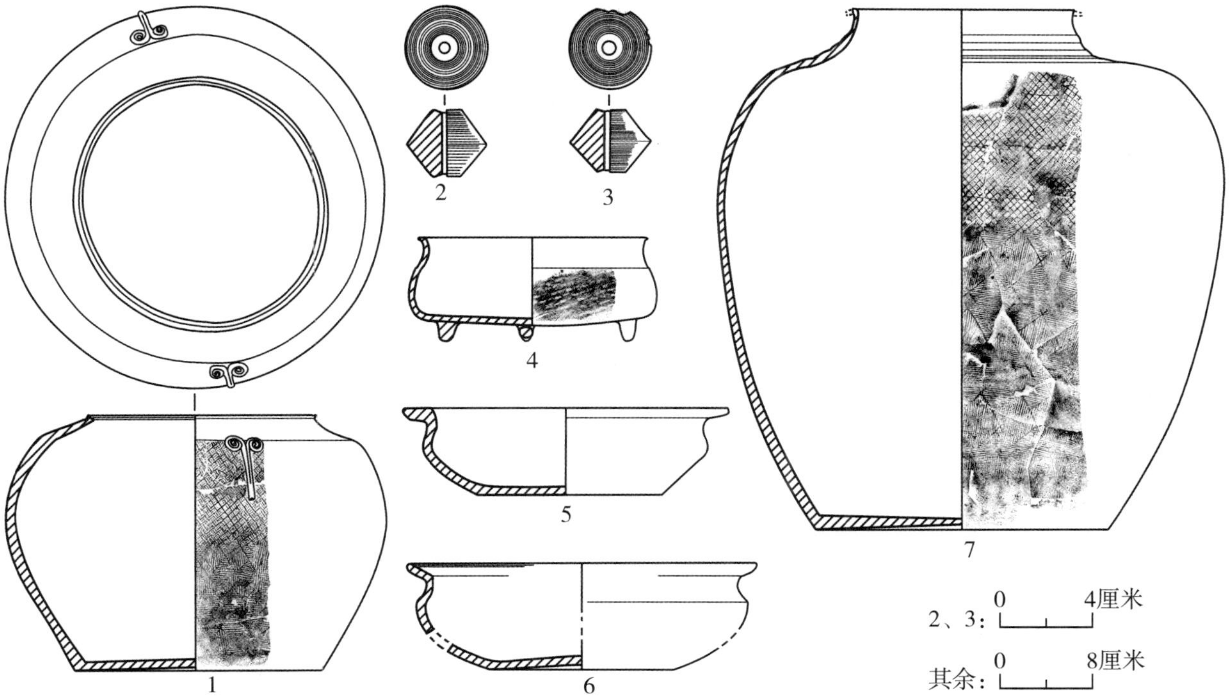

图一三 2009LWSD1Q7、Q9出土器物

1. 瓿（2009LWSD1Q9：3） 2、3. 陶纺轮（2009LWSD1Q7：3、4）
4. 三足盆（2009LWSD1Q7：1） 5、6. 盆（2009LWSD1Q9：2、2009LWSD1Q7：2）
7. 罐（2009LWSD1Q9：1）

18.8、最大腹径 43.2、底径 25、高 44 厘米（图一三：7；彩版三一：6）。

瓿 1件（2009LWSD1Q9：3）。印纹硬陶，灰色。方唇，唇上有一圈内凹，形成类似双唇，丰肩，鼓腹，平底略内凹。肩上有弦纹数道，肩部至上腹部堆塑有一对云头辫纹系。肩部及上腹部饰席纹，下腹部饰菱形填线纹。口径 18、最大腹径 32.7、底径 20、高 20.5 厘米（图一三：1；彩版三三：1、2）。

陶盆 1件（2009LWSD1Q9：2）。泥质灰陶，灰色，外皮黑。素面，折沿，宽平沿，圆唇，折弧腹，下腹弧收至底，大平底。口径 18、最大腹径 32.7、底径 20、高 20.5 厘米（图一三：5；彩版三三：3）。

⑤层下器物群有 2009LWSD1Q5、2009LWSD1Q8、2009LWSD1Q11、2009LWSD1Q12、2009LWSD1Q13、2009LWSD1Q14 等 6 个。6 个器物群中，2009LWSD1Q11、2009LWSD1Q12、2009LWSD1Q13、2009LWSD1Q14 等 4 个集中分布于 D1 东南部，距离较近。2009L

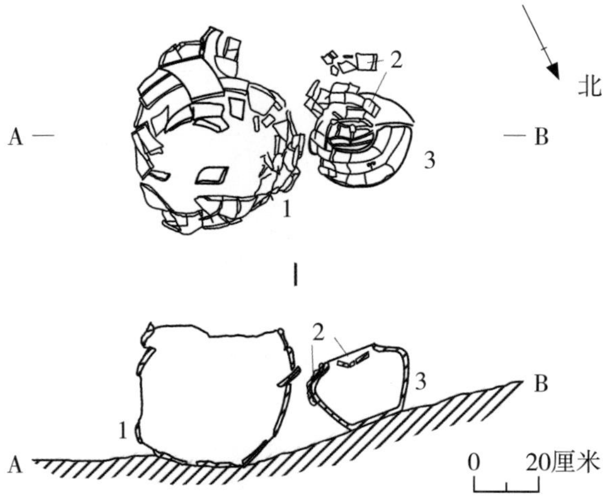

图一四　2009LWSD1Q9平、剖面图
1. 罐　2. 盆　3. 瓿

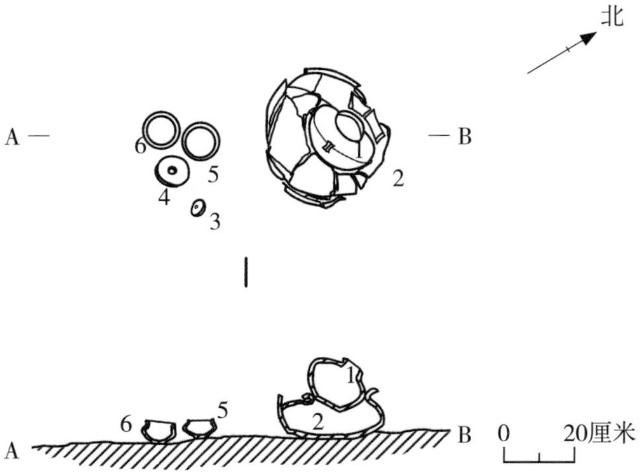

图一五　2009LWSD1Q5平、剖面图
1. 四系罐　2. 罐　3. 纺轮　4、5、6. 盂

WSD1Q5 和 2009LWSD1Q8 则分布于 D1 中北部。6 个器物群都位于生土面上，除 2009LWSD1Q11 仅出土 1 件器物外，其余均出土大量器物，以 2009LWSD1Q13 为最多。这 6 个器物群的性质可能属于祭祀器物群，2009LWSD1Q8 和 2009LWSD1Q12 的器物呈线形排列，器物质地、种类多样，从器物排列组合的方式看，也有一定的可能性是墓葬，但因无明显的墓坑或堆土范围，故作器物群处理。

（9）2009LWSD1Q5

Q5 位于⑤层下，生土层上，D1 中部偏北，近东西隔梁东段南壁。共清理出器物 6 件，包括罐 2 件，盂 3 件，纺轮 1 件，呈东北—西南向不规则排列。其中 5 件为印纹硬陶，1 件为夹细砂灰陶。Q5：1 为印纹硬陶四系罐，Q5：2 为印纹硬陶罐，Q5：1 叠压于 Q5：2 之上；Q5：4、Q5：5、Q5：6 三件为硬陶盂，成组置放；Q5：3 为纺轮，位于 3 件硬陶盂东部（图一五；彩版三二：1，彩版三三：4）。

硬陶 5 件，其中罐 2 件，盂 3 件。

罐　2 件。2009LWSD1Q5：1，印纹硬陶，灰褐色。卷沿，尖唇，侈口，束颈，丰肩，弧腹，平底略内凹。肩部有四个系，每个系由三股泥条组成，一系缺，一系残一股。肩部饰菱形填线纹，腹部饰小方格纹。内壁有明显泥条盘筑痕迹。口径 10.8、最大腹径 20.6、底径 11.8、高 10.1 厘米（图一六：5；彩版三三：5）。2009LWSD1Q5：2，印纹硬陶，灰色，

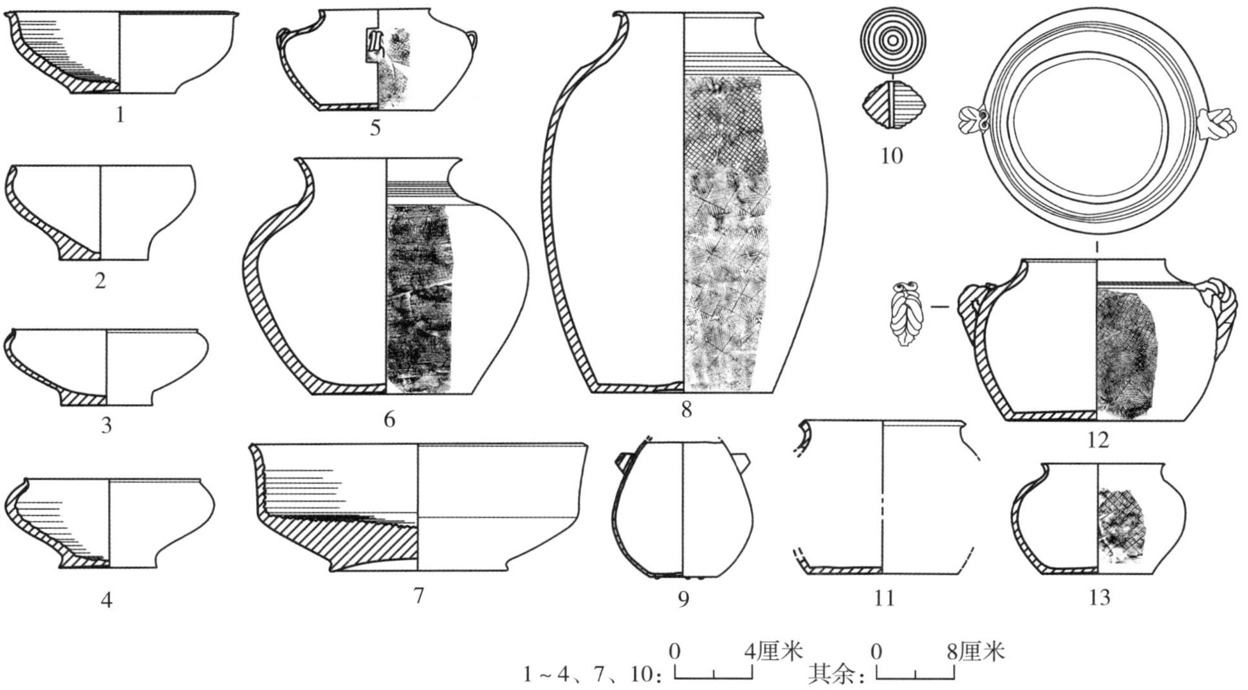

图一六　2009LWSD1Q5、Q8、Q11出土器物

1．原始瓷碗（2009LWSD1Q8：3）　2～4．盂（2009LWSD1Q5：4、5、6）
5．四系罐（2009LWSD1Q5：1）　6、8、9、11、13．罐（2009LWSD1Q5：2、2009LWSD1Q8：6、2009LWSD1Q11：1、2009LWSD1Q8：5、2009LWSD1Q8：4）
7．原始瓷盆（2009LWSD1Q8：2）　10．陶纺轮（2009LWSD1Q5：3）
12．双系罐（2009LWSD1Q8：7）

部分红褐。卷沿，尖圆唇，侈口，束颈，鼓腹，大平底略内凹。颈部饰弦纹，肩部及腹部饰菱形填线纹，内壁有明显泥条盘筑痕迹。口径16.4、最大腹径30、底径16.2、高23.5厘米（图一六：6；彩版三三：6）。

盂　3件。2009LWSD1Q5：4，硬陶，红褐色。尖唇，敛口，上腹鼓，下腹内弧至底，平底。内底中部内凹。轮制，底部有线切割痕迹。口径9.2、最大腹径10、底径4.9、高4.9厘米（图一六：2；彩版三四：1）。2009LWSD1Q5：5，硬陶，红色。尖圆唇，口微侈，上腹鼓，下腹弧收至底，平底。素面，内壁有不明显螺旋纹，底部有线切割痕迹。口径9.6、最大腹径10.7、底径4.8、高3.4厘米（图一六：3；彩版三四：2）。2009LWSD1Q5：6，硬陶，红褐色。尖圆唇，侈口，上腹鼓，下腹弧收至底，平底略内凹。素面，内壁为螺旋纹，底有线切割痕迹。口径9.4、最大腹径11、底径4.8、高4.7厘米（图一六：4；彩版三四：3）。

纺轮 1件（2009LWSD1Q5：3）。夹细砂灰陶，算珠形，腰部较圆，上下两部分略呈弧形，器表有数道弦纹。制法轮制。最大径3.3、高2.4、孔径0.5厘米（图一六：10；彩版三四：4）。

（10）2009LWSD1Q8

Q8位于⑤层下，生土层上，D1西北部，部分延伸进东西隔梁西段内。共清理出器物7件，包括罐4件，盆2件，碗1件，呈西北—东南向线形排列。其中原始瓷2件，印纹硬陶2件，印纹软陶2件，夹砂红陶1件（图一七；彩版三二：2，彩版三四：5）。

原始瓷2件，碗、盆各1件。

碗 1件（2009LWSD1Q8：3）。浅灰胎，釉已脱落。折沿，尖唇，敞口，弧腹，下腹弧收至底，平底略内凹。素面，沿上有两道凹弦纹，内壁有轮制时遗留的螺旋纹。口径12、底径5.5、高4.2厘米（图一六：1；彩版三四：6）。

盆 1件（2009LWSD1Q8：2）。浅灰胎，釉色米黄，釉多已脱落。方唇，敞口，折腹，上腹斜直，下腹弧收至底，平底略内凹。唇上有一圈内凹，素面，内壁有轮制时留下的螺旋纹。口径16.4、底径9、高6.5厘米（图一六：7；彩版三六：1）。

硬陶罐 2件。2009LWSD1Q8：6，印纹硬陶，灰色。卷沿，尖唇，侈口，束颈，丰肩，弧腹，平底略内凹。肩饰弦纹，上腹饰席纹，下腹饰菱形填线纹。口径14、最大腹径29.8、底径18.6、高39.4厘米（图一六：8；彩版三六：2）。2009LWSD1Q8：7，印纹硬陶，灰色。圆唇，唇上有一圈内凹，似双唇，侈口，鼓腹，大平底略内凹。颈部饰弦纹数道，肩部及上腹部有一对云头辫纹，辫纹硕大。肩部及上腹饰席纹，下腹饰菱形填线纹。口径14.4、最大腹径29、底径18.7、高17厘米（图一六：12；彩版三六：3、4）。

陶罐 2件。2009LWSD1Q8：4，印纹软陶，红褐色。卷沿，尖圆唇，侈口，束颈，鼓腹，大平底略内凹。肩上部饰弦纹，肩下部及腹部饰席纹，器内壁有明显泥条盘筑痕迹。口径11.3、最大腹径18.4、底径12、高11.5厘米（图一六：13；彩版三六：5）。2009LWSD1Q8：5，印纹软陶，残，泥质，灰红色。卷沿，沿上有一圈内凹，尖唇，侈口，弧腹，平底。肩部及上腹部饰席纹，下腹部饰菱形填线纹。口径16、底径15.6厘米（图一六：11）。

陶盆 1件（2009LWSD1Q8：1）。夹砂红陶，酥化严重，仅余少量碎片，依出土时

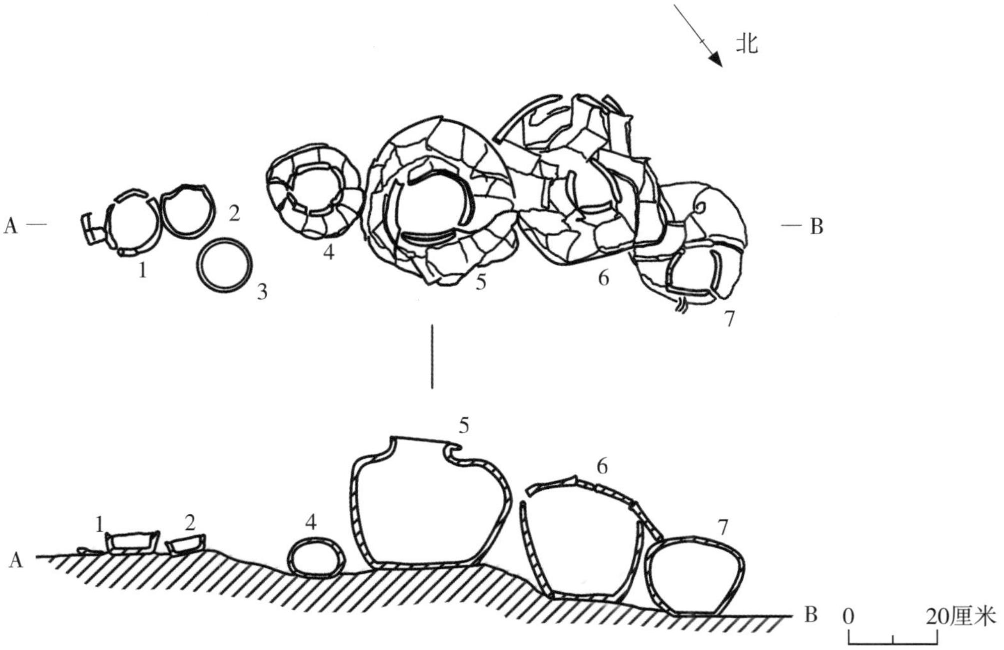

图一七　2009LWSD1Q8平、剖面图

1. 盆　2. 原始瓷盆　3. 原始瓷碗
4～6. 罐　7. 双系罐

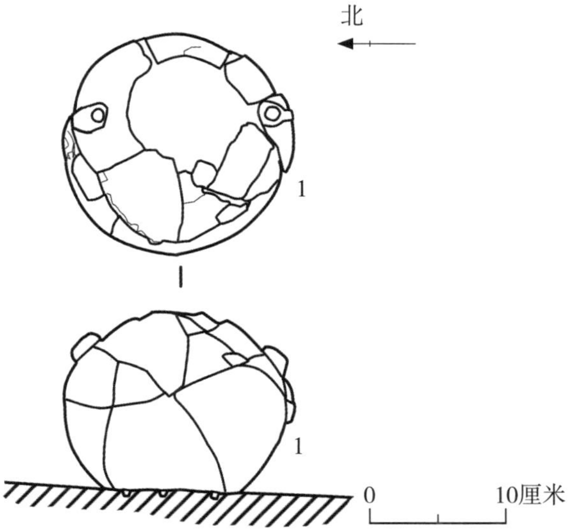

图一八　2009LWSD1Q11平、剖面图

1. 罐

痕迹应为一盆。

（11）2009LWSD1Q11

Q11位于⑤层下，生土层上，D1东南部，土墩边缘部位，清理出器物1件，为泥质灰陶罐（图一八；彩版三五：1）。

陶罐 1件（2009LWSD1Q11：1）。泥质灰陶，口部残。素面，敛口，鼓腹，有两方形贯耳，大平底略内凹，底下有三乳丁足。口径8.2、最大腹径14.4、底径6.8、残高14厘米（图一六：9；彩版三六：6）。

（12）2009LWSD1Q12

Q12位于⑤层下，生土层上，D1东南部。共清理出器物13件，其中罐5件，碗4件，盆、盂各2件，呈西北—东南向线形排列。13件器物中有原始瓷5件，硬陶4件，软陶4件。因距地表很浅（此处①层下即为⑤层），Q12受到严重的破坏，部分器物难以复原。器物之间存在着叠压置放。Q12：4为夹砂红陶盆，其下压有Q12：5和Q12：11；Q12：6为印纹硬陶罐，其下压有Q12：13一部分；Q12：7为印纹硬陶罐，侧置于Q12：6之北；Q12：8为夹砂红陶盆，其下压有Q12：13一部分。Q12出土器物器类复杂，质地包括原始瓷、硬陶、夹砂陶、泥质陶等。器物之间叠压堆放，似较为随意（图一九；彩版三五：2，彩版三七：1）。

原始瓷5件，其中碗4件，盂1件。

碗 4件。2009LWSD1Q12：1，浅黄胎，浅绿釉，釉部分已脱落。尖唇，侈口，子母口，上腹斜直，下腹弧收至底，平底，内底中部略内凹。素面，内壁有轮制遗留的螺旋纹。口径11.6、底径6.6、高4.2厘米（图二〇：1；彩版三七：2）。2009LWSD1Q12：2，灰胎，浅绿釉，釉多已脱落。方唇，侈口，直腹，下腹折收至底，小平底。素面，唇上一圈凹弦纹，器内壁有螺旋纹。口径12.5、底径5.4、高6厘米（图二〇：3；彩版三七：3）。2009LWSD1Q12：5，浅灰胎，浅绿釉，釉已大部脱落。尖圆唇，侈口，折腹，下腹斜收至底，小平底略内凹。素面，器内壁有螺旋纹。口径12、底径7.5、高4.1厘米（图二〇：6；彩版三七：4）。2009LWSD1Q12：11，浅灰胎，浅绿釉，釉已大部脱落。尖唇，侈口，弧腹，下腹弧收至底，小平底。素面，器内壁有螺旋纹。口径11.8、底径5.6、高4.3厘米（图二〇：2；彩版三七：5）。

盂 1件（2009LWSD1Q12：3）。黄褐色胎，米黄色釉，多已脱落。平沿，尖唇，直口，腹外鼓，下腹折收至底，小平底略内凹。素面，沿上有两道凹弦纹，内壁有轮制时遗留的

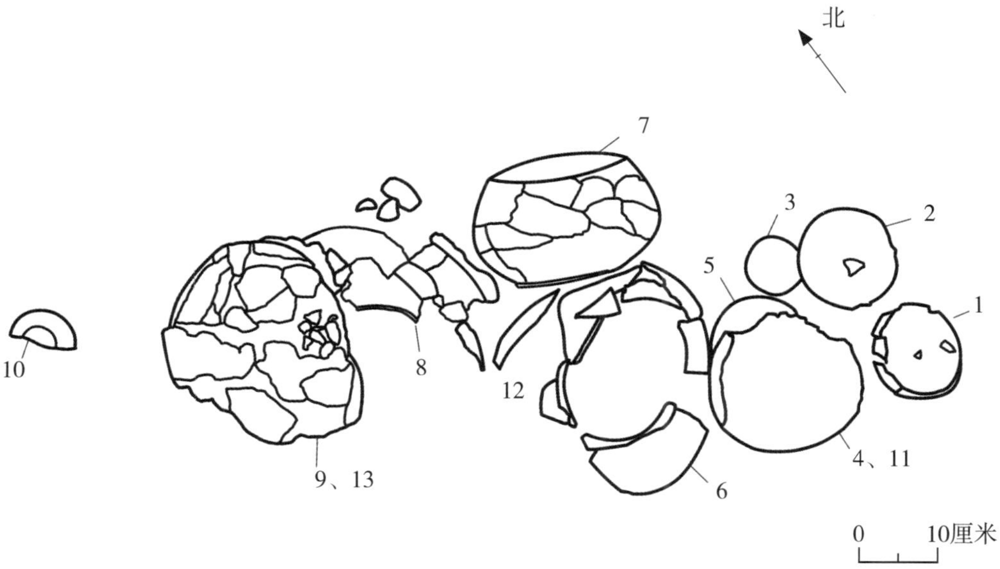

图一九　2009LWSD1Q12平面图

1、2、5、11. 原始瓷碗　3. 原始瓷盂　4. 三足盆　6～8、12、13. 罐　9. 盆　10. 盂
（注:11压于4下，12压于6、8下，13压于9下）

螺旋纹，底有线切割痕迹。口径 7.6、最大腹径 8.4、底径 5.6、高 3.4 厘米（图二〇：7；彩版三七：6）。

硬陶 4 件，其中罐 3 件，盂 1 件。

罐　3 件。2009LWSD1Q12：6，印纹硬陶，灰色。卷沿，圆唇，侈口，束颈，丰肩，鼓腹，下腹斜收至底，大平底略内凹。沿上有一圈内凹，肩部饰纵向叶脉纹，腹饰横向叶脉纹，内壁有明显泥条盘筑痕迹。口径 15.8、最大腹径 26.4、底径 17.8、高 18 厘米（图二〇：11；彩版三八：1）。2009LWSD1Q12：7，印纹硬陶，灰色。卷沿，尖圆唇，鼓腹，下腹斜收至底，大平底略内凹。沿上有一圈内凹，肩部有数条弦纹，腹饰席纹，内壁有明显泥条盘筑痕迹。口径 13.3、最大腹径 22.9、底径 15.8、高 11.9 厘米（图二〇：12；彩版三八：2）。2009LWSD1Q12：12，印纹硬陶，颈部以上残，灰色。束颈，丰肩，弧腹，平底略内凹。颈部饰弦纹数道，肩部饰纵向叶脉纹，腹部饰横向叶脉纹，内壁有明显泥条盘筑痕迹。最大腹径 26、底径 17.6、残高 15.6 厘米（图二〇：9）。

盂　1 件（2009LWSD1Q12：10）。硬陶，灰色。素面，圆唇，侈口，折鼓腹，上腹斜直外鼓，下腹斜直内收至底，小平底。口径 6、最大腹径 8.6、底径 4.5、高 3.2 厘米（图

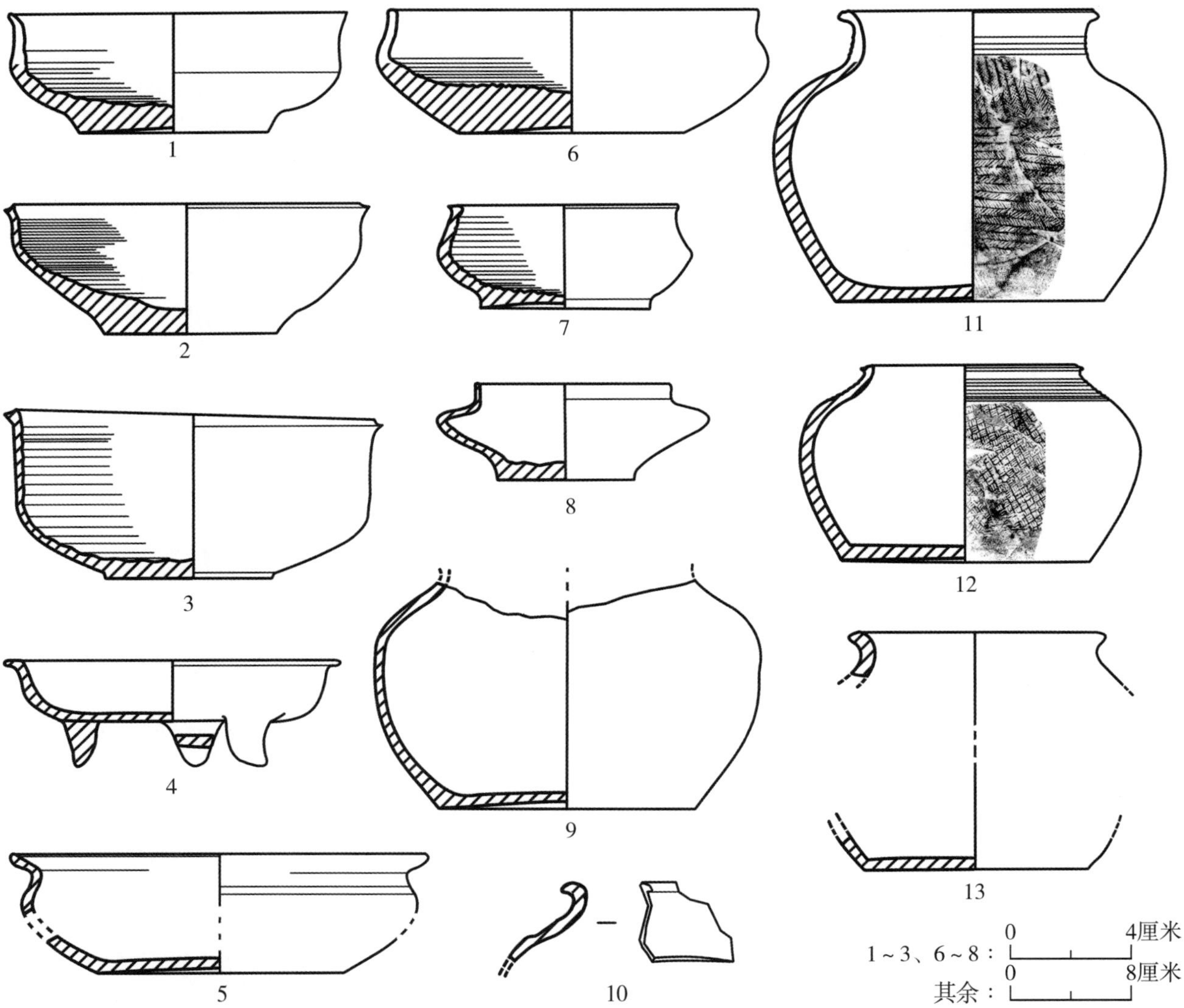

图二〇　2009LWSD1Q12出土器物

1、2、3、6．原始瓷碗（2009LWSD1Q12：1、11、2、5）　4、5．盆（2009LWSD1Q12：4、9）
7．原始瓷盂（2009LWSD1Q12：3）　8．盂（2009LWSD1Q12：10）
9～13．罐（2009LWSD1Q12：12、13、6、7、8）

二〇：8；彩版三八：3）。

泥质陶2件，罐、盆各1件。

罐　1件（2009LWSD1Q12：8）。印纹软陶，泥质，红褐色，酥化，残损严重，无法拼合。卷沿，圆唇，侈口，弧腹，平底。腹饰小方格纹。口径16、底径15厘米（图二〇：13）。

盆　1件（2009LWSD1Q12：9）。泥质灰陶，外皮黑色，残。折沿，圆唇，敞口，折腹，下腹弧收至底，平底略内凹。素面，沿上有凹弦纹两道。口径22.8、底径18.5、高10.8厘米（图二〇：5）。

夹砂陶2件，1件为罐，1件为三足盆。

罐　1件（2009LWSD1Q12：13）。夹砂红陶，酥化严重，残有一小片口沿及少量腹片。卷沿，圆唇，侈口。口径不明（图二〇：10）。

三足盆　1件（2009LWSD1Q12：4）。夹砂红陶，宽平沿，圆唇，敞口，弧腹，平底，底下有三足，足呈扁柱状，下部外撇。素面，器外底有烟熏痕迹。口径19.2、最大腹径22、底径14.5、高7.9厘米（图二〇：4；彩版三八：4）。

（13）2009LWSD1Q13

Q13位于⑤层下，生土层上，D1东南部。共出土器物20件，其中原始瓷4件，硬陶8件，夹砂陶4件，泥质陶4件，呈东北—西南向排列。与Q12类似，Q13距地表很浅（此处①层下即为⑤层），Q13也受到严重的破坏，部分器物难以复原。Q13器物之间也存在着叠压置放。Q13：2为夹砂红陶盆，压于Q13：5、Q13：6之下；Q13：5为泥质灰陶盆，其下压有Q13：6和Q13：4；Q13：8为印纹硬陶罐，其下压有Q13：9、Q13：10、Q13：17；Q13：11为印纹硬陶罐，其上有一原始瓷碗倒扣做器盖（Q13：12）；Q13：13为印纹硬陶罐，叠压在Q13：12、Q13：14、Q13：17之上；Q13：15为夹砂红陶钵，压在Q13：16之上。Q13与Q12类似，器类复杂，质地包括原始瓷、硬陶、夹砂陶、泥质陶等（图二一；彩版三九：1，彩版三八：5）。

原始瓷4件，其中碗3件，盂1件。

碗　3件。2009LWSD1Q13：3，浅灰胎，浅绿釉，釉多已脱落。折沿，尖唇，口微侈，上腹斜直，下腹折收至底，小平底。素面，器内壁有轮制时遗留的螺旋纹。口径11.8、底径7.2、高4.6厘米（图二二：14；彩版三八：6）。2009LWSD1Q13：12，灰胎，茶绿色釉，釉保存较好。平折沿，尖唇，侈口，弧腹，小平底。素面，内壁有轮制时遗留的螺旋纹，底部有叠烧时粘结的泥。口径13.2、底径6.4、高4.8厘米（图二二：15；彩版四〇：1）。2009LWSD1Q13：16，灰胎，釉色茶绿，多已脱落。细方唇，子母口，口微侈，上腹斜直，下腹折收至底，小平底。素面，内壁有轮制时遗留的螺旋纹，底部有叠烧时粘结的泥。口径8.4、底径4.2、高4.8厘米（图二二：16；彩版四〇：2）。

盂　1件（2009LWSD1Q13：1）。灰胎，釉色茶绿，多已脱落。平沿，敛口，圆鼓腹，

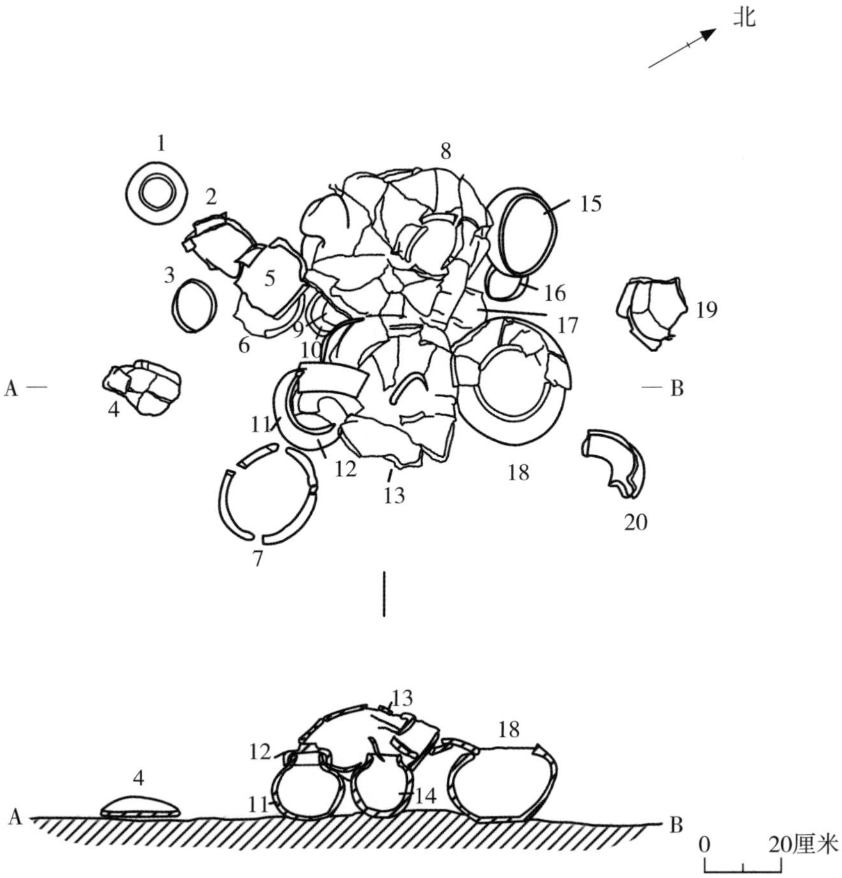

图二一 2009LWSD1Q13平、剖面图

1. 原始瓷盂 2、4～7、9、10. 盆 3、12、16. 原始瓷
8、11、13、14、17、18、20. 罐 15. 钵 19. 豆

平底略内凹。素面，内壁有轮制时遗留的弦纹，底有线切割痕迹。制法为轮制。口径 9.4、最大腹径 15.2、底径 9.4、高 7.6 厘米（图二二：13；彩版四〇：3）。

硬陶 8 件，其中罐 7 件，豆 1 件。

罐 7 件。2009LWSD1Q13：8，印纹硬陶，灰色。卷沿，尖圆唇，侈口，束颈，丰肩，弧腹，下腹斜收至底，大平底。颈饰弦纹，上腹饰小方格纹，下腹饰菱形填线纹。口径 19、最大腹径 34.8、底径 22.2、高 40.8 厘米（图二二：19；彩版四〇：4）。2009LWSD1Q13：11，印纹硬陶，灰色。卷沿，尖圆唇，侈口，束颈，丰肩，弧腹，平底内凹。颈部饰弦纹，腹饰小方格纹，器内壁有明显泥条盘筑的痕迹。口径 11.5、最大腹径

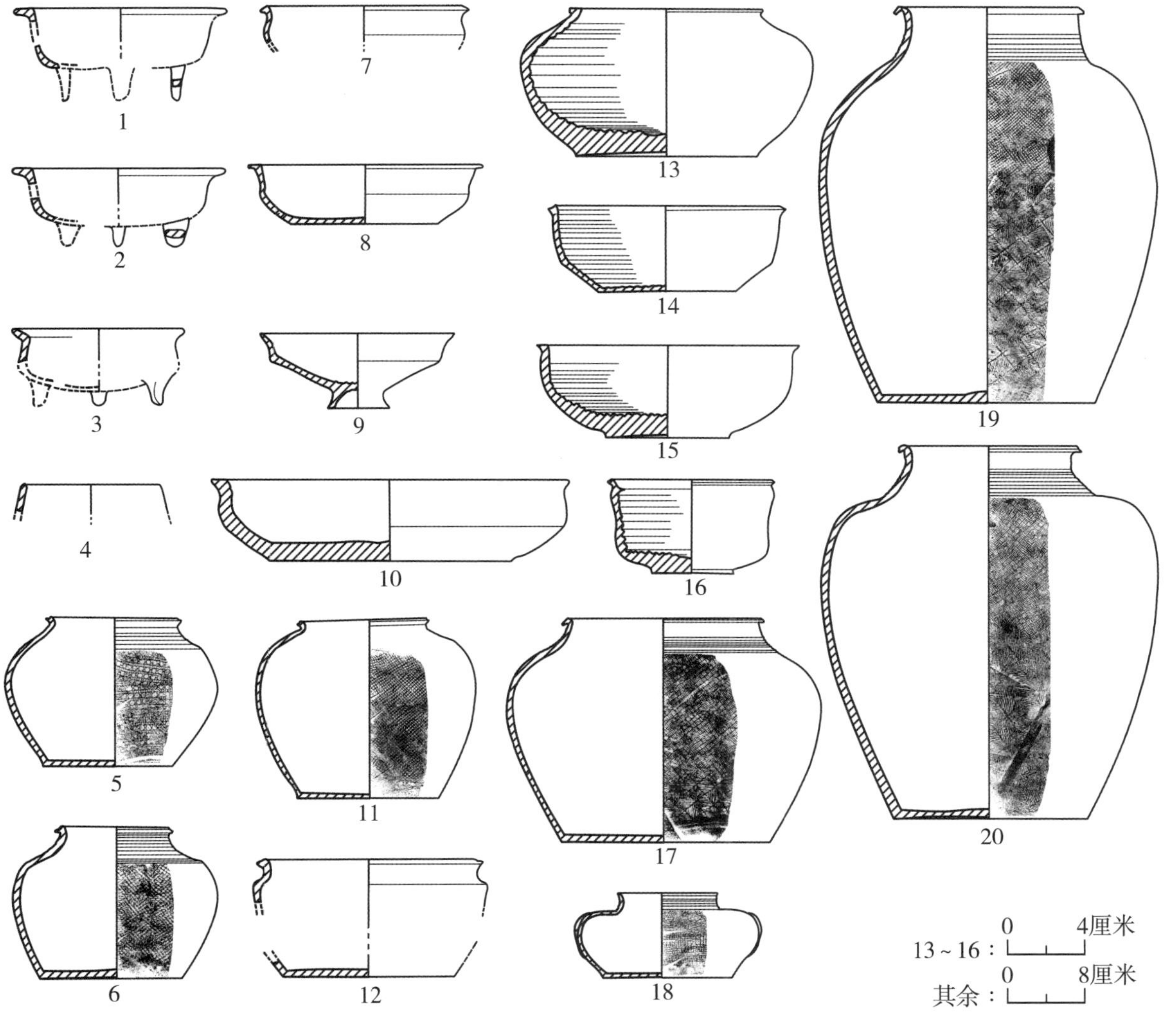

图二二　2009LWSD1Q13出土器物

1～3. 三足盆（2009LWSD1Q13：2、6、9）　4. 钵（2009LWSD1Q13：15）
5、6、11、17～20. 罐（2009LWSD1Q13：14、11、17、18、20、8、13）
7、8、10、12. 泥质灰陶盆（2009LWSD1Q13：10、7、5、4）
9. 豆（2009LWSD1Q13：19）　13. 原始瓷盂（2009LWSD1Q13：1）
14～16. 原始瓷碗（2009LWSD1Q13：3、12、16）

21.2、底径14.6、高15.3厘米（图二二：6；彩版四〇：5）。2009LWSD1Q13：13，印纹硬陶，灰色。卷沿，尖圆唇，侈口，束颈，丰肩，弧腹，下腹斜收至底，平底内凹。颈饰弦纹，上腹饰席纹，下腹饰菱形填线纹。口径18、最大腹径34.8、底径20、高38.8厘米（图二二：20；彩版四〇：6）。2009LWSD1Q13：14，印纹硬陶，灰色。卷沿，尖圆唇，沿上有一圈内凹，形成类似双唇，鼓腹，平底，口、底直径相当。器内壁有明显泥条盘筑痕迹，器表肩部有轮修时遗留的弦纹，腹部饰米筛纹。口径 12.9、最大腹径 22、底径 13、高 15.5 厘米（图二二：5；彩版四一：3）。2009LWSD1Q13：17，印纹硬陶，红褐色。卷沿，尖圆唇，沿上有一道凹弦纹，形成类似双唇，侈口，丰肩，鼓腹，大平底。肩部饰弦纹数道，腹饰小方格纹，器内壁有明显的泥条盘筑的痕迹。口径 12.4、最大腹径 22.8、底径 14、高 18.4 厘米（图二二：11；彩版四一：4）。2009LWSD1Q13：18，印纹硬陶，灰色。卷沿，尖圆唇，侈口，束颈，丰肩，鼓腹，下腹斜收至底，大平底。颈部饰弦纹，上腹饰席纹，下腹饰菱形填线纹。口径 19.4、最大腹径 32.7、底径 21.4、高 23.4 厘米（图二二：17；彩版四一：5）。2009LWSD1Q13：20，印纹硬陶，灰色。卷沿，尖唇，侈口，束颈，丰肩，弧腹下收至底，大平底略内凹，肩部及上腹部有一对系，系已残。颈部有弦纹数道，肩部饰席纹，腹部饰小方格纹，器内壁有明显泥条盘筑痕迹。口径 10、最大腹径 19、底径 13.6、高 8.9 厘米（图二二：18；彩版四一：6）。

豆　1 件（2009LWSD1Q13：19）。硬陶，灰褐色。尖圆唇，敞口，折腹，矮圈足。圈足手制，留有指捏痕迹，豆盘轮制，内底有螺旋纹，素面。口径 18.3、底径 6、高 7.4 厘米（图二二：9；彩版四二：1）。

泥质陶盆　3 件。2009LWSD1Q13：4，灰陶，酥化，残有一小片口沿及少量底及腹片。素面，折沿，尖圆唇，侈口，折腹，平底。口径 21.2、底径 17.6 厘米（图二二：12）。2009LWSD1Q13：5，软陶，灰褐色。素面，平沿，尖圆唇，敞口，折腹，下腹弧收至底，大平底略内凹。口径 17、底径 12.5、高 4.2 厘米（图二二：10；彩版四一：1）。2009LWSD1Q13：7，泥质灰陶，素面，宽平沿，圆唇，直口，折腹，折腹处较突出，下腹弧收至底，大平底，内壁折腹处内凹。口径 21.5、底径 15.5、高 6.6 厘米（图二二：8；彩版四一：2）。

夹砂陶 5 件，其中盆 4 件（其中 3 件为三足盆），钵 1 件。

盆　4 件。2009LWSD1Q13：2，夹砂红陶，酥化，残有一小片口沿、一足及少量腹片。素面，折沿，沿近平，圆唇，侈口。有足，足为柱足，应为三足盆。口径 18 厘米（图二二：1）。2009LWSD1Q13：6，夹砂红陶，酥化，残有一小片口沿、一足及少量腹片。素面，折沿，沿近平，圆唇，侈口。有足，足为矮扁锥状足，应为三足盆。口径 18 厘米（图二二：2）。2009LWSD1Q13：9，夹砂红陶，酥化，残有一小片口沿、一足及少量腹片。素面，折沿，圆唇，侈口。有锥足，下部略外撇，应为三足盆。口径 18 厘米（图二二：3）。2009LWSD1Q13：10，夹砂红陶，酥化，残有一小片口沿及腹片。素面，折沿，圆唇，侈口，折腹。口径18厘米（图二二：7）。

钵 1件（2009LWSD1Q13：15）。夹砂红陶，酥化，残有小片口沿及少量腹片。素面，圆唇，敛口。口径14厘米（图二二：4）。

（14）2009LWSD1Q14

Q14位于⑤层下，生土层上，D1东南部。共清理出器物10件套（13件），均为原始瓷，呈西北—东南向排列。Q14：1、Q14：5、Q14：7、Q14：8和Q14：9为原始瓷碗；Q14：2、Q14：3和Q14：4为原始瓷碗带盖，盖扣于碗上（Q14：2、Q14：3）或置于碗内（Q14：4）；Q14：6、Q14：7和Q14：10为原始瓷器盖，应属于其他未带盖的碗，但无法明确辨别之间的关系，故单独编号。Q14出土物均为原始瓷，器形也很统一（图二三；彩版三九：2，彩版四二：2）。

原始瓷 10件，其中原始瓷带盖碗3件，碗4件，器盖3件。

带盖碗 3件。2009LWSD1Q14：2，碗灰胎，茶绿色釉，细方唇，子母口，口微侈，上腹斜直，下腹斜收至底，小平底。素面，内壁有轮制时遗留的螺旋纹。器盖浅灰胎，茶绿釉，盖身平面呈圆形，圆唇，弧顶，顶有一钮，钮由二股泥条捏合而成。盖内有螺旋纹。碗口径9.9、底径4.5、高4.8厘米。盖口径9.2、高2.2厘米（图二四：5；彩版四二：3）。2009LWSD1Q14：3，碗灰胎，茶绿色釉，细方唇，子母口，口微侈，上腹斜直，下腹斜收至底，小平底。素面，内壁有轮制时遗留的螺旋纹。器盖浅灰胎，茶绿釉，盖身平面呈圆形，圆唇，弧顶，顶部有一钮，钮已脱落。盖内有螺旋纹。碗口径9.2、底径4.6、高5.4厘米。盖口径8.6、残高1.4厘米（图二四：7；彩版四二：4）。2009LWSD1Q14：4，碗浅灰胎，茶绿釉，细方唇，子母口，口微侈，上腹斜直，下腹斜收至底，小平底。素面，内壁有轮制时遗留的螺旋纹。器盖浅灰胎，茶绿釉，盖身平面呈圆形，圆唇，弧顶，顶中部有一钮，钮已脱落。盖内有螺旋纹。碗口径11.2、底径5.3、高6厘米。盖口径10.5、残高1.8厘米（图二四：9；彩版四二：5）。

碗 4件。2009LWSD1Q14：1，浅灰胎，茶绿釉，釉大部分已脱落。细方唇，侈口，子母口，上腹斜直，下腹折收至底，小平底。素面，内壁有轮制时遗留的螺旋纹。口径10.2、底径4.8、高5厘米（图二四：1；彩版四二：6）。2009LWSD1Q14：5，浅灰胎，茶绿釉，釉多已脱落。细方唇，侈口，上腹斜直，下腹折收至底，小平底。素面，内壁有轮制时遗留的螺旋纹。口径9.8、底径4.6、高5.4厘米（图二四：2；彩版四三：1）。

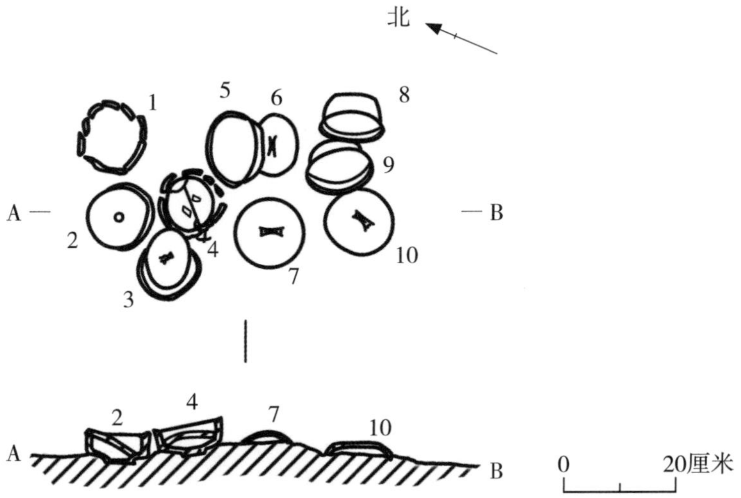

图二三　2009LWSD1Q14平、剖面图

1、5、8、9. 原始瓷碗　2、3、4. 原始瓷带盖碗
6、7、10. 原始瓷器盖

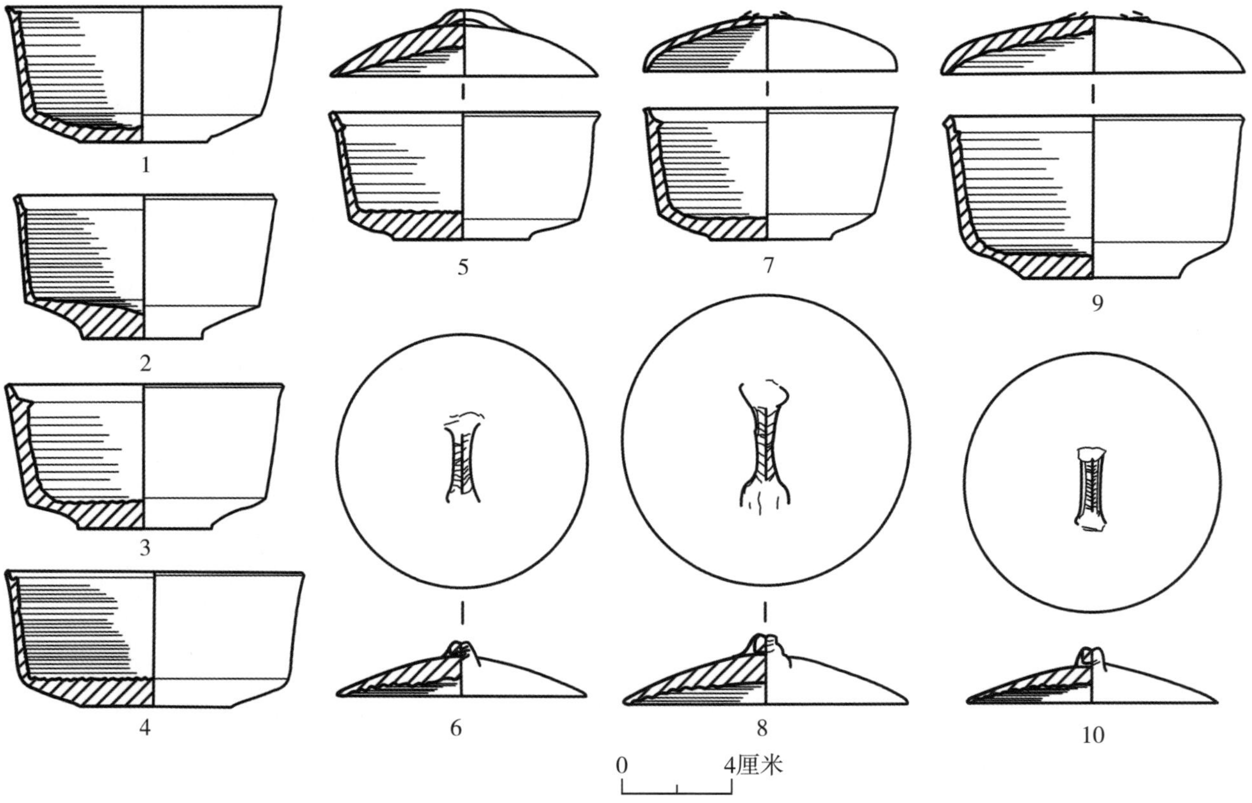

图二四　2009LWSD1Q14出土器物

1～4. 原始瓷碗（2009LWSD1Q14：1、5、8、9）
5、7、9. 原始瓷带盖碗（2009LWSD1Q14：2、3、4）
6、8、10. 原始瓷器盖（2009LWSD1Q14：6、7、10）

2009LWSD1Q14：8，灰胎，茶绿釉，釉大部分已脱落。圆唇，侈口，子母口，上腹斜直，下腹折收至底，小平底。素面，内壁有轮制时遗留的螺旋纹。口径10.3、底径5、高5.3厘米（图二四：3；彩版四三：2）。2009LWSD1Q14：9，浅灰胎，茶绿釉，釉基本脱落。细方唇，侈口，子母口，上腹斜直，下腹折收至底，小平底。素面，内壁有轮制时遗留的螺旋纹。口径11、底径5.5、高5.5厘米（图二四：4；彩版四三：3）。

器盖 3件。2009LWSD1Q14：6，浅灰胎，釉色茶绿，部分已脱落。盖身平面呈圆形。圆唇，弧顶，中心处堆塑一辫形钮，盖内有螺旋纹。制法为轮制，堆贴辫形钮。盖内沿处有叠烧时粘结的泥。口径9.2、高2厘米（图二四：6；彩版四三：4）。2009LWSD1Q14：7，浅灰胎，釉色茶绿，部分已脱落。盖身平面呈圆形。圆唇，弧顶，中心处堆塑一辫形钮，盖内有螺旋纹。制法为轮制，堆贴辫形钮。盖内沿处有叠烧时粘结的泥。口径10.5、高2.6厘米（图二四：8；彩版四三：5）。2009LWSD1Q14：10，黄胎，釉色茶绿，部分已脱落。盖身平面呈圆形。圆唇，弧顶，中心处堆塑一辫形钮，盖内有螺旋纹。制法为轮制，堆贴辫形钮。盖内沿处有叠烧时粘结的泥。口径9.5、高2厘米（图二四：10；彩版四三：6）。

2．墓葬

D1清理出墓葬1座，编号为2009LWSD1M1。

M1开口⑤层下，打破生土。M1位于D1西南部，不在土墩中部。从所处的位置看，M1可能不是D1的主墓。

M1为竖穴土坑墓，直壁平底，平面近长方形。墓坑长230～232、宽92～94、深24～26厘米，系一浅坑，部分器物露出坑口。未发现葬具及人骨痕迹。方向30°。

M1共出土器物16件，其中原始瓷5件，印纹硬陶4件，印纹软陶1件，泥质灰陶6件。器物置于墓葬下端西南角，顺墓坑西边、南边排列（图二五；彩版四四：1，彩版四五：1）。

M1：1～M1：5等5件原始瓷位于墓葬西南角，均为碗，呈梅花形排列。M1：6为泥质灰陶罐，肩部有贯耳一对，位于5件原始瓷东边。5件原始瓷北部排列3组10件器物。北边第一组有2件，为一泥质灰陶盆（M1：7）做器盖倒扣于一印纹硬陶罐（M1：8）之上。第二组有4件，为2组器盖与罐叠压而成，上面一部分为一件泥质灰陶钵（M1：9）做器盖倒扣于一印纹硬陶罐（M1：16）之上，下面一部分为一件泥质灰陶盆（M1：10）做器盖倒扣于一件印纹软陶罐（M1：11）之上。第三组与第二组类似，亦为2组器盖与罐叠压而成，上面一部分为一件泥质灰陶钵（M1：12）做器盖倒扣于一印纹硬陶罐（M1：13）

之上，下面一部分为一件泥质灰陶盆（M1：14）做器盖倒扣于一件印纹软陶罐（M1：15）之上。

原始瓷碗　5件。2009LWSD1M1：1，浅灰胎，茶绿色釉，釉大部分已脱落。细方唇，侈口，子母口，上腹斜直，下腹折收至底，小平底。素面，器内壁有轮制时遗留的螺旋纹。口径10.4、底径5.5、高5.4厘米（图二六：1；彩版四五：2）。2009LWSD1M1：2，浅灰胎，茶绿色釉，釉大部分已脱落。细方唇，侈口，子母口，上腹斜直，下腹折收至底，小平底略内凹。素面，器内壁有轮制时遗留的螺旋纹。口径12、底径6、高6厘米（图二六：2；彩版四五：3）。2009LWSD1M1：3，浅灰胎，茶绿色釉，釉大部分已脱落。细方唇，侈口，子母口，上腹斜直，下腹折收至底，小平底。素面，器内壁有轮制时遗留的螺旋纹。口径10.5、底径4.8、高5.6厘米（图二六：3；彩版四五：4）。2009LWSD1M1：4，浅灰胎，茶绿色釉，釉大部分已脱落。尖唇，侈口，子母口，上腹斜直，下腹折收至底，小平底略内凹。素面，器内壁有轮制时遗留的螺旋纹。口径11.2、底径5.8、高5厘米（图二六：4；彩版四五：5）。2009LWSD1M1：5，浅灰胎，茶绿色釉，釉大部分已脱落。细方唇，侈口，子母口，上腹斜直，下腹折收至底，小平底略内凹。素面，器内壁有轮制时遗留的螺旋纹。口径10.8、底径6、高5.4厘米（图二六：5；彩版四五：6）。

硬陶罐　4件。2009LWSD1M1：8，印纹硬陶，灰色。卷沿，尖唇，侈口，丰肩，鼓腹，平底略内凹。肩部及腹部饰小方格纹，内壁有明显泥条盘筑痕迹。口径17、最大腹径29、底径17.5、高25厘米（图二六：14；彩版四六：1）。2009LWSD1M1：13，印纹硬陶，灰色。卷沿，圆唇，侈口，束颈，圆鼓腹，大平底略内凹。沿上有一圈内凹，肩部及腹部饰席纹，内壁有明显泥条盘筑痕迹。内外壁均粘结有大小不一的黑色粒状物，可能为烧造时的残留。口径12.2、最大腹径23.4、底径14.7、高19.1厘米（图二六：11；彩版四六：2）。2009LWSD1M1：15，印纹硬陶，灰色。卷沿，方唇，侈口，束颈，丰肩，弧腹，下腹斜收至底，平底略内凹。腹饰小方格纹，器内壁有明显泥条盘筑痕迹。口径13.8、最大腹径19.4、底径16.6、高21.8厘米（图二六：13；彩版四六：3）。2009LWSD1M1：16，印纹硬陶，灰褐色。卷沿，圆唇，侈口，鼓腹，平底略内凹。腹饰小方格纹，器内壁有明显泥条盘筑的痕迹。口径9、最大腹径16.2、底径11.8、高13厘米（图二六：12；彩版四六：4）。

泥质陶7件，其中盆3件，罐、钵各2件。

罐　2件。2009LWSD1M1：6，泥质灰陶，口部残，灰色。敛口，圆鼓腹，平底，底

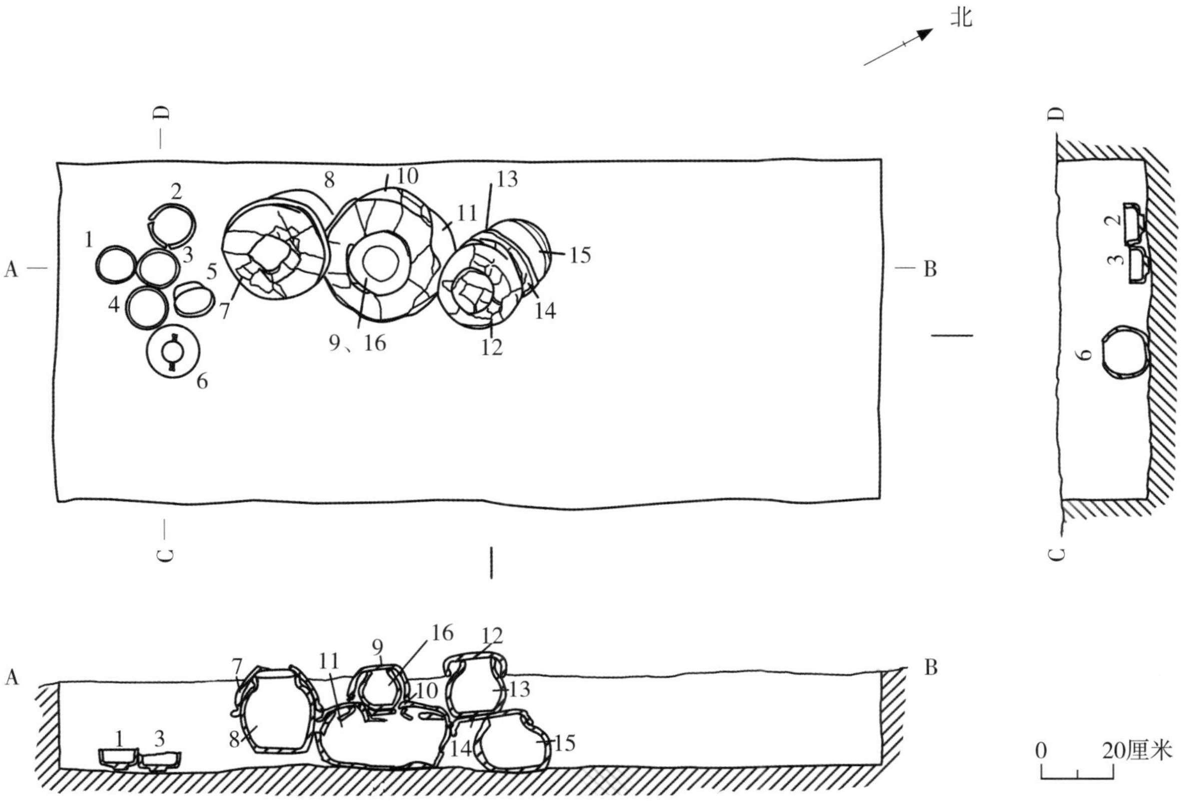

图二五　2009LWSD1M1平、剖面图

1～5. 原始瓷碗　6、8、11、13、15、16. 罐　7、10、14. 盆　9、12. 钵

下有三乳丁足。有两贯耳，出土时仍可见，出土后酥化脱落。素面，肩部及腹部有凸弦纹四道。口径6.7、最大腹径17、底径11.4、高9.9厘米（图二六：6；彩版四六：5）。2009LWSD1M1：11，印纹软陶，灰色，外皮黑色。卷沿，尖圆唇，侈口，束颈，丰肩，弧腹，大平底。颈饰弦纹，上腹饰席纹，下腹饰菱形填线纹。口径19.6、最大腹径15.9、底径21.2、高28.4厘米（图二六：10；彩版四六：6）。

盆　3件。2009LWSD1M1：7，泥质灰陶，灰色，外皮黑色。平沿略下斜，尖圆唇，直口，折腹，上腹斜直，下腹折收至底，大平底，素面无纹。口径21.8、底径15、高4.9厘米（图二六：7；彩版四七：1）。2009LWSD1M1：10，泥质灰陶，灰色。素面，折沿，圆唇，敛口，折腹，上腹内弧，下腹弧收至底，大平底。口径29.4、底径19.4、高7.2厘米（图二六：9；彩版四七：2）。2009LWSD1M1：14，泥质灰陶，灰色，外皮黑色。圆唇，敞口，折腹，上腹斜直，下腹折收至底，大平底。口径16、底径10.8、高4.6厘米（图

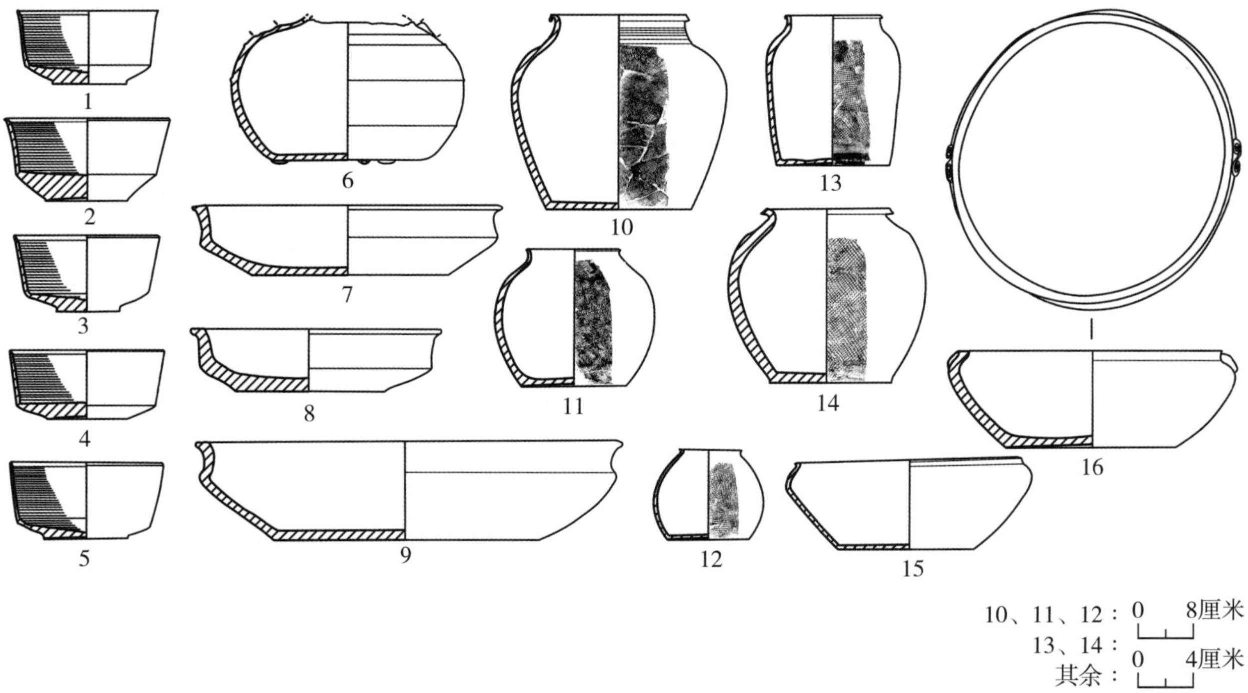

图二六　2009LWSD1M1出土器物

1～5. 原始瓷碗（2009LWSD1M1：1～5）　6、10～14. 罐（2009LWSD1M1：6、11、13、16、15、8）
7～9. 盆（2009LWSD1M1：7、14、10）　15、16. 钵（2009LWSD1M1：9、12）

二六：8；彩版四七：3）。

钵　2件。2009LWSD1M1：9，泥质灰陶，局部呈红色。素面，方唇，敛口，丰肩，弧腹，平底。口径16.6、最大腹径18.1、底径10、高7厘米（图二六：15；彩版四七：4）。2009LWSD1M1：12，泥质灰陶，灰色，外皮黑色，多已脱落。方唇，敛口，丰肩，弧腹，平底略内凹。素面，上腹部堆塑一对云纹。口径21.4、最大腹径25、底径14.7、高8.2厘米（图二六：16；彩版四七：5）。

二　四分山土墩墓D2（简称D2）

D2地表原种植杂树和竹子，土墩因耕作、取土已遭破坏，范围不明。土墩地表原种植竹子、茶树，东、西、南面均为竹林，北面为茶园。D2中心地理坐标为东经119°23.560′，北纬31°14.794′，海拔27米左右。土墩近圆形，直径15.75米，发掘面

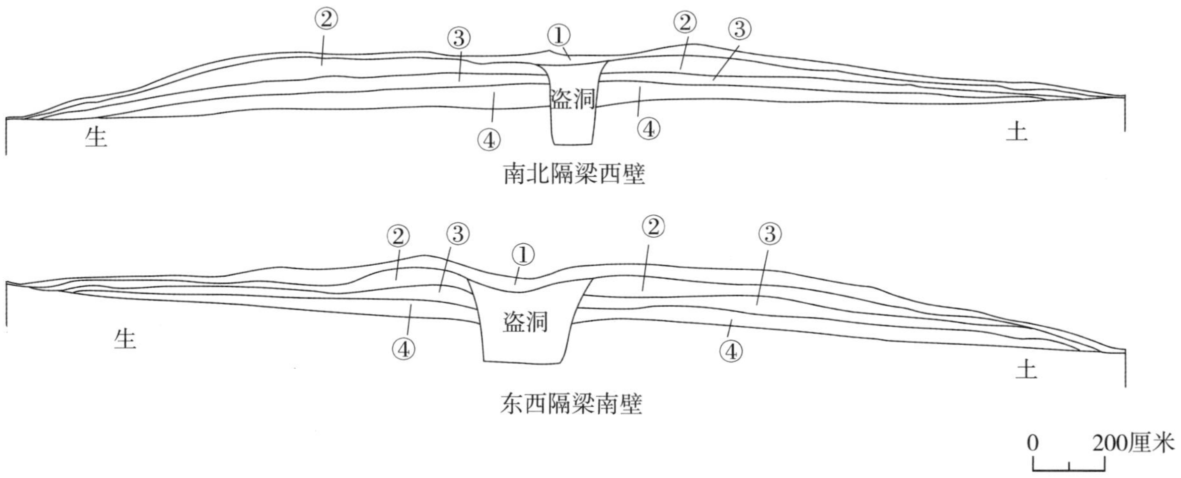

图二七　2009LWSD2南北隔梁西壁、东西隔梁南壁剖面图

积约 200 平方米（彩版四四：2，彩版四八）。

（一）地层及包含物

根据土质土色及地层出土的包含物，2009LWSD2 的地层共可划分为 4 层（以南北隔梁的西壁、东西隔梁的南壁为例）（图二七），分述如下：

第①层：灰黑色土，土质松软，夹杂大量竹根、树根，还有部分现代瓦片、白瓷片及少量的印纹硬陶片，系耕土层。该层厚 5 ~ 15 厘米，分布于整个土墩。在此层下关键柱处发现一近圆形盗洞，盗洞底部直接打入基岩。

第②层：浅黄色土，土质较松，包含少量竹根、树根。该层深 5 ~ 15 厘米，厚 0 ~ 40 厘米，除土墩外围外，土墩中部及四周均有分布，呈中间高四周低，系人为堆筑而成。Q1 发现于该层下。

第③层：红褐色土，土质较黏。该层深 9 ~ 50、厚 0 ~ 35 厘米，分布于土墩中部及四周，范围略小于②层，中间高四周低，并顺地势由南向北倾斜，也是人为堆筑而成的。该层下发现 Q2、Q3 两个器物群。

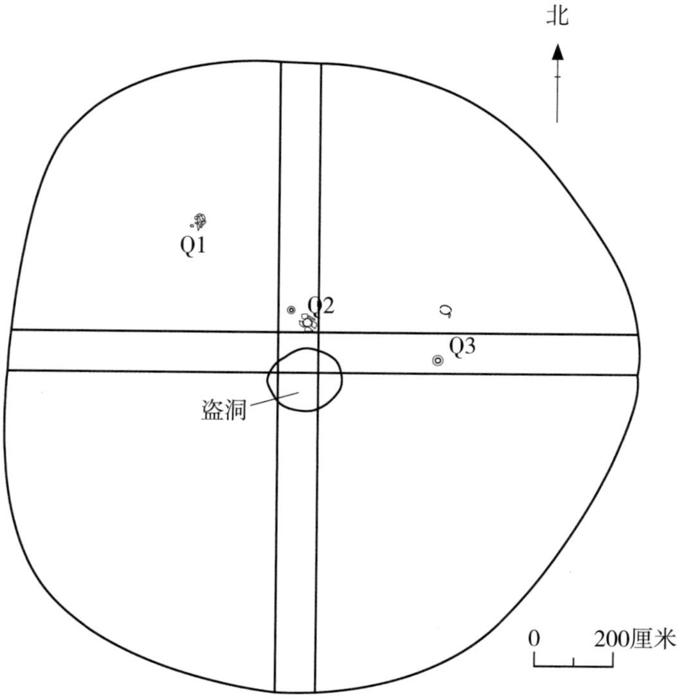

图二八 2009LWSD2总平面图

第④层：灰红色土，夹褐色斑点，土质黏硬。深15～65、厚0～30厘米，分布于土墩中部及四周，范围小于③层，顺地势由南向北倾斜。该层未发现遗迹现象。

④层下为基岩。

（二）遗迹和遗物

因盗掘和耕作、取土，D2遭到严重破坏，未发现墓葬，仅发现器物群3个（图二八）。这3个器物群遭到不同程度的破坏，这为判断这3个器物群的性质带来很大难度。器物群编号分别为2009LWSD2Q1、2009LWSD2Q2、2009LWSD2Q3。下面按层位关系分单位对这3个器物群进行介绍。

②层下的器物群有2009LWSD2Q1。

（1）Q1

Q1位于②层下，③层上，D2西北部。Q1上部已经遭到破坏，只剩下若干陶片，部分陶片在①层中，从残留的口沿和底部判断应为罐（图二九；彩版四八：1）。

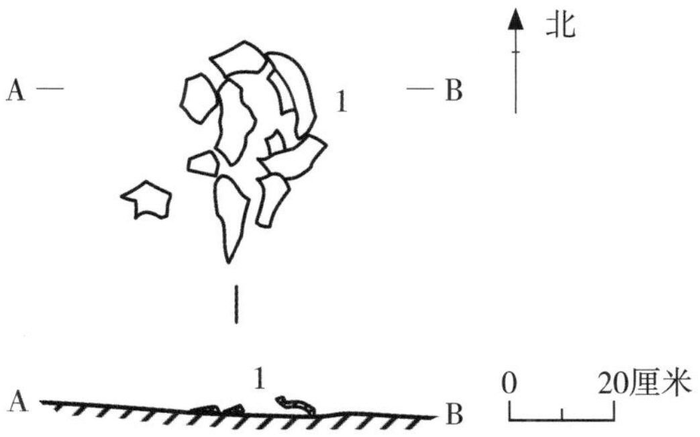

图二九 2009LWSD2Q1平、剖面图
1. 罐

硬陶罐 1件（2009LWSD2Q1：1）。残，仅余口沿部分，灰色。卷沿，沿上有一圈内凹，圆唇，侈口，束颈，丰肩，肩部饰席纹。口径13.6厘米（图三〇：6）。

③层下的器物群有2009LWSD2Q2和2009LWSD2Q3。

（2）Q2

Q2位于③层下，④层上，南北隔梁北段南部内，近关键柱处。共清理出器物3件，硬陶罐2件，泥质灰陶灌1件，呈西北—东南向排列，其中2009LWSD2Q2：3破损严重（图三一；彩版四九：2，彩版五〇：1）。

硬陶罐 2件。2009LWSD2Q2：1，印纹硬陶，红褐色。卷沿，圆唇，侈口，束颈，丰肩，鼓腹，大平底。沿上有一圈内凹，颈部有弦纹，肩部及上腹部饰席纹，下腹部饰菱形填线纹，内壁有明显泥条盘筑痕迹。口径16.3、最大腹径32.5、底径19.8、高24.5厘米（图三〇：1；彩版五〇：2）。2009LWSD2Q2：3，印纹硬陶，残，仅余部分腹片及底，灰色。弧腹，平底略内凹。上腹饰小方格纹，下腹饰菱形填线纹。底径23.6、残高19厘米（图三〇：5）。

泥质陶罐 1件（2009LWSD2Q2：2）。泥质灰陶，灰色。卷沿，尖圆唇，侈口，圆鼓腹，大平底略内凹。腹饰小方格纹，内壁有明显泥条盘筑痕迹。口径11.8、最大腹径21.4、底径14.8、高12.8厘米（图三〇：3；彩版五〇：3）。

（3）Q3

Q3位于③层下，④层上，D2东部。共发现器物2件，均为硬陶罐，呈东北—西南向排列，其中D2Q3：2破损严重（图三二；彩版五一：1）。

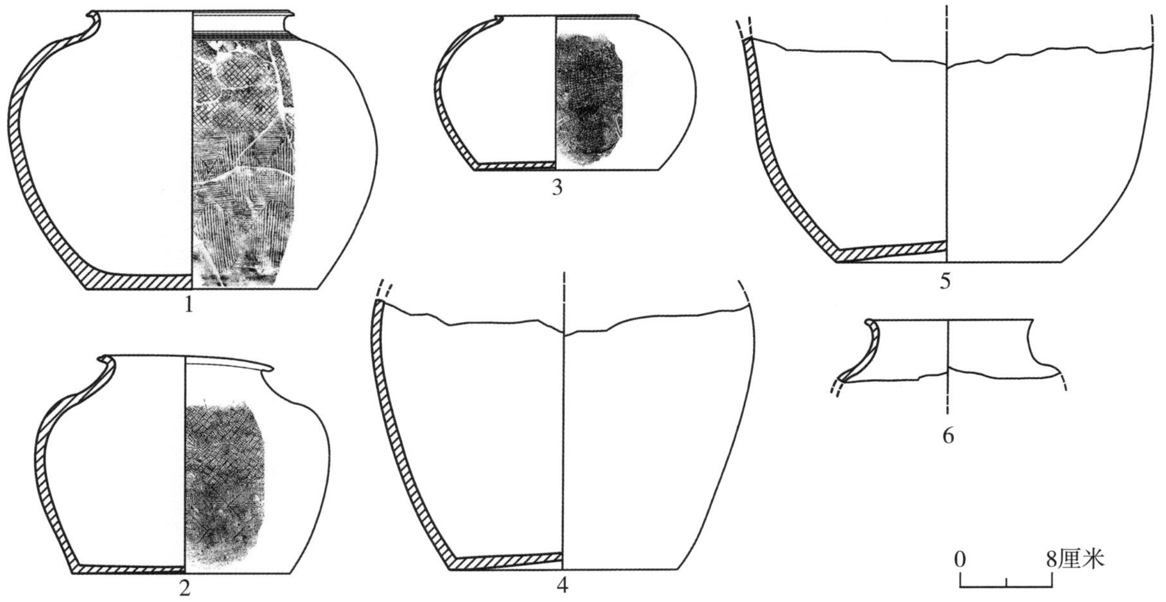

图三〇　2009LWSD2Q1、Q2、Q3出土器物

1～6. 罐（2009LWSD2Q2：1、2009LWSD2Q3：1、2009LWSD2Q2：2、2009LWSD2Q3：2、2009LWSD2Q2：3、2009LWSD2Q1：1）

硬陶罐　2件。2009LWSD2Q3：1，印纹硬陶，灰色。卷沿，尖圆唇，侈口，束颈，丰肩，弧腹，大平底略内凹。沿上有一圈内凹，肩及腹部饰席纹，内壁有明显泥条盘筑痕迹，器物略有变形。口径14、最大腹径26.4、底径18.6、高19厘米（图三〇：2；彩版五〇：4）。2009LWSD2Q3：2，印纹硬陶，残，仅余部分腹片及底，灰色。弧腹，平底略内凹。上腹饰席纹，下腹饰菱形填线纹。最大腹径33.2、底径20、残高24厘米（图三〇：4）。

三　四分山土墩墓D4（简称D4）

D4地表原种植杂树和竹子，土墩近中心处有一直径1.2米、深约1米的山芋窖。因村民长期耕作、取土，土墩范围不明。土墩地表及四周种植杂树。D4中心地理坐标为东经119°23.504′，北纬31°14.822′，海拔30米左右。发掘后土墩长径17、短径14.5米，近椭圆形，发掘面积约200平方米（彩版五一：2，彩版五二，彩版五三：1）。

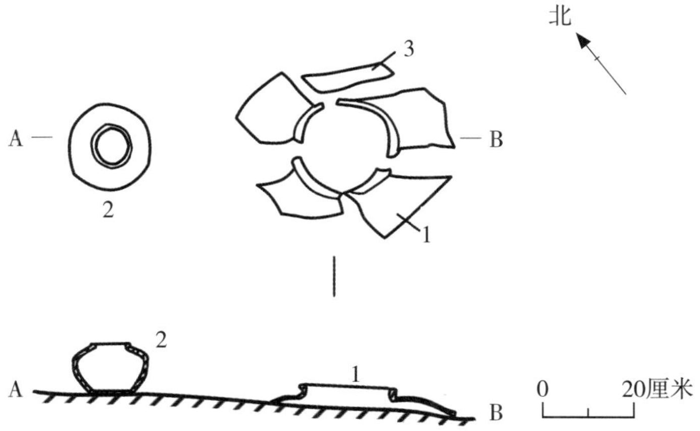

图三一　2009LWSD2Q2平、剖面图
1～3. 罐

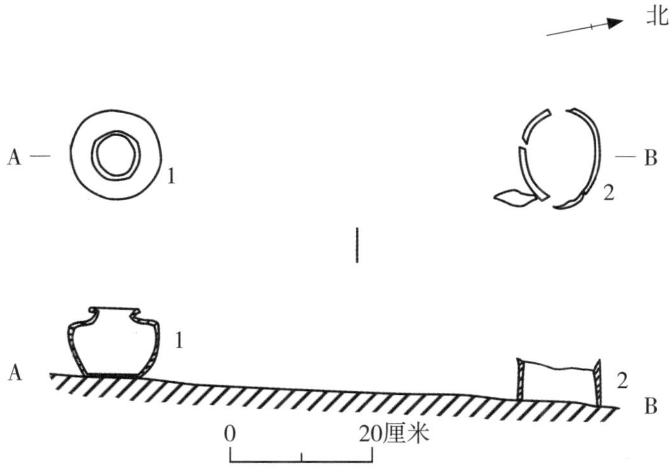

图三二　2009LWSD2Q3平、剖面图
1、2. 罐

（一）地层及包含物

根据土质土色及地层出土的包含物，2009LWSD4 的地层共可划分为 3 层（以南北隔梁的东壁、东西隔梁的北壁为例）（图三三），分述如下：

第①层：灰黑色土，土质松软，夹杂大量树根、木炭、零星红烧土块以及砖块、瓦片、近现代白瓷片等，系耕土层。该层厚 5～15 厘米，全墩分布。在关键柱东北有一开口地表的现代山芋窖。

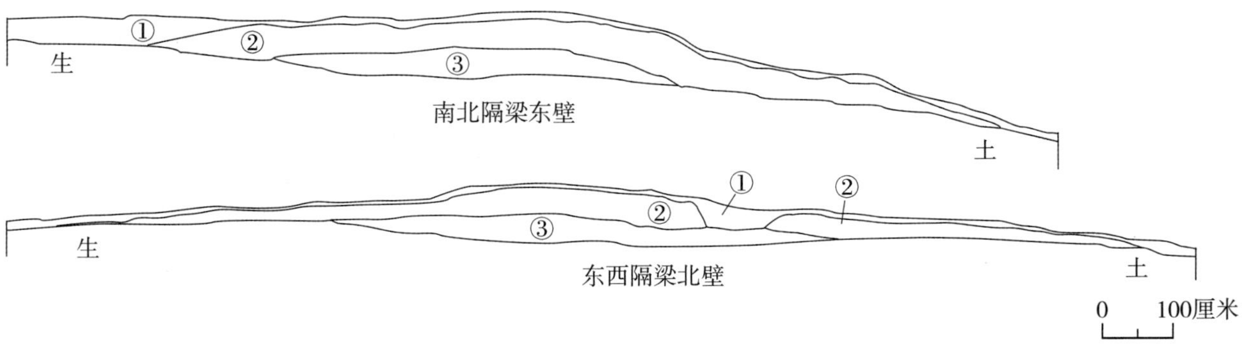

图三三　2009LWSD4南北隔梁东壁、东西隔梁北壁剖面图

第②层：浅黄褐色土，土质较松，杂少量树根。该层深 5 ~ 15、厚 0 ~ 70 厘米，分布于土墩中心及外围，未全墩分布。该层系人工堆积而成，呈中间高四周低并顺地势由东南向西北倾斜。此层下发现 6 个器物群，编号为 2009LWSD4Q1 ~ 2009LWSD4Q6。

第③层：灰褐色土，土质较黏，杂灰黑、灰褐色斑点。该层深 25 ~ 70 厘米，厚 0 ~ 40 厘米，分布于土墩中心区域，顺地势由东南向西北倾斜。该层下发现墓葬 1 座，编号 2009LWSD4M1。

③层下为生土。

（二）遗迹和遗物

D4 共发现并清理遗迹 7 处。其中器物群 6 处，编号为 2009LWSD4Q1 ~ 2009LWSD4Q6；墓葬 1 座，编号为 2009LWSD4M1。此外，还发现开口地面的近代坑 1 个，为山芋窖（图三四）。

1．器物群

D4 发现器物群 6 个，编号为 2009LWSD4Q1 ~ 2009LWSD4Q6。6 个器物群均位于②层下。2009LWSD4Q1、2009LWSD4Q2、2009LWSD4Q3 位于生土面上，这 3 个器物群均位于土墩外围。其余 3 个器物群位于③层上，土墩中南部。6 个器物群分布于 2009LWSD4M1 的西部和南部，其中 2009LWSD4Q1 独自位于 2009LWSD4M1 西部，其余 5 个器物群由西至东分布于 2009LWSD4M1 南部。6 个器物群应均属于祭祀器物群。下面按单位对这 6 个器物群进行介绍。

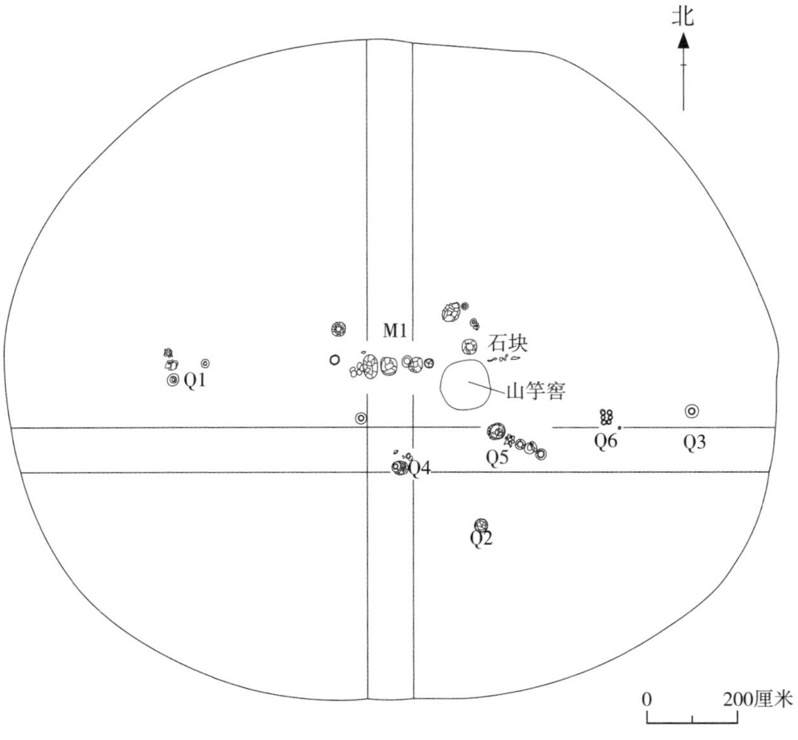

图三四 2009LWSD4总平面图

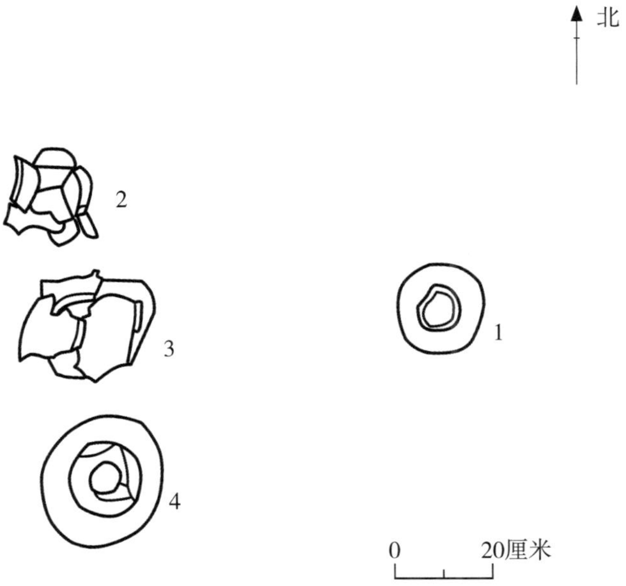

图三五 2009LWSD1Q1平面图

1～3. 罐 4. 带盖罐

（1）Q1

Q1位于②层下，生土层上，D4西部。共清理出器物4件，其中3件（Q1：2、Q1：3、Q1：4）呈西北—东南向线形排列，另1件（Q1：1）位于这3件的东部。Q1：4为带盖罐，1件原始瓷碗做盖倒扣于1件印纹硬陶罐之上（图三五；彩版五三：2，彩版五四：1）。

硬陶罐 2件。2009LWSD4Q1：1，印纹硬陶，灰色。卷沿，尖圆唇，侈口，束颈，丰肩，弧腹，大平底略内凹。外壁纹饰模糊，可辨为席纹，内壁有明显泥条盘筑痕迹。口径10.8、最大腹径15.3、底径11.7、高9.8厘米（图三六：8；彩版五〇：5）。2009LWSD4Q1：3，印纹硬陶，灰色。卷沿，圆唇，侈口，束颈，丰肩，鼓腹，大平底略有内凹。沿上有一圈内凹，颈部有弦纹，肩部及腹部饰叶脉纹，内壁有明显泥条盘筑痕迹。口径17.4、最大腹径31、底径19、高19厘米（图三六：2；彩版五四：2）。

泥质陶罐 1件（2009LWSD4Q1：2）。泥质灰陶，灰色。平沿略内斜，尖唇，敛口，丰肩，弧腹，平底略内凹。素面，内壁有明显泥条盘筑痕迹。口径17.2、最大腹径30.4、底径19、高16.4厘米（图三六：1；彩版五四：3）。

带盖罐 1件（2009LWSD4Q1：4）。印纹硬陶罐带盖，原始瓷碗做盖倒扣于罐上。原始瓷碗，浅灰胎，釉均已脱落，平沿，尖唇，敞口，弧腹，下腹弧收至底，平底。素面，内壁有螺旋纹。印纹硬陶罐，灰色，卷沿，圆唇，侈口，束颈，丰肩，鼓腹，平底内凹，肩部有类似于釉的酱黄色玻璃质。腹部饰席纹，内壁有明显泥条盘筑痕迹，器物变形。罐口径12、最大腹径20.8、底径14、高12.8厘米。碗口径15.2、底径7、高5.4厘米（图三六：4；彩版五四：4、5）。

（2）Q2

Q2位于②层下，生土层上，D4东南部。清理出器物1件，为印纹硬陶罐，器物上部已遭破坏（图三七；彩版五五：1）。

硬陶罐 1件（2009LWSD4Q2：1）。印纹硬陶，肩部以上残，灰色。丰肩，弧腹，平底略内凹。饰小方格纹，内壁有明显泥条盘筑痕迹。底径15.4、残高15.2厘米（图三六：7）。

（3）Q3

Q3位于②层下，生土层上，D4东部，土墩外围。清理出器物1件，为印纹硬陶罐（图三八；彩版五五：2）。

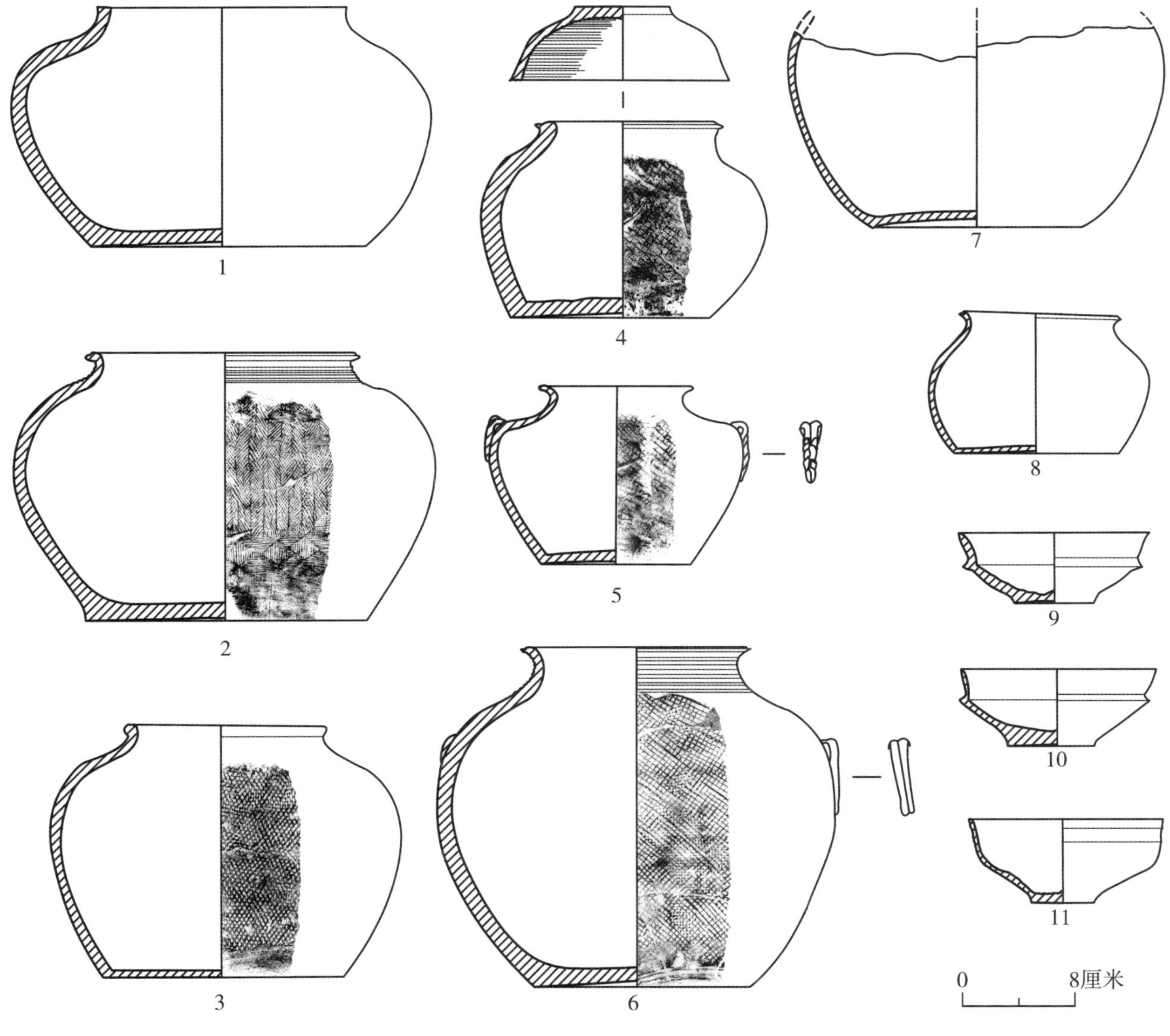

图三六　2009LWSD4Q1、Q2、Q3、Q4出土器物

1～3、7、8. 罐（2009LWSD4Q1∶2、2009LWSD4Q1∶3、2009LWSD4Q3∶1、2009LWSD4Q2∶1、2009LWSD4Q1∶1）
4. 带盖罐（2009LWSD4Q1∶4）　5、6. 双系罐（2009LWSD4Q4∶1、2009LWSD4Q4∶2）
9～11. 原始瓷碗（2009LWSD4Q4∶3～5）

硬陶罐　1件（2009LWSD4Q3∶1）。印纹硬陶，夹砂陶质，灰褐色。卷沿，圆唇，侈口，鼓腹，大平底。器内壁有明显泥条盘筑痕迹，腹饰小方格纹。口径12.6、最大腹径24.6、底径16、高17.1厘米（图三六：3；彩版五六：2）。

（4）Q4

Q4位于②层下，③层上，D4中南部，关键柱内东南部。共清理出器物5件，其中

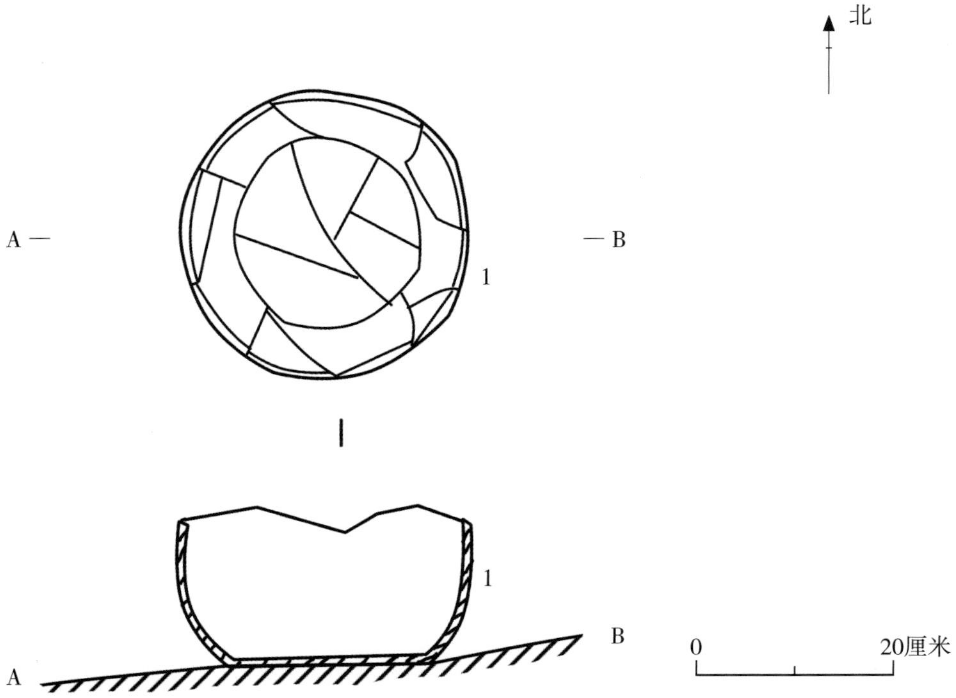

图三七　2009LWSD4Q2平、剖面图

1. 罐

原始瓷 3 件，印纹硬陶 2 件，呈东北—西南向排列。Q4：1 为一印纹硬陶双系罐，压在 Q4：2 之上；Q4：3、Q4：4、Q4：5 均为原始瓷碗，成组置放于这 2 件罐北部（图三九；彩版五七：1，彩版五六：5）。

原始瓷碗　3 件。2009LWSD4Q4：3，灰胎，黑褐色釉，釉已基本脱落。尖唇，敞口，折腹，下腹弧收至底，平底略内凹。素面，内底有螺旋纹。口径 13.8、底径 6、高 5 厘米（图三六：9；彩版五六：4）。2009LWSD4Q4：4，灰胎，茶绿色釉，釉多已脱落。素面，尖唇，敞口，折腹，下腹折收至底，平底略内凹。口径 13.6、底径 6.1、高 5.6 厘米（图三六：10；彩版五六：3）。2009LWSD4Q4：5，灰胎，褐色釉，釉已基本脱落。素面，圆唇，敞口，弧腹斜收至底，小平底。口径 13.8、底径 4.5、高 6 厘米（图三六：11；彩版五八：1）。

硬陶双系罐　2 件。2009LWSD4Q4：1，印纹硬陶，红褐色。卷沿，圆唇，侈口，束颈，丰肩，弧腹，平底略内凹。肩上对称堆塑一对辫形系。颈部有十数道弦纹，肩至下腹部饰方格纹，内壁有明显泥条盘筑痕迹。口径 10.8、最大腹径 18.4、底径 10.8、高 12.8 厘米（图三六：5；彩版五六：1，彩版五八：2）。2009LWSD4Q4：2，印纹硬陶，灰色。卷沿，尖唇，侈口，束颈，丰肩，弧腹，平底内凹。颈部饰弦纹，肩部有一对辫形系，一系残，肩部及腹部饰小方格纹，内壁有明显泥条盘筑痕迹。口径15.5、最大腹径29、底径15、高24厘米（图三六：6；彩版五八：3、4）。

（5）Q5

Q5位于②层下，③层上，东西隔梁东段中部。共出土器物7件，包括罐5件，三足钵1件，瓿1件，呈西北—东南向线形排列。7件器物中有硬陶4件，泥质灰陶3件。Q5：1为泥质灰陶大口罐，倒扣于Q5：2之上，应为Q5：2的器盖；Q5：5为泥质灰陶钵，置放于Q5：6口部之上，系Q5：6的器盖（图四〇；彩版五七：2、彩版五八：5）。

硬陶　4件，其中罐3件，瓿1件。

罐　3件。2009LWSD4Q5：4，印纹硬陶，红褐色。卷沿，尖圆唇，侈口，丰肩，弧腹，大平底略内凹。肩上及腹部饰席纹，内壁有明显泥条盘筑痕迹。口径12.7、最大腹径23、底径13.4、高16.6厘米（图四一：2；彩版五八：6）。2009LWSD4Q5：6，印纹硬陶，红褐色。圆唇，敛口，溜肩，鼓腹，大平底略内凹。肩上有双系，已残，肩部及腹部饰米筛纹，内壁有明显泥条盘筑痕迹。口径13.5、最大腹径24.4、底径18.6、高17.9厘米（图四一：3；彩版五九：1）。2009LWSD4Q5：7，印纹硬陶，灰褐色。卷沿，尖唇，侈口，束颈，溜肩，弧腹，平底内凹。颈饰弦纹，上腹饰一圈菱形填线纹，其下回纹，下腹部先饰一圈菱形填线纹，其下饰回纹。口径17.2、最大腹径33.7、底径16、高40厘米（图四一：6；彩版五九：2）。

瓿　1件（2009LWSD4Q5：3）。印纹硬陶，灰色，陶质较软。方唇，敛口，丰肩，弧腹，平底，肩上有一对云纹，肩部饰波浪纹。口径14.6、最大腹径30.7、底径18.7、高17厘米（图四一：10；彩版五九：3、4）。

泥质陶3件，其中罐2件，钵（三足钵）1件。

罐　2件。2009LWSD4Q5：1，泥质灰陶，灰色。素面，卷沿，尖圆唇，侈口，弧腹，下腹斜收至底，大平底，口径大于底径。口径24.4、最大腹径27.2、底径15.6、高14.4厘米（图四一：1；彩版五九：5）。2009LWSD4Q5：2，泥质灰陶，陶胎中间红褐，酥化，残破严重。仅余少量腹片，从残存痕迹推测为一罐。饰席纹。

三足钵　1件（2009LWSD4Q5：5）。泥质灰陶，灰色。素面，尖圆唇，敛口，丰肩，弧腹，圜底，底下有三乳丁足。口径16.9、最大腹径20.4、高7.8厘米（图四一：7；彩

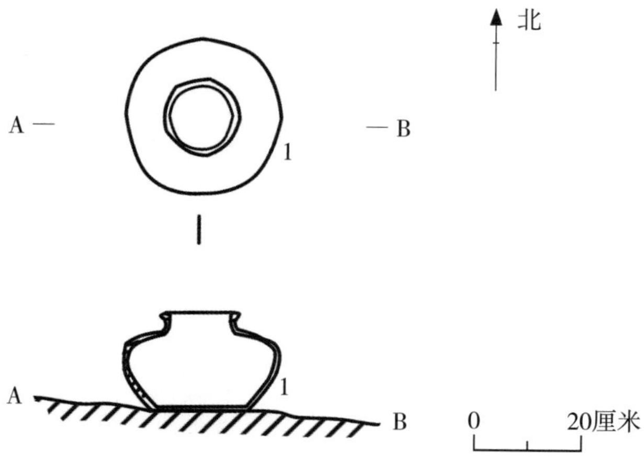

图三八　2009LWSD4Q3平、剖面图

1. 罐

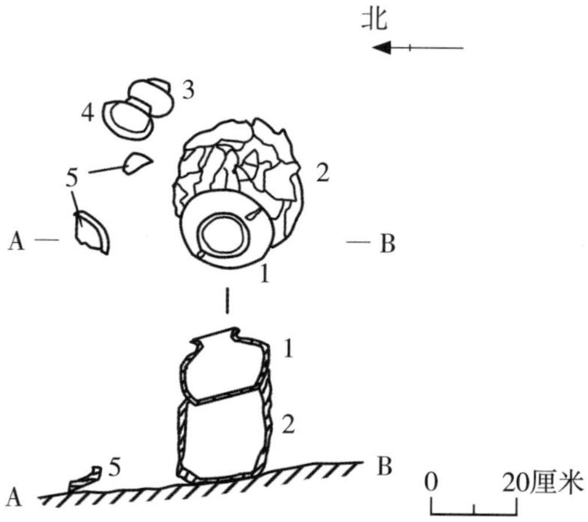

图三九　2009LWSD4Q4平、剖面图

1、2. 双系罐　3、4、5. 原始瓷碗

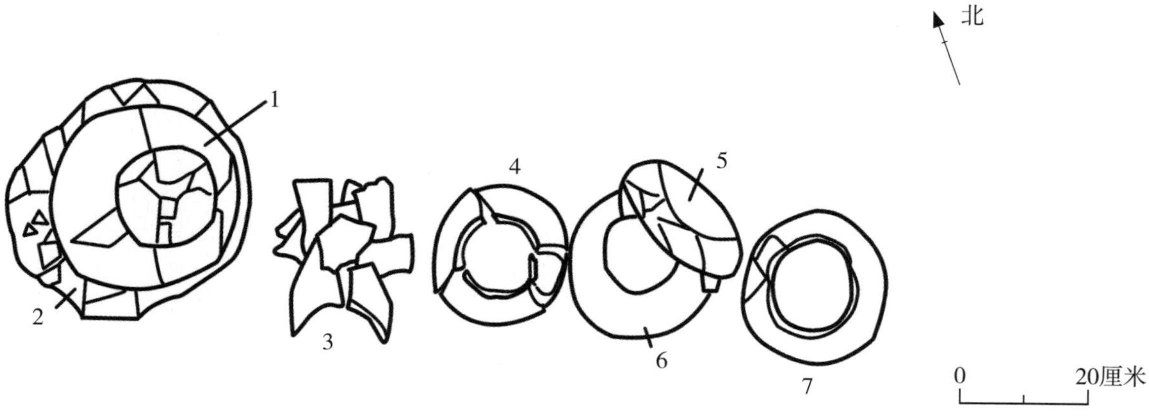

图四〇　2009LWSD4Q5平面图

1、2、4、6、7. 罐　3. 瓿　5. 三足钵

版五九：6)。

（6）Q6

Q6位于②层下，③层上，D4东部，近东西隔梁东段北壁。共清理出器物7件，均为原始瓷，其中6件南北向紧凑排列两排，另1件位于这6件的东南方向约40厘米处。7件均为碗，器形也类似。Q6器物形制较单一（图四二；彩版六〇：1，彩版六一：1）。

原始瓷碗　7件。2009LWSD4Q6：1，浅黄胎，浅绿釉，釉多已脱落。细方唇，侈口，子母口，上腹斜直，下腹折收至底，平底略内凹。素面，内壁有轮制时遗留的螺旋

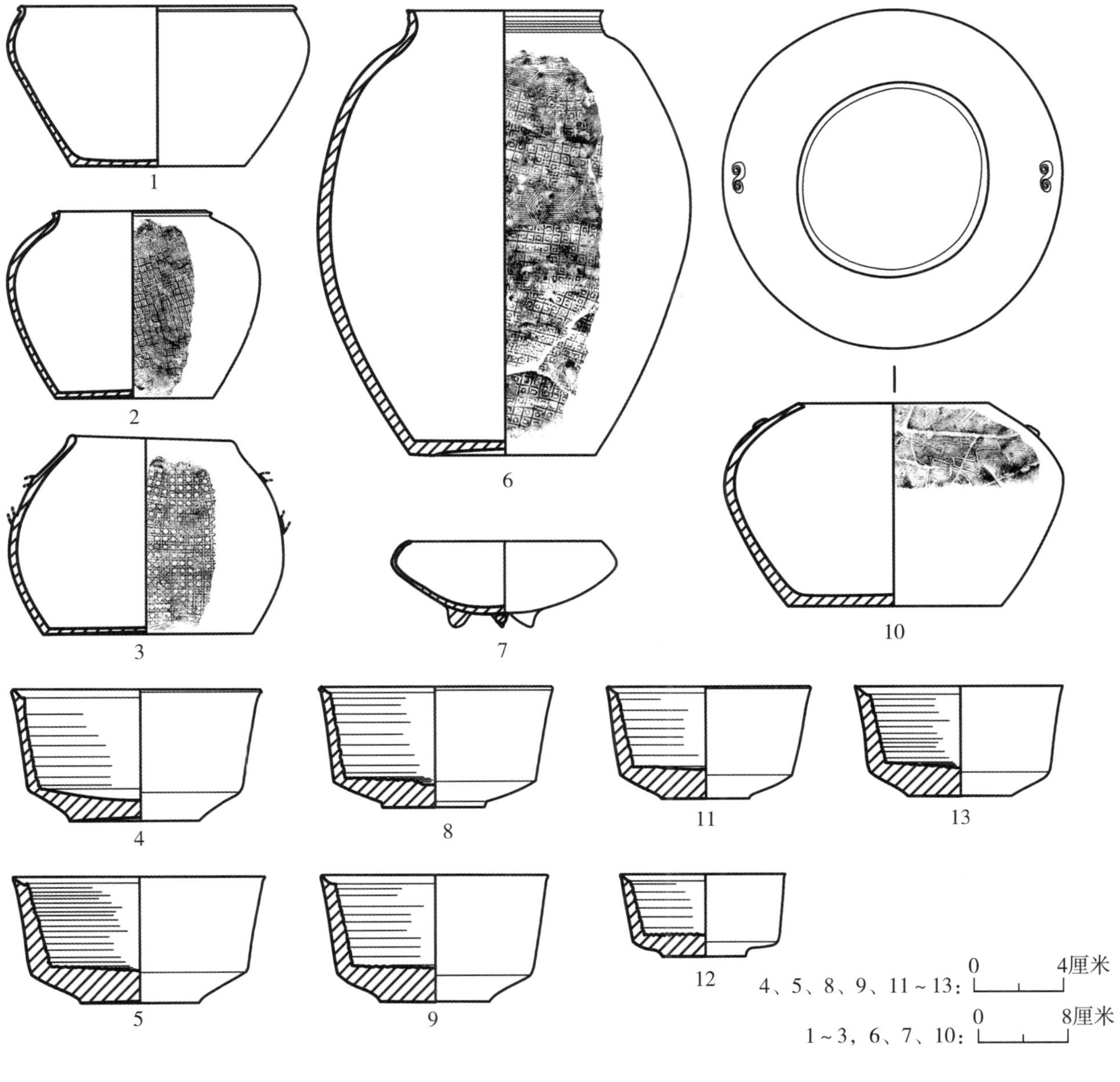

图四一　2009LWSD4Q5、Q6出土器物

1、2、3、6. 罐（2009LWSD4Q5：1、4、6、7）
4、5、8、9、11～13. 原始瓷碗（2009LWSD4Q6：1、5、2、6、3、7、4）
7. 三足钵（2009LWSD4Q5：5）　10. 瓿（2009LWSD4Q5：3）

纹。口径11.7、底径6.1、高6厘米（图四一：4；彩版六一：2）。2009LWSD4Q6：2，灰胎，茶绿釉，釉部分脱落。圆唇，侈口，子母口，上腹略内弧，下腹折收至底，平底。素面，内壁有轮制时遗留的螺旋纹。口径11、底径5.2、高5.5厘米（图四一：8；彩版

六一：2）。2009LWSD4Q6：3，浅黄胎，浅绿釉，釉多已脱落。尖唇，侈口，子母口，上腹斜直，下腹折收至底，平底。素面，内壁有轮制时遗留的螺旋纹。口径9、底径4、高5厘米（图四一：11；彩版六一：4）。2009LWSD4Q6：4，浅黄胎，浅绿釉，釉基本已脱落。尖唇，侈口，子母口，上腹斜直，下腹折收至底，平底。素面，内壁有轮制时遗留的螺旋纹。口径10、底径5、高5厘米（图四一：13；彩版六一：5）。2009LWSD4Q6：5，浅黄胎，茶绿釉，釉多已脱落。尖唇，侈口，子母口，上腹斜直，下腹折收至底，平底略内凹。素面，内壁有轮制时遗留的螺旋纹。口径11.2、底径5.4、高5.6厘米（图四一：5；彩版六一：6）。2009LWSD4Q6：6，浅黄胎，浅绿釉，釉多已脱落。圆唇，侈口，子母口，上腹斜直，下腹折收至底，平底。素面，内壁有轮制时遗留的螺旋纹。口径10 .4、底径5、高5.6厘米（图四一：9；彩版六二：2）。2009LWSD4Q6：7，浅黄胎，浅绿釉，釉多已脱落。尖唇，侈口，子母口，上腹斜直，下腹折收至底，平底。素面，内壁有轮制时遗留的螺旋纹。口径7.6、底径4.6、高3.8厘米（图四一：12；彩版六二：3）。

2．墓葬

D4发现墓葬一座，编号2009LWSD4M1。

M1位于③层内，D4中部，③层可能为墓葬封土。M1系平地起坟，在生土面上沿东西向排列随葬器物。M1未发现葬具其人骨痕迹。M1周边及其内有小石头，怀疑为当时有意放置，或作为标示墓葬范围之用。

M1共清理出器物23件，其中原始瓷9件，印纹硬陶7件，泥质灰陶5件，夹砂红陶2件。M1：1～M1：20、M1：22、M1：23排列成近长方形，方向近正东西。M1：21约在这22件器物南边约80厘米处（图四三；彩版六〇：2，彩版六二：1，彩版六三：1）。

M1：1～M1：4为原始瓷豆，M1：1、M1：2和M1：3成组放置，M1：4与M1：5放置于西北；M1：6为夹砂红陶罐，置放于墓葬最西北处；M1：7为印纹软陶罐，位于M1：1、M1：2、M1：3南边。M1：8～M1：20、M1：20：21、M1：20：23依次由东向西线形排列，部分器物之间有叠压关系。M1：9为印纹硬陶罐，压在M1：22、M1：23之上；M1：11为泥质灰陶钵，作为器盖倒扣于M1：12之上；M1：13为泥质灰陶罐，作为器盖倒置于M1：14之上；M1：15～M1：19为原始瓷，成组放置于M1：13、M1：14西侧；M1：21为印纹硬陶罐，单独于前面22件器物南边约80厘米处。

原始瓷9件，其中豆4件，碗3件，钵2件。

豆　4件。2009LWSD4M1：1，浅黄胎，釉色米黄，釉多已脱落。圆唇，敞口，浅盘，折腹，圈足。素面，内壁有轮制时遗留的螺旋纹。豆盘轮制，豆足手制。口径11、底径4.4、高5.4厘米（图四四：1；彩版六三：2）。2009LWSD4M1：2，浅灰胎，釉色茶绿，多已脱落。圆唇，敞口，浅盘，折腹，圈足。素面，内壁有轮制时遗留的螺旋纹。豆盘轮制，豆足手制。足底留有叠烧痕迹。口径10.4、底径4.6、高5厘米（图四四：2；彩版六三：3）。2009LWSD4M1：3，浅灰胎，釉色茶绿，多已脱落。圆唇，敞口，浅盘，折腹，圈足。素面，内壁有轮制时遗留的螺旋纹纹。豆盘轮制，豆足手制。器内壁近底处有另一器物叠烧时的残留，足底亦留有叠烧痕迹。口径10.8、底径4.2、高4.4厘米（图四四：3；彩版六四：1）。2009LWSD4M1：4，浅灰胎，釉色米黄，多已脱落。圆唇，敞口，浅盘，折腹，圈足。素面，内壁有轮制时遗留的螺旋纹。豆盘轮制，豆足手制。足底留有叠烧痕迹。口径10.4、底径4.8、高5.2厘米（图四四：4；彩版六四：2）。

碗　3件。2009LWSD4M1：15，黄褐胎，釉色米黄，多已脱落。折沿，尖唇，侈口，鼓腹，小平底略内凹。素面，沿上有两圈凹弦纹，内壁有轮制时遗留的螺旋纹。口径10.8、底径6.8、高4.2厘米（图四四：6；彩版六四：3）。2009LWSD4M1：16，浅灰胎，釉色米黄，多已脱落。折沿，尖唇，侈口，鼓腹，小平底略内凹。素面，沿上有两圈凹弦纹，内壁有轮制时遗留的螺旋纹。口径10.8、底径6.6、高4.3厘米（图四四：7；彩版六四：4）。2009LWSD4M1：18，浅黄胎，釉色黄褐。尖圆唇，敞口，唇上有一圈内凹，形成类似双唇，浅弧腹，腹中部微鼓，平底。素面，内壁有轮制时遗留的螺旋纹。口径12.6、底径6、高4.8厘米（图四四：11；彩版六四：5）。

钵　2件。2009LWSD4M1：17，浅灰胎，釉色淡绿，多已脱落。尖唇，敛口，浅弧腹，小平底略内凹。素面，内壁有轮制时遗留的螺旋纹，底有线切割痕迹。口径11.4、最大腹径12.4、底径6、高4.2厘米（图四四：8；彩版六四：6）。2009LWSD4M1：19，浅灰胎，釉色淡绿，多已脱落。尖唇，敛口，浅弧腹，小平底略内凹。素面，内壁有轮制时遗留的螺旋纹，底有线切割痕迹。口径11.6、最大腹径12.2、底径6.2、高4.1厘米（图四四：9；彩版六五：1）。

硬陶罐　7件。2009LWSD4M1：9，印纹硬陶，红褐色。卷沿，圆唇，敞口，束颈，溜肩，鼓腹，大平底略内凹。唇上有一圈内凹，颈部有轮修时留下的弦纹，肩部及腹部饰席纹，器内壁有明显泥条盘筑痕迹。口径13.7、最大腹径27、底径19.4、高18厘米（图四四：10；彩版六五：2）。2009LWSD4M1：10，印纹硬陶，灰色。卷沿，尖圆唇，侈口，束颈，溜肩，鼓腹，大平底。唇上有一圈内凹，形成类似双唇，肩部有弦纹数道，腹饰席纹，

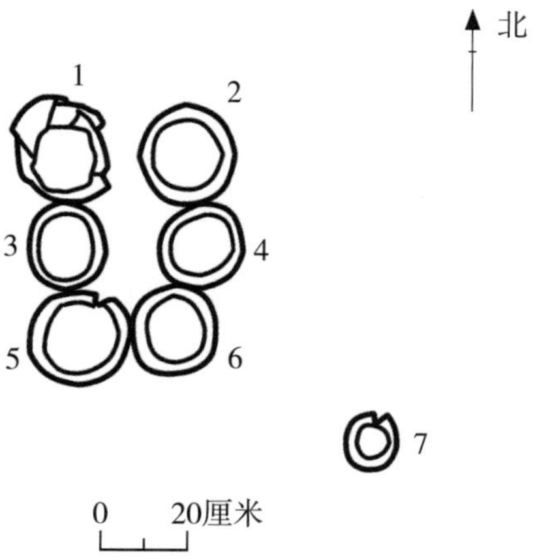

图四二 2009LWSD4Q6平面图

1～7. 原始瓷碗

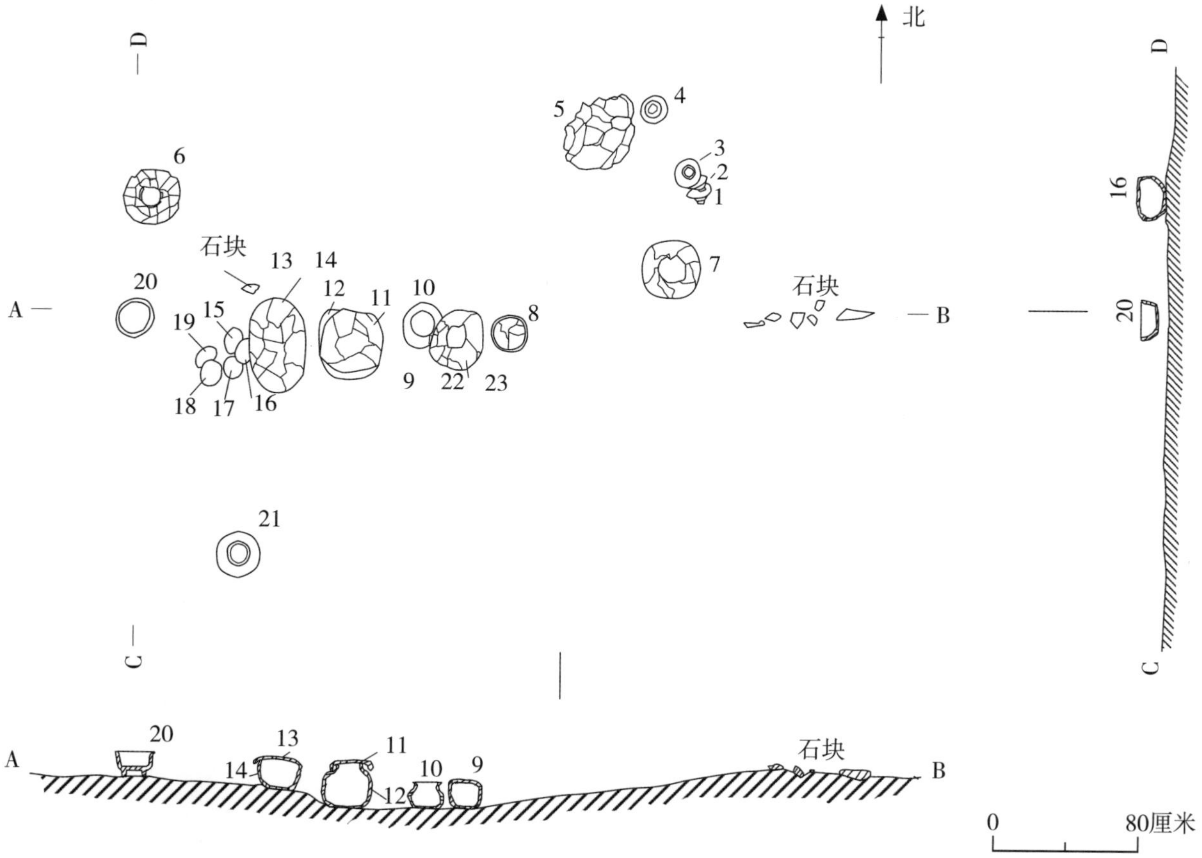

图四三 2009LWSD4M1平、剖面图

1～4. 原始瓷豆 5、8. 盆 6、7、9、10、12～14、21～23. 罐 11. 钵 15、16、18. 原始瓷碗 17、19. 原始瓷钵 20. 三足盆

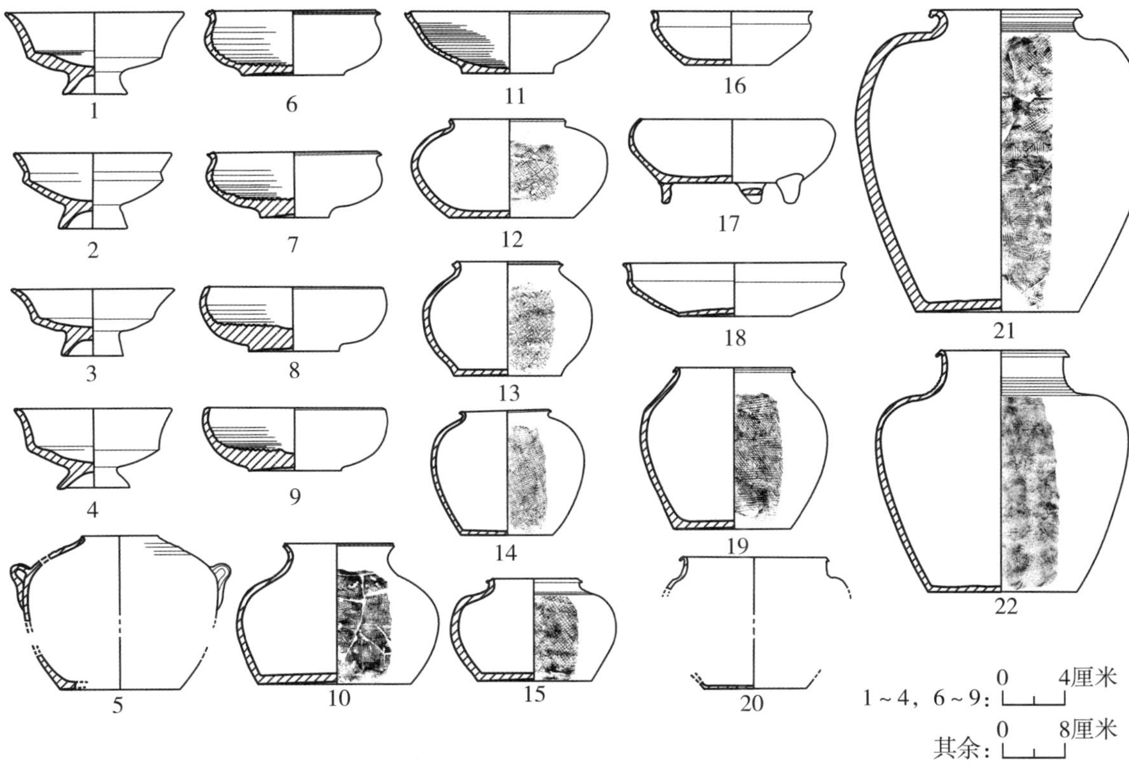

图四四 2009LWSD4M1出土器物

1～4. 原始瓷豆（2009LWSD4M1：1～4）

5、10、12～15、19～22. 罐（2009LWSD4M1：6、9、7、10、21、22、23、13、14、12）

6、7、11. 原始瓷碗（2009LWSD4M1：15、16、18）8、9. 原始瓷钵（2009LWSD4M1：17、19）

16、18. 盆（2009LWSD4M1：8、5） 17. 三足钵（2009LWSD1M1：11）

器内壁有明显的泥条盘筑痕迹。口沿和肩部局部有类似釉的青褐色结晶。口径13.8、最大腹径22.3、底径15、高14.6（图四四：13；彩版六五：3）。2009LWSD4M1：12，印纹硬陶，灰色。卷沿，尖圆唇，侈口，束颈，丰肩，弧腹，大平底。颈饰弦纹，上腹饰横向叶脉纹纹，下腹饰菱形填线纹，内壁有明显泥条盘筑痕迹。口径16、最大腹径33.6、底径19.6、高32厘米（图四四：22；彩版六五：4）。2009LWSD4M1：14，印纹硬陶，红褐色。卷沿，尖圆唇，侈口，束颈，丰肩，弧腹，平底略内凹。沿上有一圈内凹，颈部饰弦纹，肩部及上腹部饰小方格纹，下腹部饰菱形填线纹，内壁有明显泥条盘筑痕迹。口径19、最大腹径38.5、底径21、高40厘米（图四四：21；彩版六五：5）。2009LWSD4M1：21，印纹硬陶，灰色。卷沿，尖唇，侈口，束颈，丰肩，弧腹，大平底。腹饰小方格纹，器内壁有明显的泥条盘筑痕迹。口径13.2、最大腹径20.3、底径14.8、高16厘米（图四四：14；彩版六五：6）。2009LWSD4M1：22，印纹硬陶，灰色。卷沿，尖圆唇，侈口，束颈，丰肩，弧腹，下腹斜收至底，大平底略内凹。沿上有一圈内凹，肩部数条弦纹，腹饰席纹，内壁有明显泥条盘筑痕迹。口径10.5、最大腹径22.2、底径15.4、高13.1厘米（图四四：15；彩版六六：1）。2009LWSD4M1：23，印纹硬陶，灰色。卷沿，尖唇，侈口，溜肩，鼓腹，平底略内凹。肩部及腹部饰小方格纹，内壁有明显泥条盘筑痕迹。口径14.1、最大腹径25、底径14.4、高19.9厘米（图四四：19；彩版六六：2）。

泥质陶5件，其中罐、盆各2件，钵1件。

罐　2件。2009LWSD4M1：7，印纹软陶，泥质，灰色。卷沿，方唇，侈口，溜肩，鼓腹，平底。肩部及腹部饰席纹，内壁有明显泥条盘筑痕迹。底部有黑色斑块，可能为烟熏痕迹。口径15.4、最大腹径26、底径16.8、高13.7厘米（图四四：12；彩版六六：3）。2009LWSD4M1：13，印纹软陶，泥质，浅灰色，残，无法拼合。卷沿，尖圆唇，沿上有一圈内凹，侈口，束颈，丰肩，弧腹，平底。颈部有弦纹，肩部及上腹部饰席纹，下腹部饰菱形填线纹。口径18.8、底径15.2厘米（图四四：20）。

盆　2件。2009LWSD4M1：5，泥质灰陶，灰褐色。素面，折沿，沿近平，圆唇，侈口，折腹，下腹斜收至底，大平底略内凹。口径27.4、底径15、高7厘米（图四四：18；彩版六六：4）。2009LWSD4M1：8，泥质灰陶，灰褐色。素面，折沿，尖圆唇，侈口，折腹，下腹弧收至底，平底。口径19.8、底径11、高6.5厘米（图四四：16；彩版六六：5）。

三足钵　1件（2009LWSD4M1：11）。泥质灰陶，素面，圆唇，敛口，弧腹，大平底，底有三足，足为锥状扁足。口径22.8、最大腹径27.4、底径18.5、高10.8厘米（图四四：17；彩版六六：6）。

夹砂陶2件，其中罐1件，盆（三足盆）1件。

罐　1件（2009LWSD4M1：6）。夹砂红陶，残，酥化严重，无法拼合。方唇，敛口，丰肩，弧腹，平底。肩部有两辫形系，系孔较大。肩上有弦纹数道，腹饰小方格纹。口径10、底径16厘米（图四四：5）。

三足盆　1件（2009LWSD4M1：20）。夹砂红陶，酥化严重，难以提取。带三锥柱足，弧腹，从残留痕迹推测其为三足盆。

结　语

1．本次发掘共清理了土墩墓三座。三座土墩墓均遭到不同程度的破坏，为本次发掘带来很大的影响，部分遗迹的性质难以判定，特别是D2，器物群遭到严重扰乱，墓葬也无从发现。但是本次发掘还是发掘了一批有价值的遗迹和遗物，三座土墩墓共清理遗迹25个，其中墓葬2座，器物群23个，出土器物162件，其中完整及可复原器物134件，无法复原、修复器物28件。

2．D1发现的14个器物群，多数应属祭祀用途，但有几个器物群（如2009LWSD1Q8、2009LWSD1Q12）器物呈线形排列，器物质地、种类多样，从器物排列组合的方式看，也有一定的可能性是墓葬，但因无明显的墓坑或堆土范围，故作器物群处理。D2遭破坏严重，未能发现土墩的主墓，是一缺憾。D4发现的墓葬形制较为特殊，有意放置的石块可能起着标示墓葬范围的作用。

3．出土器物的质地包括原始瓷、硬陶、软陶（分泥质和夹砂）、石等。器类也极丰富，有罐、碗、钵、盆、盂、瓿、器盖、纺轮、豆、石斧等。

4．印纹陶纹饰有方格纹、小方格纹、席纹、菱形填线纹、波浪纹、米筛纹、叶脉纹等，部分器物纹饰由两种纹饰组合而成。最常见的纹饰为小方格纹、席纹和菱形填线纹，最常见的纹饰组合为席纹与菱形填线纹组合（图四五）。

5．器物的制法丰富，有手制、泥条盘筑（手制轮修）、轮制等。部分豆的圈足部分用手捏制而成，圈足不规则，留有指纹。绝大多数陶器采用泥条盘筑制作器身，在陶器内壁发现有明显的泥条盘筑和指捺加工痕迹。口及颈部轮修，表现为口沿及、颈部处出现的弦纹、螺旋纹，并成为一种装饰纹饰。陶器器底另接，多数器底略内凹，应为接底时留下的痕迹，内底有指抹痕迹。原始瓷器均采用轮制法制作而成，残有轮制的痕迹，表现为器物内壁的螺旋纹、细弦纹等，底部还有线切割的痕迹，部分器物的底还有内凹的情况。原始瓷器推测应采用叠烧的方式，部分瓷器底部发现有叠烧时残留的泥粒（已经高温烧结，粘结于器底）。一原始瓷豆（2009LWSD4M1：3）器内腹下部近底处粘结有另一器物的足部或底部一部分，应叠烧时的残留。多数硬陶及原始瓷出现变形的情况，应是烧造时高温所致。

6．从出土器物器形及纹饰分析，D1、D2、D4三座土墩墓的年代应大致相当。其中罐2009LWSD1Q12：6与《论土墩墓分期》[③]中第六期中罐器形相近，与溧水徐母塘土墩墓[④]出土罐相近；罐2009LWSD1Q13：11第五期金坛鳖墩春秋墓[⑤]出土罐相近；2009LWSD1

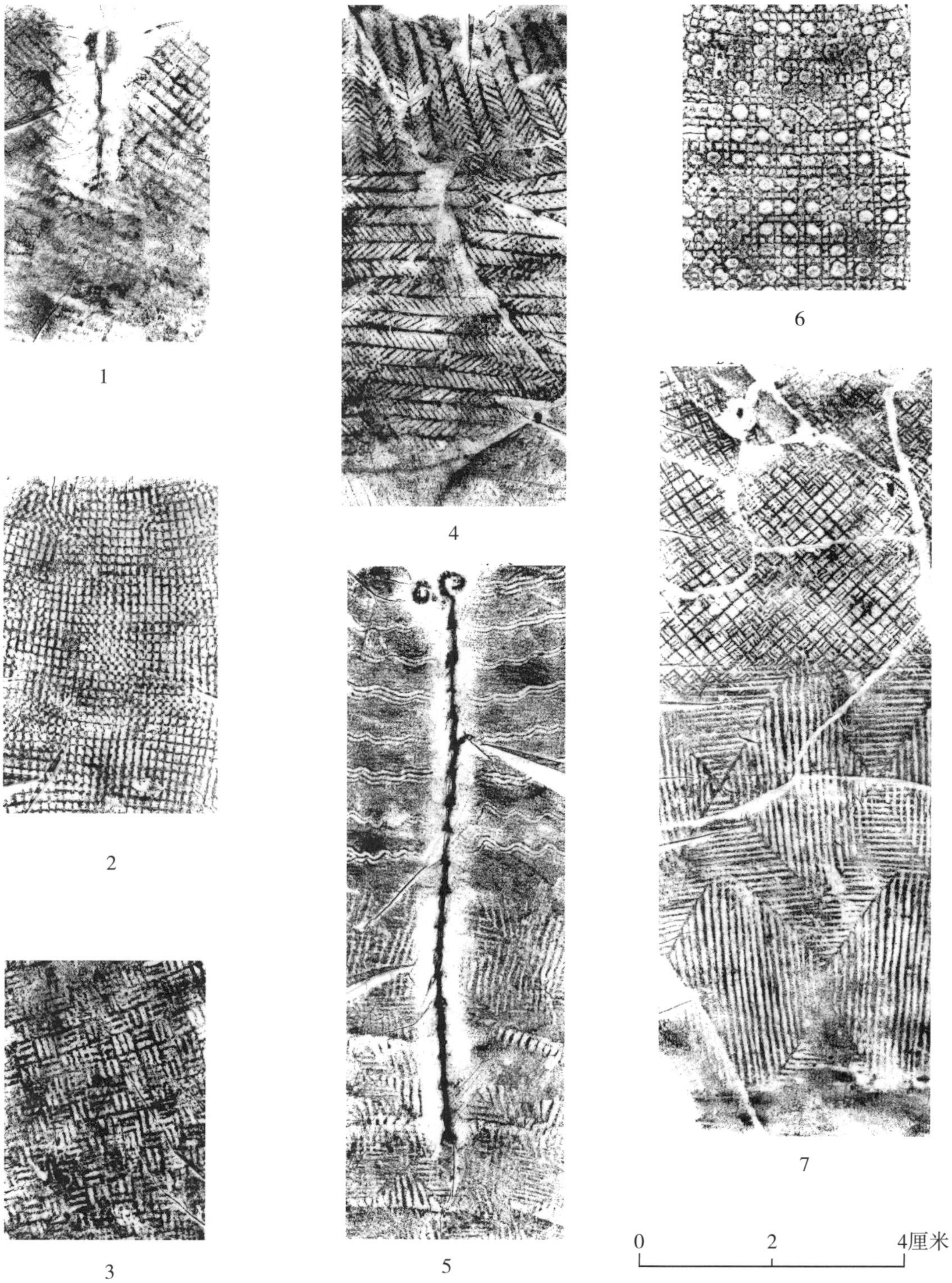

图四五　陶器纹饰拓本

1．辫纹与方格纹（2009LWSD4Q5：1）　2．小方格纹（2009LWSD1M1：16）
3．席纹（2009LWSD1M1：11）　4．叶脉纹（2009LWSD1Q12：6）　5．辫纹、波浪纹与菱形填线纹（2009LWSD1Q10：1）　6．米筛纹（2009LWSD4Q5：6）　7．席纹与菱形填线纹（2009LWSD2Q2：1）

出土原始瓷器盖与第五期句容浮山1号墩[6]出土器盖器形相近；罐2009LWSD1M1：16与第五期高淳马栗2号墩[7]出土罐相近；罐2009LWSD2Q3：1与第六期溧水徐母塘土墩墓出土罐相近；原始瓷碗2009LWSD4M1：18与第五期金坛鳖墩春秋墓出土碗相近；印纹陶纹饰与《江苏南部土墩墓》[8]中第四、五期即春秋晚期相近。因此，2009LWSD1、2009LWSD2、2009LWSD4的时代应该相当于《论土墩墓分期》中的第五、六期，以及《江苏南部土墩墓》中的第四、五期，即春秋中晚期。

领　队：林留根

参加发掘人员：张学锋　刘兴林　邓玮光　张仁杰

　　　　　　　周津任　张　玮　陈小玲

文物修复及拓片：韩长明　韩希诚　魏　沂

摄　影：周津任　刘　斌　任林平

绘　图：张　玮　张仁杰　周津任

执　笔：张仁杰　刘兴林

注释

① 李国梁：《屯溪土墩墓发掘报告》，安徽人民出版社，2006年，第65页。

② 李国梁：《屯溪土墩墓发掘报告》，安徽人民出版社，2006年，第68页，图版四五。

③ 刘建国：《论土墩墓分期》，《东南文化》1989年4、5期。

④ 镇江市博物馆、溧水县文化馆：《江苏溧水发现西周墓》，《考古》1976年第4期；镇江市博物馆、溧水县文化馆：《江苏溧水乌山西周二号墓清理简报》，《文物资料丛刊》第二辑。

⑤ 镇江市博物馆、溧水县文化馆：《江苏金坛鳖墩西周墓》，《考古》1978年第3期。

⑥ 南京博物院：《江苏句容县浮山果园西周墓》，《考古》1977年第2期；镇江市博物馆浮山果园古墓发掘组：《江苏句容浮山果园土墩墓》，《考古》1979年第2期。

⑦ 南京博物院：《江苏高淳县顾陇、永宁土墩墓发掘简报》，《文物资料丛刊》第六辑。

⑧ 邹厚本：《江苏南部土墩墓》，《文物资料丛刊》第六辑。

庙山土墩墓D1发掘报告

镇江博物馆

一　概　况

庙山土墩墓D1（编号2009LWMSD1）位于溧阳天目湖区吴村大队桃村自然村庙山山脊上，地理坐标119°23.592′、北纬31°14.595′，海拔高度约42米。2005年南京博物院考古研究所负责对溧阳抽水蓄能电站建设征地范围内的文物点进行考古调查、勘探时发现。墩子是利用山势堆积而成，南高北低，西高东低，东部坡陡，其他三面较缓，最高处高出周围约2米，外形呈长圆形，南北长20米，东西长35米（彩版六七：1）。墩子表面长满杂树、细竹等，中部有两长方形盗洞，周围散落有少量的印纹陶片。

2009年12月18日至2010年2月15日，镇江博物馆考古队对该墩进行了发掘。参加发掘的工作人员有南京博物院考古所林留根（项目总领队），镇江博物馆王书敏（项目领队）、李永军、居法荣。2010年2月至3月，对庙山土墩墓D1的发掘资料进行了整理。参加整理的人员有镇江博物馆李永军、居法荣，技工吕亚怀、刘晓红。

二　工作方法

庙山土墩墓的发掘工作严格按照《田野考古工作规程》的要求进行，根据土墩墓这一特殊的发掘对象，采用四分法和探方法相结合。按照四分法布方，土墩近中部留正方向十字形交叉的 1 米宽隔梁，西北、东北、东南、西南四个探方编号为Ⅰ、Ⅱ、Ⅲ、Ⅳ。首先清理两个盗洞，然后按照探方逐层向下进行发掘，注意遗迹、遗物的发现与出土，并随时进行文字、绘图、照相记录，同一层次的遗迹和文物统一拍照绘图后提取文物，上层清理结束后再对下层开始发掘。清理完所有遗迹后，发掘区域内直至原始山体后结束田野工作，从而保证考古发掘资料的完整性和科学性。

三　地层堆积及包含物

根据土质土色及地层出土的包含物，2009LWMSD1 的地层共可划分为 3 层，现以东西向隔梁的南面为例（彩版六七: 2），分述如下 ：

第①层：表土层，上面布满树桩。土质松软，黑灰色，含大量植物腐殖物。厚 15 ~ 28 厘米，分布于整个墩子，在墩子边缘附近该层下即为原始山体，该层下开始出现器物。

第②层：黄土。土质松软，含有少量的细沙，纯净。厚 14 ~ 53 厘米，分布于整个墩子，其中东半部较厚，西半部较薄。该层中共开口 5 组器物群（编号分别为 2009LWMSD1Q1、Q2、Q5、Q6、Q7，原编号 Q3、Q4 器物后归于 M3、M2 内随葬品，原编号取消）。其中 Q1、Q2 器物底部直接位于原始山体上。

第③层 ：灰褐色土，土质松散、潮湿，含大量的砂石颗粒和细砂，还有少量的植物根茎的腐殖物。厚 0 ~ 75 厘米，主要分布于墩子中心周围地方。该层中共开口 4 组器物群（编号分别为 2009LWMSD1Q8、Q9、Q10、Q11）该层下开口 4 座墓葬（编号为 2009LWMSD1M1、M2、M3、M4），其中 M1、M2、M3 为直接开口于原始山体上的土坑墓，M4 为带石棺床的平地掩埋墓。

③层下即为含大量灰黄色砂石的基岩山体，表面凹凸不平，呈西高东低的走势。

四　遗迹遗物

在 2009LWMSD1 的发掘中，共开口器物群 9 处，编号依次为 2009LWMSD1Q1、Q2、Q5 ~ Q11，墓葬 4 座，编号为 2009LWMSD1M1 ~ M4（图一）。

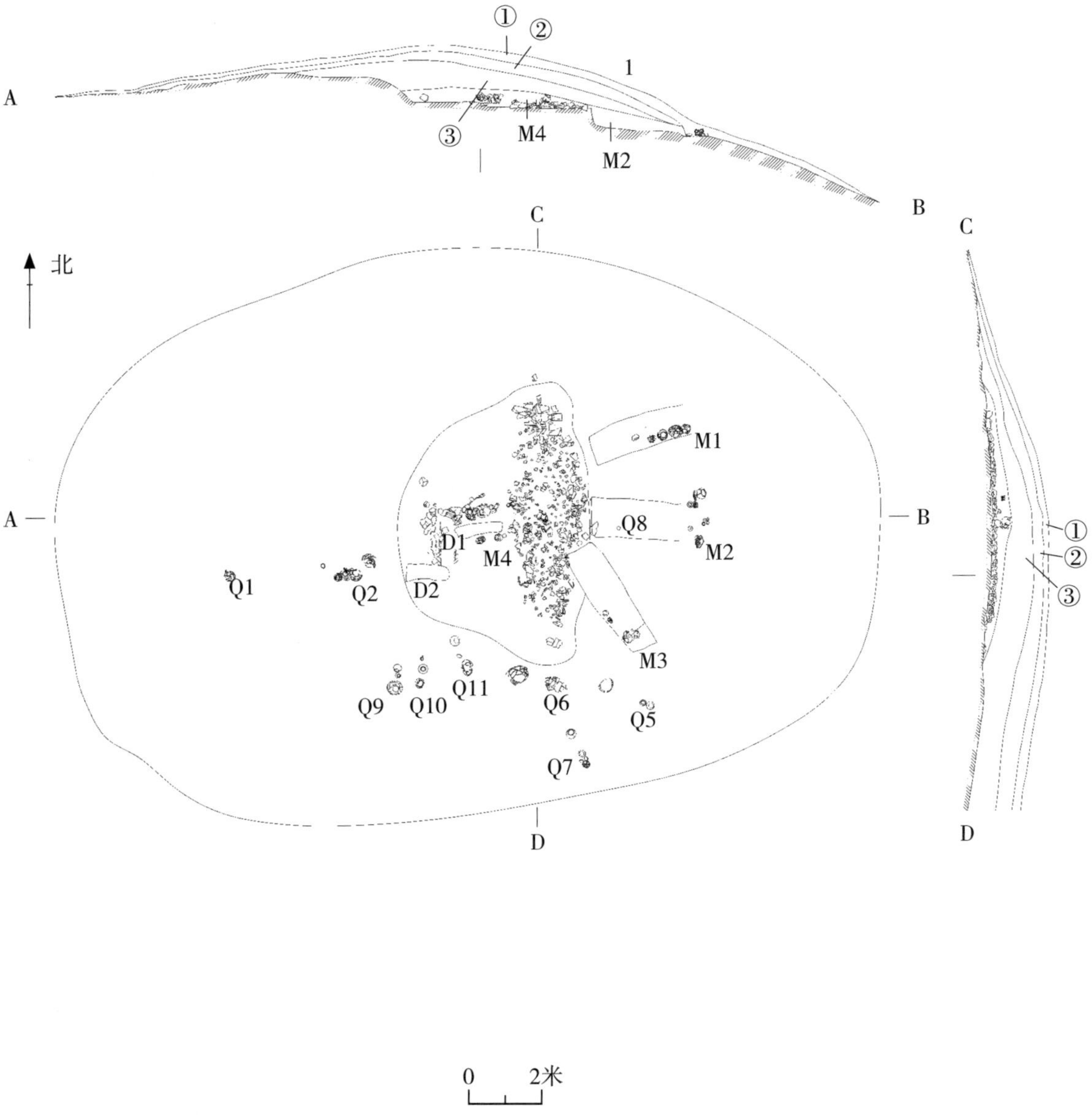

图一 庙山土墩墓（2009LWMSD1）总平、剖面图

（一）器物群

2009LWMSD1 共发现器物群 9 个，编号依次为 2009LWMSD1Q1、2009LWMSD1Q2、2009LWMSD1Q5～11。由于在发掘过程中，对遗迹现象认识的不断改变，2009LWMSD1Q3、

2009LWMSD1Q 4编号取消。2009LWMSD1Q1、2009LWMSD1Q2发现于①层下，器物底部位于原始山体上；2009LWMSD1Q5～发现于2009LWLD1②层中，2009LWMSD1Q8～11发现于2009LWMSD1③层中。从器物底部放置的位置上看2009LWMSD1Q1、Q2、Q9～11这5组器物均位于同一层面，即原始山体上，Q8位于③层中，其他3组则位于②层中，器物底部位于③层面上。现分述如下。

1．2009LWMSD1Q1

Q1位于土墩西部，方向0°。发现于第①层表土下，放置在原始山体上，器物平放，未见有坑的现象。仅1件残缺严重的泥质红陶罐，无法修复，器物最高处距离墩子中心高度32厘米（图二；彩版六八：1）。

罐 1件（2009LWMSD1Q1∶1）。泥质红陶，弧腹，平底。残缺严重，无法复原。

2．2009LWMSD1Q2

Q2 位于墩子西南部，和Q1位置相近（图三；彩版六八：2）。发现于第①层表土下，该区域②层下即为原始山体，所以位置最低的器物底部位于原始山体上，位置最高的器物距离墩子中心高度33厘米。该组器物共15件，分三堆摆放，大致呈45°朝向墩子中心，器物没有明显倾斜，部分较高的器物有倒伏，未见坑、龛的现象。陶质有泥质陶、夹砂陶、硬陶和原始瓷，器型有罐、钵、盆、坛、盅等。

印纹硬陶

罐 3件。2009LWMSD1Q2∶3，侈口，方圆唇，卷沿，沿面有凹弦纹一周，矮领微束，溜肩，长弧鼓腹，平底微凹，肩腹部满满饰席纹不及底，泥条盘筑加轮制，内腹壁有泥条盘筑、刮捏的痕迹。口径14.6、底径15、高21.8厘米（图四：14；彩版七〇：1）。2009LWMSD1Q2∶5，侈口，尖唇，卷沿，沿面有凹弦纹一周，束颈无领，圆鼓肩，深弧腹，最大径位于腹上部，平底微凹。肩、腹部满布斜方格纹不及底，泥条盘制加轮制，腹壁有手刮、捏的痕迹。口径12.8、底径13.8、高16.2厘米（图四：10；彩版七〇：2）。2009LWMSD1Q2∶6，侈口，方唇，卷沿，束颈，矮领，溜肩，弧鼓腹下收，最大径位于腹上部，平底微凹。肩、腹部满布方格纹不及底，泥条盘制加轮制，腹壁有手刮、捏的痕迹。口径13.6、底径12、高18厘米（图四：13）。

坛 2件。2009LWMSD1Q2∶7，红陶，侈口，尖圆唇，卷沿外翻，矮领束颈，溜肩，深弧腹，最大径位于腹上部，平底。颈、肩部施弦纹数周，肩、上腹部满施方格纹，中、

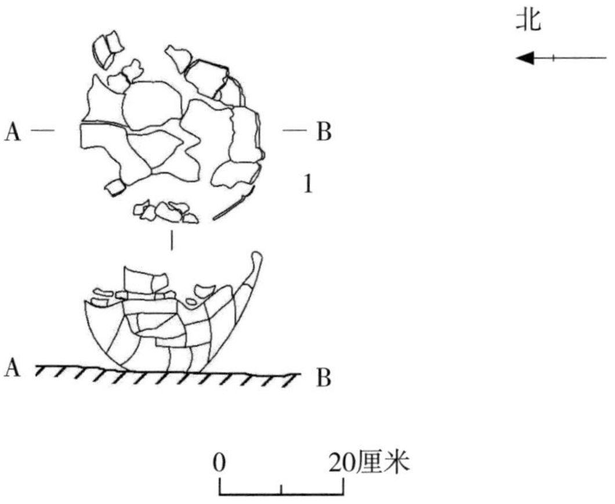

图二 2009LWMSD1Q1平、剖面图

1. 泥质红陶罐

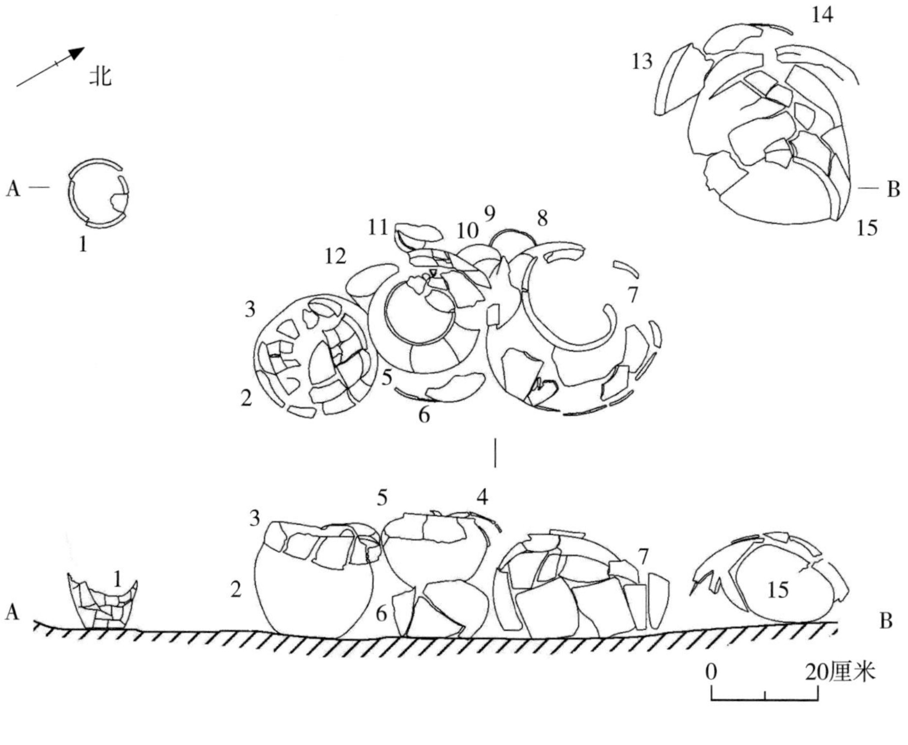

图三 2009LWMSD1Q2平、剖面图

1. 泥质红陶罐 2、4. 灰陶三足盆 3. 硬陶罐 5、6. 硬陶罐

7、15. 硬陶坛 8、9、10、11、12. 原始瓷盅 13、14. 硬陶罐

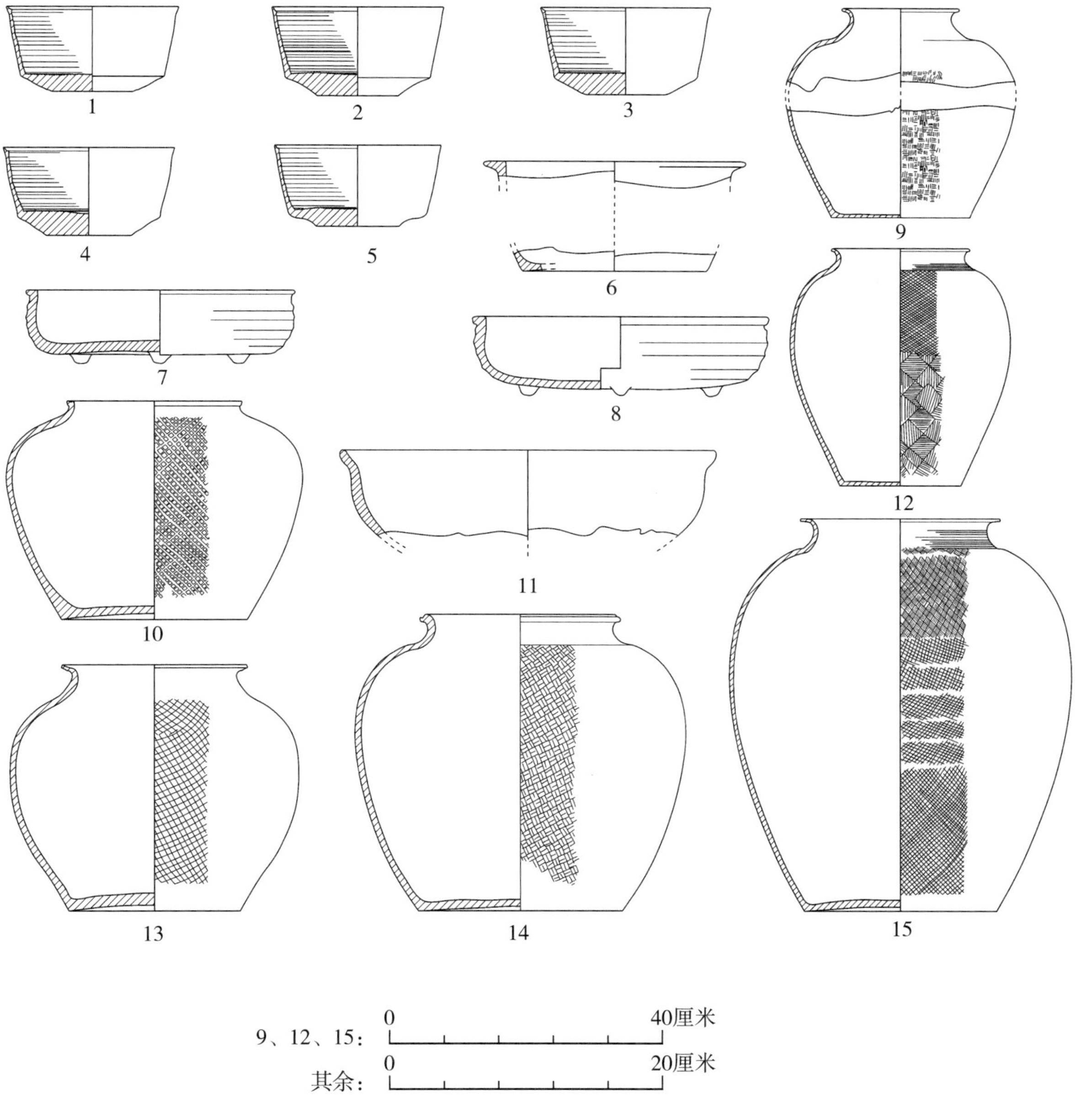

图四　2009LWSD1M1Q2出土器物

1～5. 原始瓷盅（Q2：12、Q：9、Q2：11、Q2：8、Q2：10）　6、11. 夹砂红陶釜（Q2：13、Q2：14）　7、8. 泥质灰陶三足盆（Q2：2、Q2：4）　9. 泥质红陶罐（Q2：1）　10、13、14. 印纹硬陶罐（Q2：5、Q2：6、Q2：3）　12、15. 印纹硬陶坛（Q2：7、Q2：15）

下腹为菱形填线纹，不及底。泥条盘制加轮制，内腹壁有刮、捏痕迹。口径 20.2、底径 17.8、高 35 厘米（图四：12；彩版七〇：3）。2009LWMSD1Q2：15，侈口，尖唇，卷沿外翻，沿面近平，短领微束，溜肩，深长腹微鼓，最大径位于腹上部，平底内凹。颈部施弦纹数周，肩部、上腹部满饰席纹，中、下腹为方格纹。泥条盘制加轮制，内壁遍布刮抹痕及泥条盘筑痕。口径 29.4、底径 28.6、高 57.8 厘米（图四：15；彩版七〇：4）。

泥质陶

罐 1 件（2009LWMSD1Q2：1）。泥质红陶，侈口，尖圆唇，卷沿外翻，束颈短领，弧肩，弧鼓腹，平底。腹部饰席纹，轮制。口径 17、底径 20.6、高 30.8 厘米（图四：9）。

三足盆 2 件。均为泥质灰陶，直口微敛，圆唇，卷沿，浅盆腹，腹部有凸棱数周，底近平，底部有三个乳状丁足。2009LWMSD1Q2：2，口径 19.6、底径 16、高 5.4 厘米（图四：7）。2009LWMSD1Q2：4，口径 21.6、底径 18、高 5.8 厘米（图四：8）。

夹砂红陶

釜 2 件。2009LWMSD1Q2：13，直口微侈，方唇，宽折沿，直弧腹，平底。素面，轮制。口径 19.4、底径 12.7、高 8.6 厘米（图四：6）。2009LWMSD1Q2：14，侈口，圆唇，卷沿，浅弧腹，圜底近平。素面，轮制。口径 27.8、通高 6.2 厘米（图四：11）。

原始瓷

盅 5 件。均为侈口微敞，尖唇，斜直壁，下腹近底处折收，平底。器内腹壁及底有旋痕，轮制，素面。灰白胎，青黄釉，器表釉多脱落。2009LWMSD1Q2：8，口径 12.6、底径 6.4、高 6.5 厘米（图四：4；彩版七〇：5）。2009LWMSD1Q2：9，口径 12.6、底径 6、高 6.5 厘米（图四：2）。2009LWMSD1Q2：10，口径 12.2、底径 6.2、高 6 厘米（图四：5）。2009LWMSD1Q2：11，口径 12.6、底径 6、高 6.3 厘米（图四：3）。2009LWMSD1Q2：12，口径 12.6、底径 6、高 6.2 厘米（图四：1；彩版七〇：6）。

3．2009LWMSD1Q5

Q5 位于墩子东南部，靠近墩子边缘（图五；彩版六九：1）。第②层约 20 厘米下发现器物。Q5 共 3 件器物，均为印纹灰质硬陶，其中两件叠放在一起，大致呈 122° 方向摆放朝向墩子中心，有明显的向下倾斜的现象，器物周围没有发现坑的现象，器物最高处距离墩子中心高度 180 厘米。

罐 1 件（2009LWMSD1Q5：1）。灰质硬陶，侈口，尖圆唇，卷沿，沿面有凹槽一周，

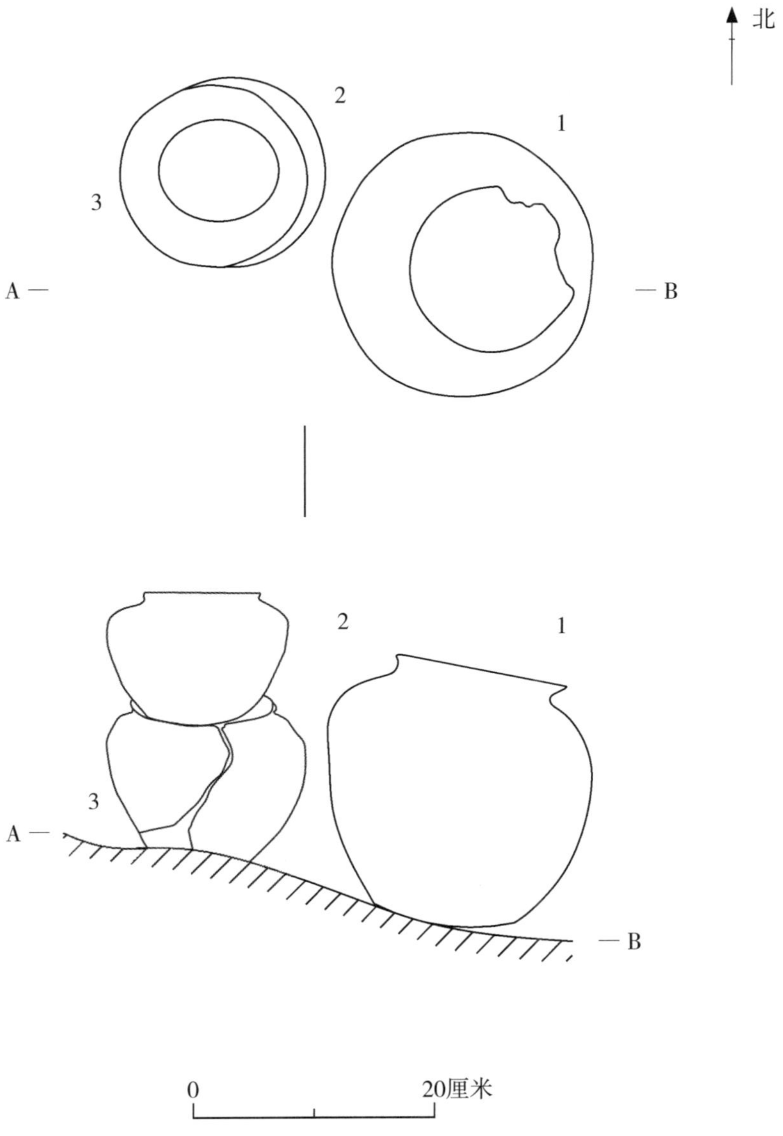

图五 2009LWMSD1Q5平、剖面图

1. 硬陶罐 2、3. 硬陶瓿

短领束颈，溜肩，弧鼓腹，最大径位于腹上部，平底。颈、肩处施弦纹数周，肩、腹部施米筛纹不及底，腹外壁有烧制时形成的气泡。口径15.3、底径18.6、高23厘米（图六: 1；彩版七一: 1）。

瓿 2件。均为灰质硬陶，侈口，尖圆唇，卷沿外翻，沿面有凹槽一周，矮领束颈，溜肩，矮鼓腹，平底。腹部饰方格纹不及底，泥条盘制加轮制。2009LWMSD1Q5∶2，口

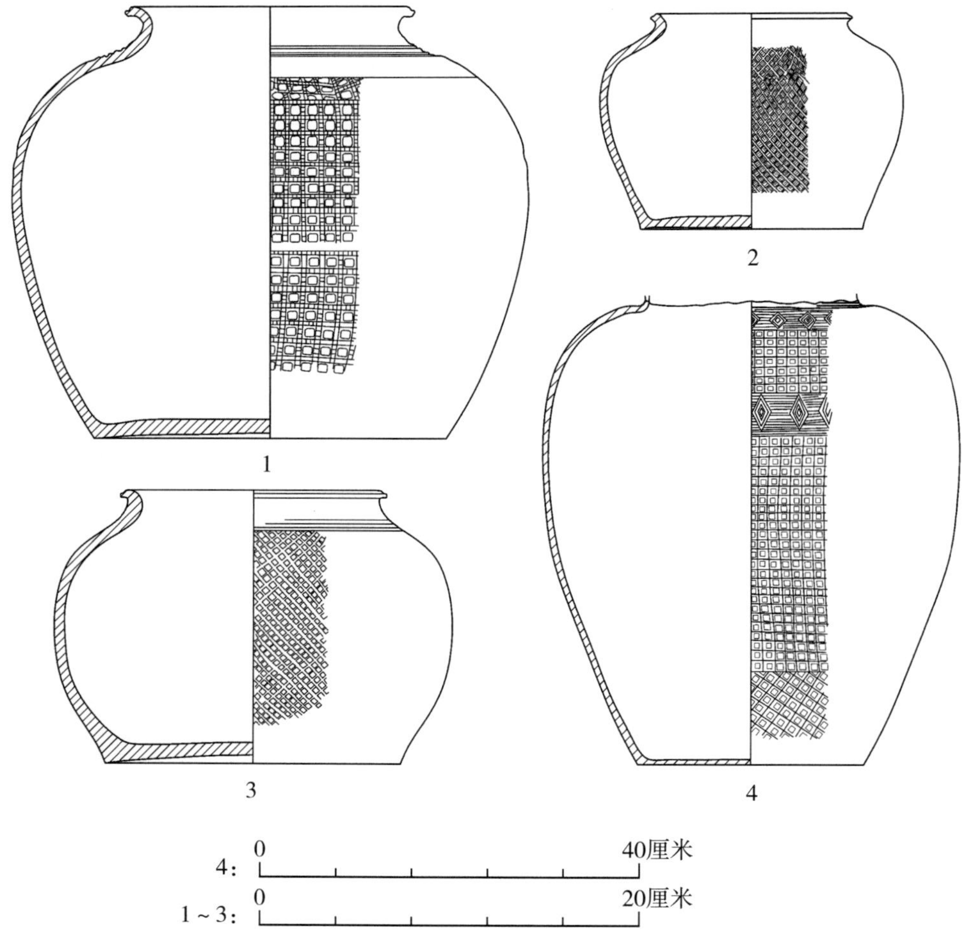

图六　2009LWMSD1Q5、Q6出土器物

1. 硬陶罐（Q5∶1）　2、3. 硬陶瓿（Q5∶2、Q5∶3）　4. 硬陶坛（Q6∶2）

径 10.6、底径 11.8、高 11.5 厘米（图六∶2，彩版七一∶2）。2009LWMSD1Q5∶3，口径 14、底径 15.8、高 14.6 厘米（图六∶3，彩版七一∶3）。

4．2009LWMSD1Q6

Q6 位于墩子南部，②层下 15 厘米发现器物，器物底部基本位于第③层表面上，器物最高处距离墩子中心高度 91 厘米。Q6 共 2 件器物，方向 100°并不朝向土墩中心，器物周围没有发现坑龛等现象（图七；彩版六九∶2）。器物向下倾斜严重，高度落差较大，高低相距 102 厘米，其中一件被滚落成两堆。虽然两件器物高度落差较大，但器物底部基本位于同一平面，也在同一个方向，因此归属为一个器物群。两件器物一为硬陶坛，另一件为

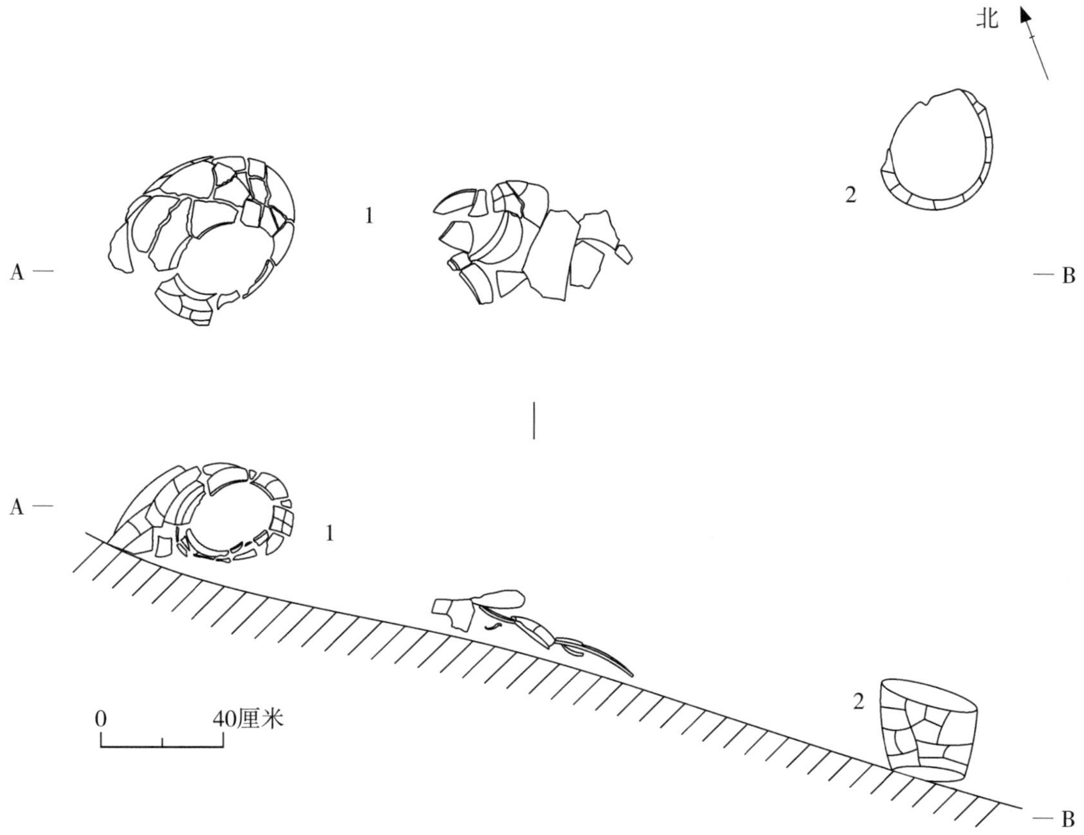

图七 2009LWMSD1Q6平、剖面图

1．加炭陶釜 2．硬陶坛

夹炭陶釜，但残缺严重，难以复原。

坛 1件（2009LWMSD1Q6：2）。灰质硬陶，敛口，溜肩，深腹，上腹圆鼓，下腹弧收，最大腹径在腹上部，平底。颈、肩部施弦纹数周，肩部为凸弦纹加套菱纹，上腹为回纹和套菱加凸弦纹组合，中、下腹饰回纹。泥条盘制和轮制，内腹壁泥条盘筑和手刮、捏的痕迹。口径22.4、底径24、高49.4厘米（图六：4；彩版七一：4）。

釜 1件（2009LWMSD1Q6：1）。夹炭陶，上半部缺失，弧腹，圜底。

5．2009LWMSD1Q7

Q7位于土墩西南边缘，方向152°朝向墩子中心，Q5、Q6、Q7位置相邻，Q6居中，Q5和Q7位于两侧（图八；彩版七二：1）。②层下约28厘米处开始发现器物，底部基本

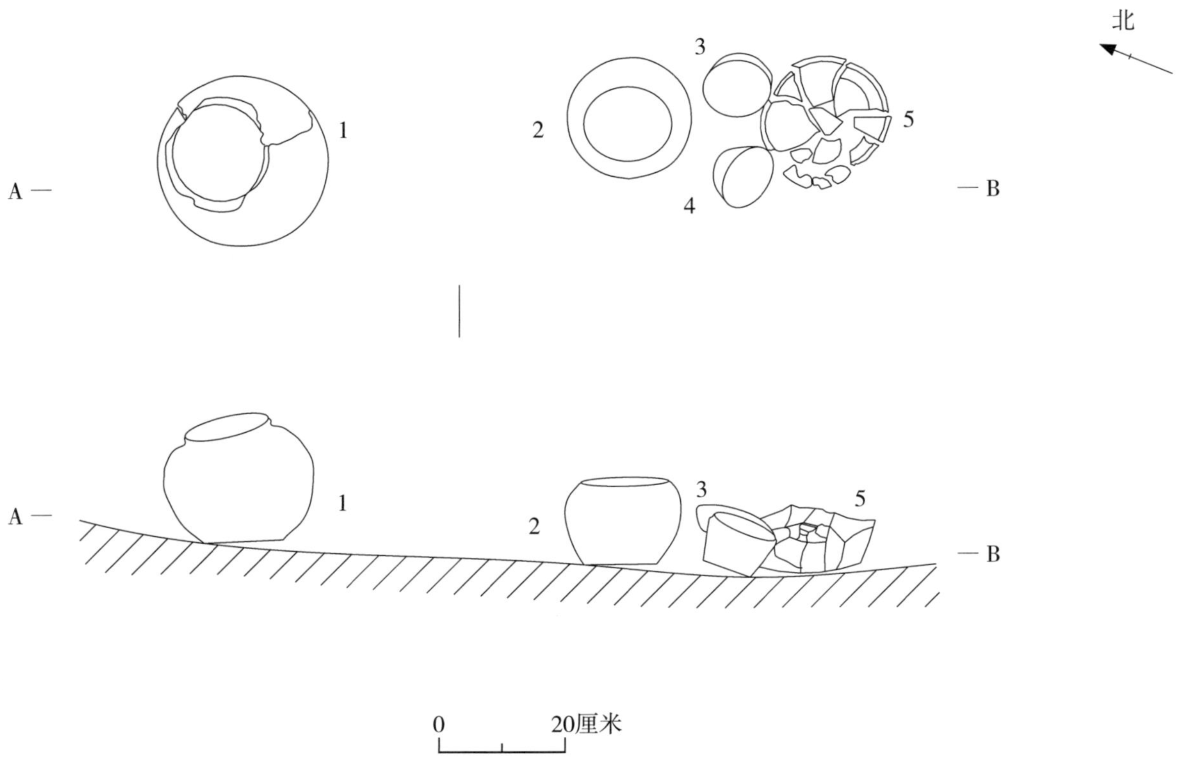

图八 2009LWMSD1Q7平、剖面图

1、2. 硬陶罐 3、4. 原始瓷盅 5. 夹砂红陶釜

位于第③层面上，器物最高处距离墩子中心高度172厘米。Q7共5件器物，分两堆放置，陶质有硬陶、夹砂红陶和原始瓷，器型有罐、盆、盅等。

罐 2件。2009LWMSD1Q7∶1，灰质硬陶，侈口，方唇，卷沿，短领束颈，弧肩，深弧鼓腹，平底。肩、腹部饰席纹不及底，泥条盘制加轮制，内腹壁有手刮、捏的痕迹。口径13.2、底径15、高17厘米（图九∶6；彩版七一∶5）。2009LWMSD1Q7∶2，灰胎硬陶，侈口，尖唇，无领，平肩略弧，鼓腹弧收，平底微凹。肩部施弦纹两周，肩、腹部施方格纹不及底。口径12、底径11.4、高13厘米（图九∶5；彩版七一∶6）。

盆 1件（2009LWMSD1Q7∶5）。夹砂红陶，直口微侈，方圆唇，宽折沿，斜直腹，平底，素面，轮制。口径11.6、底径7.7、复原高6厘米（图九∶3）。

盅 2件。原始瓷，侈口微敞，尖唇，斜直壁，下腹近底处折收平底。器腹壁及内底有旋痕，轮制，素面，灰白胎，青灰釉。2009LWMSD1Q7∶3，口径11.3、底径5.1、高6厘米（图

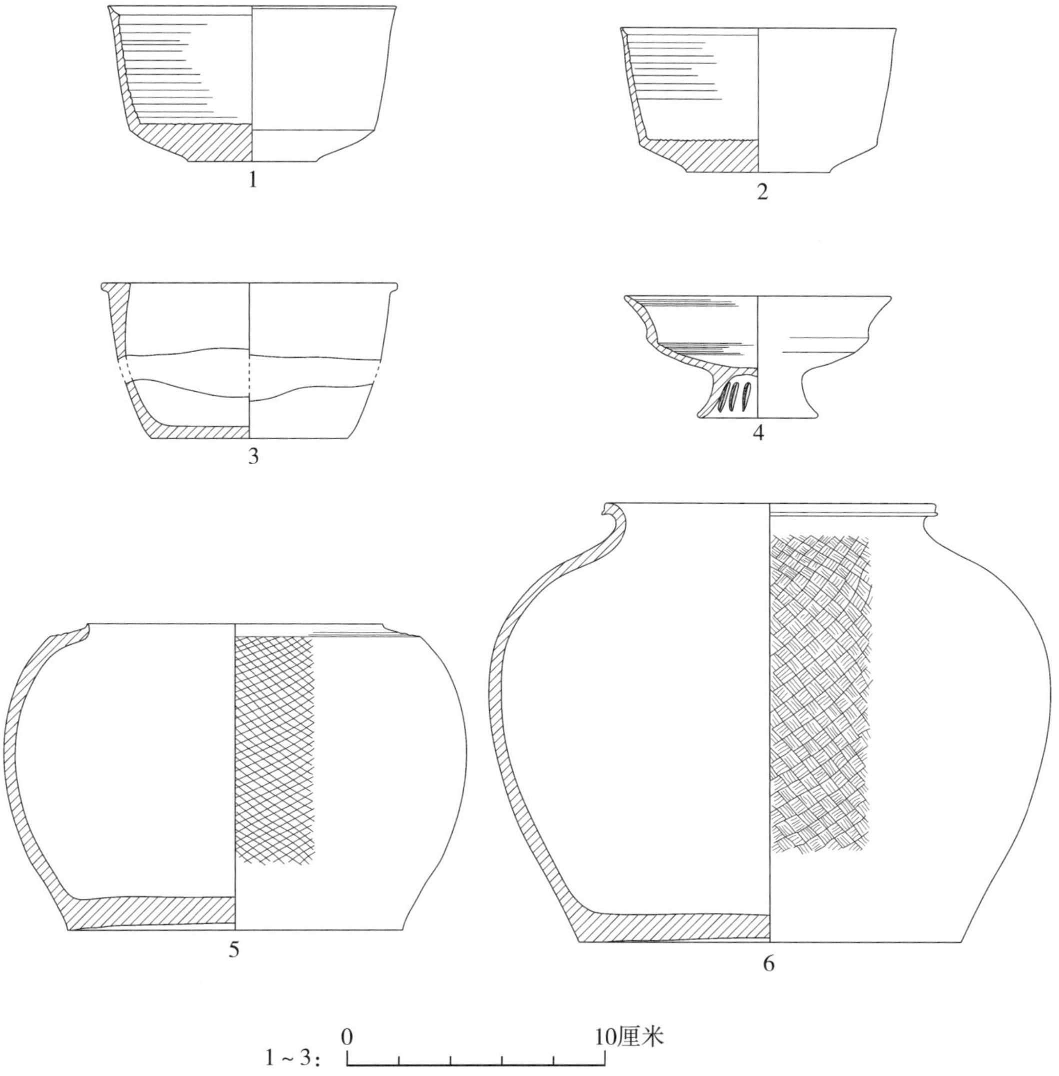

图九　2009LWMSD1Q7、Q8出土器物

1、2. 原始瓷盅（Q7：3、Q7：4）　3. 红陶盆（Q7：5）　4. 原始瓷豆（Q8：1）　5、6. 硬陶罐（Q7：2、Q7：1）

九: 1；彩版七三: 1)。2009LWMSD1Q7：4，口径 10.8、底径 5.6、高 5.6 厘米（图九: 2；彩版七三: 2)。

6．2009LWMSD1Q8

Q8 位于墩子中部偏东，仅 1 件原始瓷豆，③层下约 52 厘米处发现，距离墩子中心高度 98 厘米（图一〇；彩版七二: 2)。

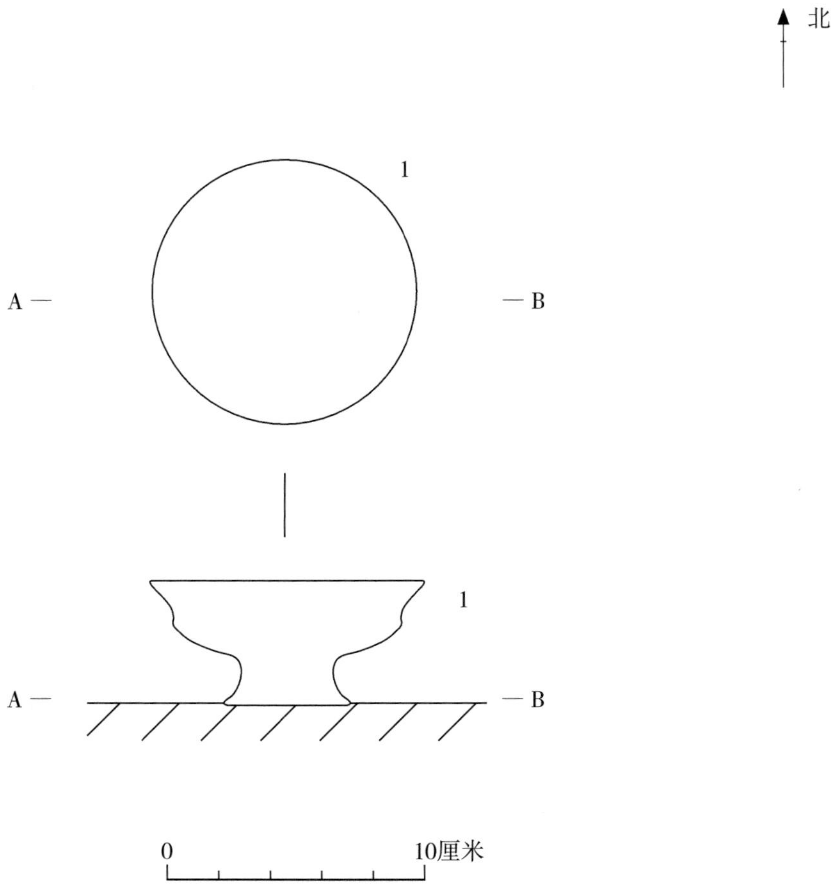

图一〇 2009LWMSD1Q8平、剖面图

1. 原始瓷豆

豆 1件（2009LWMSD1Q8：1）。原始瓷，敞口，尖圆唇，浅盘，折腹，圈足，沿下有弦纹数周，豆盘内壁折腹处有数周弦纹，素面。灰白胎，青褐色釉，轮制。口径10.5、底径4.8、高4.7厘米（图九：4；彩版七三：5）。

7．2009LWMSD1Q9

Q9位于中心偏南部，器物摆放成一排，方向170°，朝向墩子中心（图一一，彩版七四：1）。③层下约30厘米处发现器物，距离墩子中心高度67厘米，器物群底部位于原始山体上。Q9共3件器物，2件印纹硬陶，1件泥质红陶，破碎严重。

印纹硬陶

瓿 2件。2009LWMSD1Q9：2，侈口，尖唇，卷沿，沿面近平，短领喇叭颈，肩微耸，

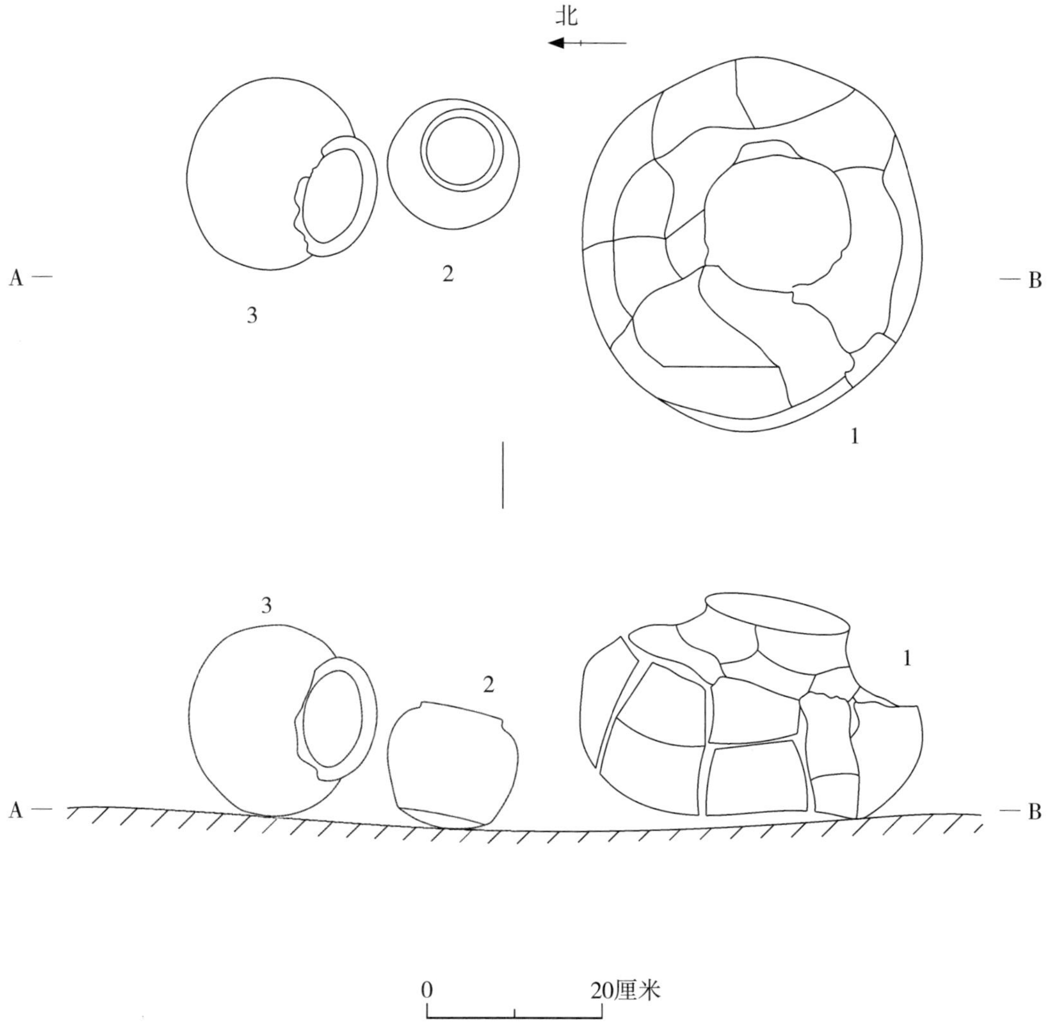

图一一 2009LWMSD1Q9平、剖面图

1. 泥质红陶罐 2、3. 硬陶瓿

扁圆腹，最大径位于腹中部，平底。上腹部饰席纹，下腹部饰菱形填线纹不及底，泥条盘制。口径 9.5、底径 9.2、高 10.8 厘米（图一二：7；彩版七三：3）。2009LWMSD1Q9：3，侈口，尖唇，卷沿外翻，沿面有凸棱一周，高领喇叭颈，溜肩，垂腹，平底内凹，最大径位于腹中部。颈、肩部施弦纹，上腹部饰席纹，下腹部菱形填线纹。口径 13、底径 12.2、高 16.6 厘米（图一二：6；彩版七三：4）。

罐 1件（2009LWMSD1Q9：1）。泥质红陶，夹少量细沙，残缺严重无法复原，喇叭

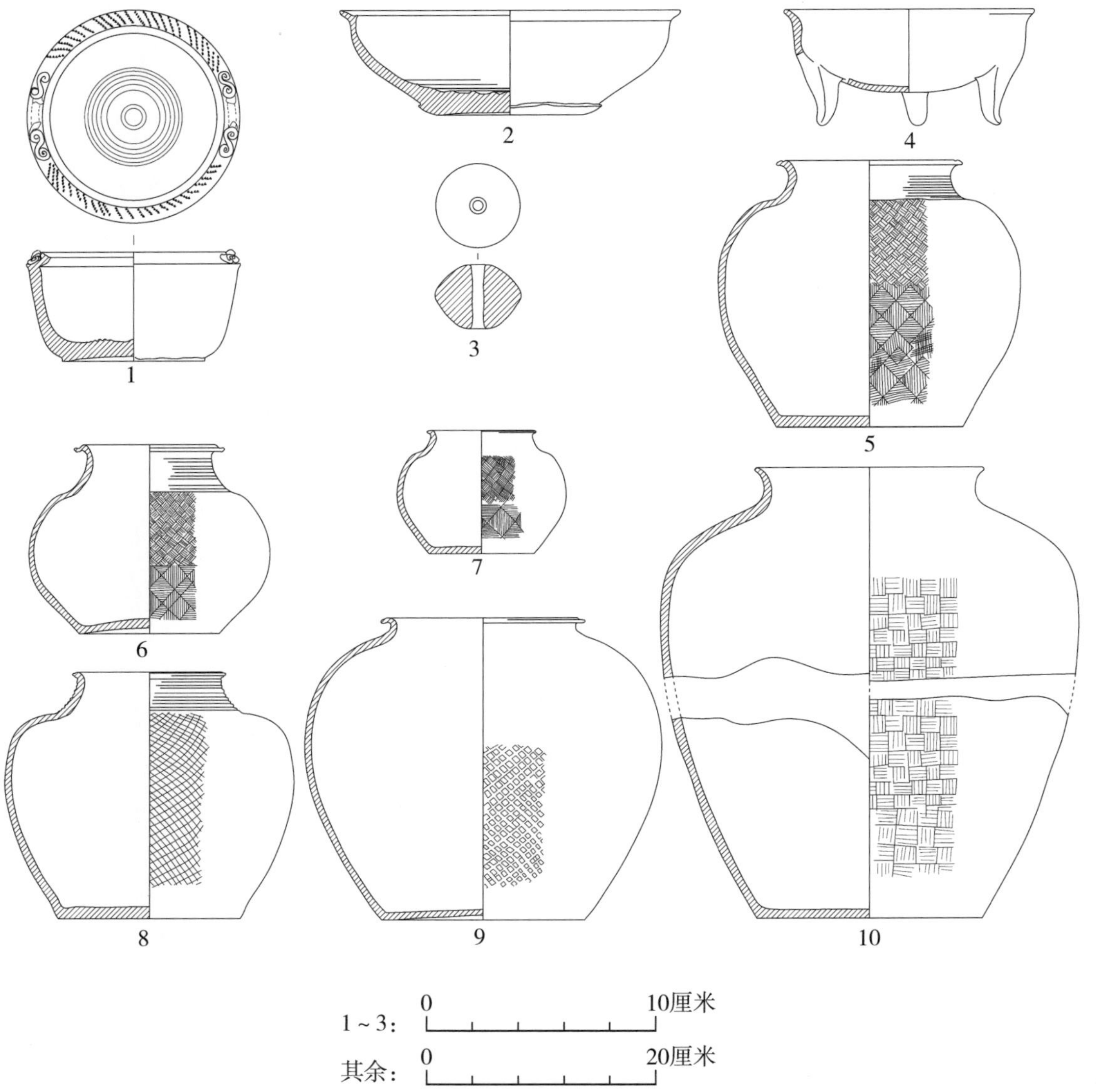

图一二　2009LWMSD1Q9、Q10、Q11出土器物

1．原始瓷盅（Q10：4）　2．原始瓷碗（Q11：3）　3．纺轮（Q10：5）　4．夹砂红陶鼎（Q10：1）
5～8．印纹陶罐（Q10：3、Q9：3、Q9：2、Q11：4）　9、10．泥质灰陶罐（Q11：2、Q11：1）

颈，短领，肩部稍平，弧腹，平底。

8．2009LWMSD1Q10

Q10位于Q9东侧，器物大致呈190°方向摆放，朝向墩子中心（图一三；彩版七四：2）。位置稍低于Q9，器物底部位于原始山体上。Q10共出土5件器物，均为陶瓷器，

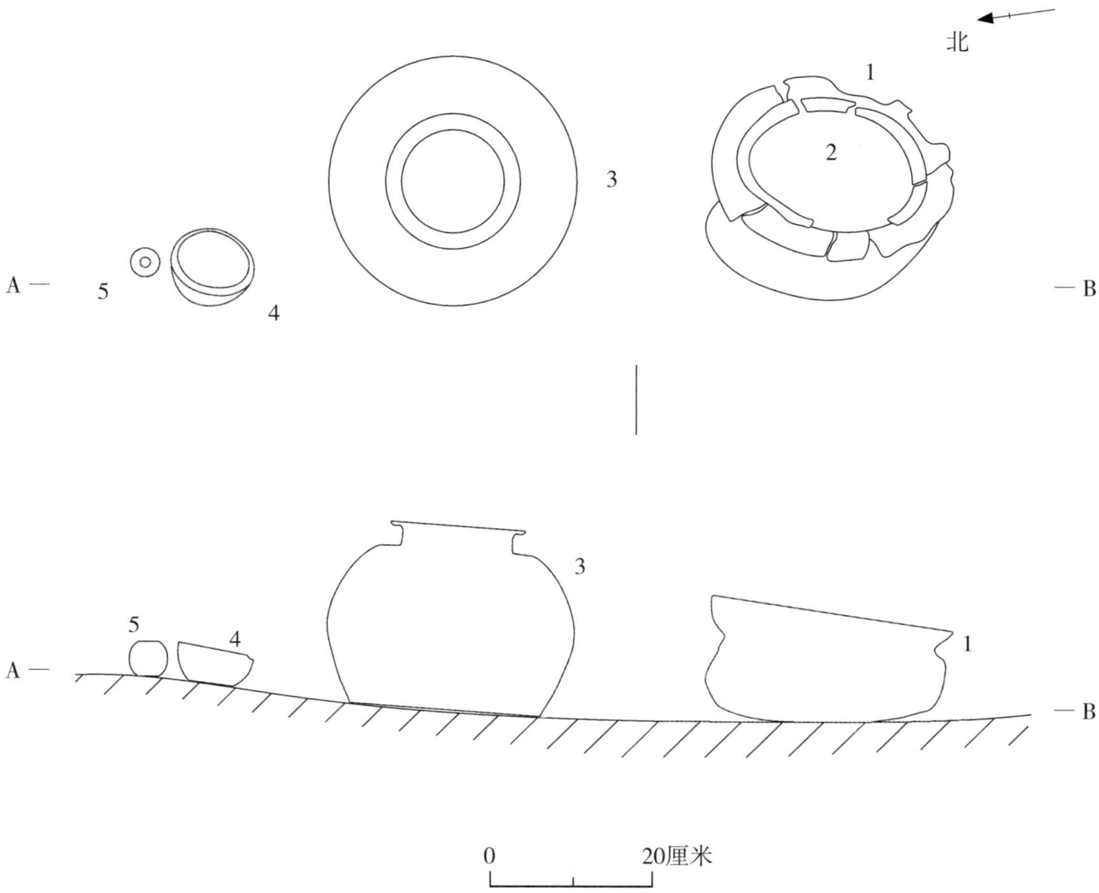

图一三 2009LWMSD1Q10平、剖面图
1. 红陶鼎 2. 红陶釜 3. 硬陶罐 4. 原始瓷盅 5. 纺轮

陶质有夹砂红陶、硬陶、原始瓷等。

夹砂红陶

鼎 1件（2009LWMSD1Q10：1）。侈口，盆形圜底，腹底处承三扁嘴形外撇足，底部有烟炱，素面。口径21.8、高10.2厘米（图一二：4；彩版七三：6）。

釜 1件（2009LWMSD1Q10：2）。残缺严重，无法修复。敞口，宽折沿，束颈，直弧腹，圜底。

印纹硬陶罐 1件（2009LWMSD1Q10：3）。侈口，尖圆唇，卷沿近平，沿面有凹槽一周，喇叭颈，短领，溜肩，圆鼓腹，平底，最大径位于腹中部。颈部施弦纹数周，肩、上腹部饰席纹，下腹饰菱形填线纹不及底。口径16.2、底径16.5、高23.4厘米（图一二：5；彩版七六：1）。

原始瓷盅 1件（2009LWMSD1Q10：4）。敞口，沿面有一周凸棱，斜肩，肩部贴塑“S”形钮，肩上戳点纹，斜直弧腹，平底微凹，内底部有密集旋痕，素面。灰白胎，青褐色釉，釉大部分已脱落。口径8、底径6、高4.8厘米（图一二：1；彩版七六：2）。

纺轮 1件（2009LWMSD1Q10：5）。算珠形，中穿一圆孔，素面。直径3.7、孔径0.45、厚2.8厘米（图一二：3；彩版七六：3）

9．2009LWMSD1Q11

Q11位于Q10东侧，位置稍低于Q9和Q10，器物摆放呈155°方向朝向墩子中心，器物底部位于原始山体上（图一四；彩版七五：1）。该组器物群共4件，其中泥质灰陶罐2件，原始瓷碗1件，硬陶罐1件。Q9、Q10、Q11三组器物虽先后出土，但位置靠近，方向大致相同，而且底部都位于一个平面上，因此推测它们为同时埋入，亦不排除它们同属一个遗迹单位，但附近并没发现墓坑等，为谨慎起见暂定为三组器物群。

泥质陶

罐 2件。2009LWMSD1Q11：1，泥质灰陶，侈口，卷沿，束颈，弧肩，弧腹，平底。轮制，器腹饰席纹。口径20、底径20、高39.6厘米（图一二：10）。2009LWMSD1Q11：2，泥质灰陶，侈口，尖唇，卷沿，沿面有一周凹槽，束颈，无领，溜肩，上腹圆鼓，下腹弧收，最大腹径位于器身上部，平底内凹。轮制，中、下腹饰方格纹。口径17.8、底径18、高26.6厘米（图一二：9；彩版七六：5）。

硬陶罐 1件（2009LWMSD1Q11：4）。红褐胎，器型规整。侈口，尖唇，卷沿外翻，束颈，喇叭领，肩部平缓，上腹圆鼓，下腹弧收，平底。内腹有泥条盘痕和刮捏痕，肩、腹部满饰细方格纹，盘制加轮制。口径13.2、底径15.8、高21.8厘米（图一二：8；彩版七六：6）。

原始瓷碗 1件（2009LWMSD1Q11：3）。直口微侈，尖唇，平折沿，折沿面略向下凹，浅弧腹，平底微凹，内底有旋痕。轮制，素面，灰白胎，青褐色釉。口径15、底径8.1、高4.5厘米（图一二：2；彩版七六：4）。

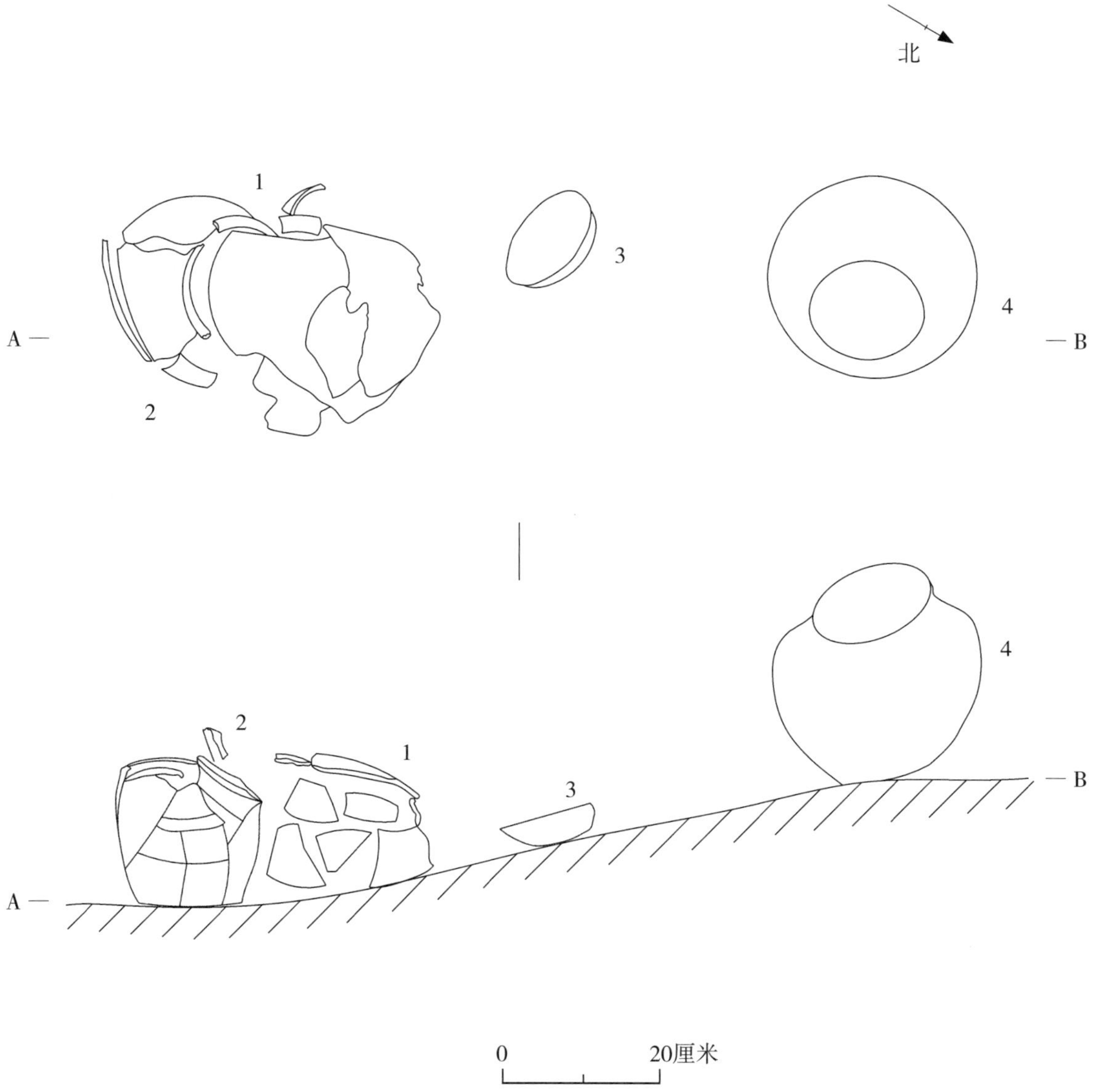

图一四　2009LWMSD1Q11平、剖面图

1、2. 泥质灰陶罐　3. 原始瓷碗　4. 硬陶罐

（二）墓葬

在 2009LWMSD1 的发掘中，共发现并清理墓葬 4 座，其中 M4 为主墓，M1 ~ M3 为围绕 M4 后期葬入的，现分述如下。

1．2009LWMSD1M1

M1 位于土墩东南部分，是一座土坑竖穴墓，墓坑方向 118°，墓坑顶端少部分打破

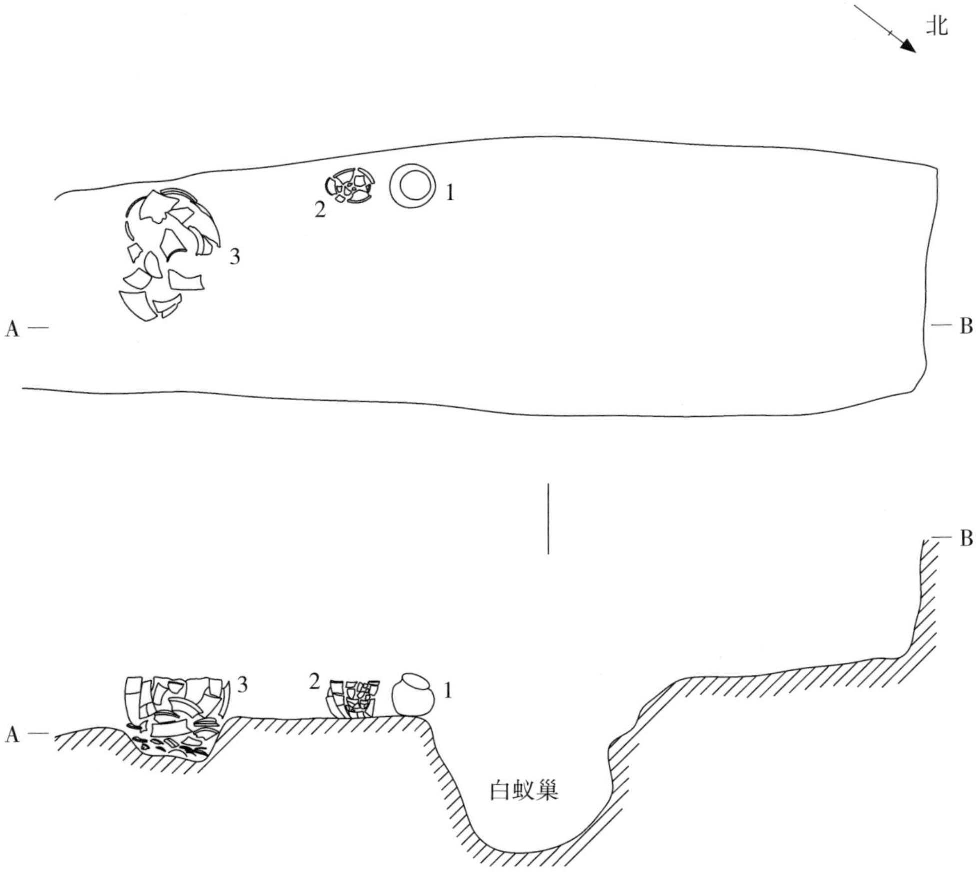

图一五　2009LWMSD1M1平、剖面图

1. 硬陶瓿　2. 红陶鼎　3. 硬陶坛

M4 石棺床（图一五；彩版七五：2）。墓坑亦开口于③层下的原始山体上，直接开挖于原始山体的风化层，因此墓坑形状和墓壁都不甚规则，平面形状为不规则长方形，且依山势向下倾斜，墓坑底端基本与地表相接，整个墓坑呈簸箕状。墓坑长 320、宽 70～100、深 0～44 厘米。墓坑内填土灰褐色，且含大量的砂石颗粒，当为挖坑后的土随即填入，因墓底透水性较差，所以填土比较潮湿。墓底部上高下底，向下倾斜，墓底中部有一较大的白蚁巢位，在墓底内形成一个深坑。随葬品位于墓壁一侧，其中一件形体高大的硬陶坛位于墓坑前端，该器物下面为一坑，推测为放置器物而有意挖成。

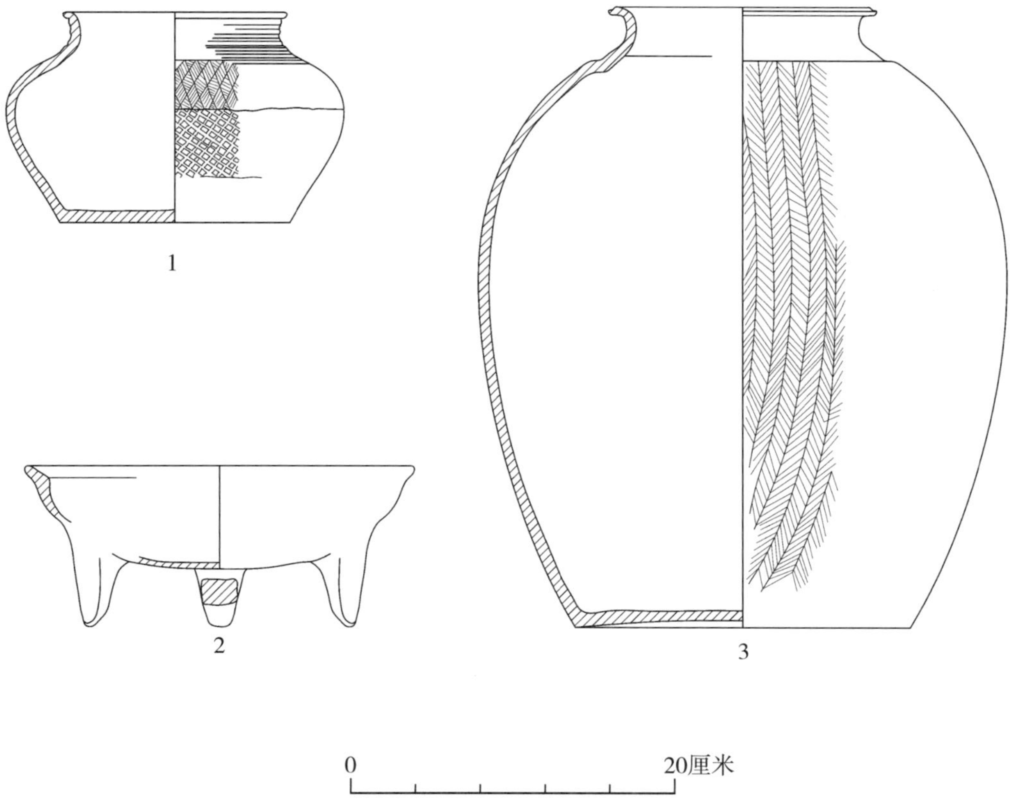

图一六　2009LWMSD1M1出土器物

1. 硬陶瓿（M1：1）　2. 夹砂红陶鼎（M1：2）　3. 硬陶坛（M1：3）

随葬品共3件，其中硬陶瓿、坛各1件，夹砂红陶鼎1件。

瓿　1件（2009LWMSD1M1：1）。硬陶，侈口，尖圆唇，卷沿，矮喇叭领，束颈，溜肩，扁鼓腹，平底，最大径位于腹上部。颈、领处设弦纹数周，上腹部满饰席纹，中、下腹部为方格纹。内腹壁有手刮、捏的痕迹，泥条盘制加轮制。口径14、底径14.4、高13厘米（图一六：1；彩版七八：1）。

坛　1件（2009LWMSD1M1：3）。硬陶，侈口，尖唇，卷沿，沿面有凹槽一周，束颈，短领，斜弧肩，深长腹，最大径位于腹上部，大平底。腹部满饰叶脉纹不及底。口径16.4、底径20.8、高38.6厘米（图一六：3）。

鼎　1件（2009LWMSD1M1：2）。夹砂红陶，侈口微敞，圆唇，折沿，束颈，浅弧腹，圜底，底腹处下乘三方柱形锥足。口径24.2、通高10厘米（图一六：2）。

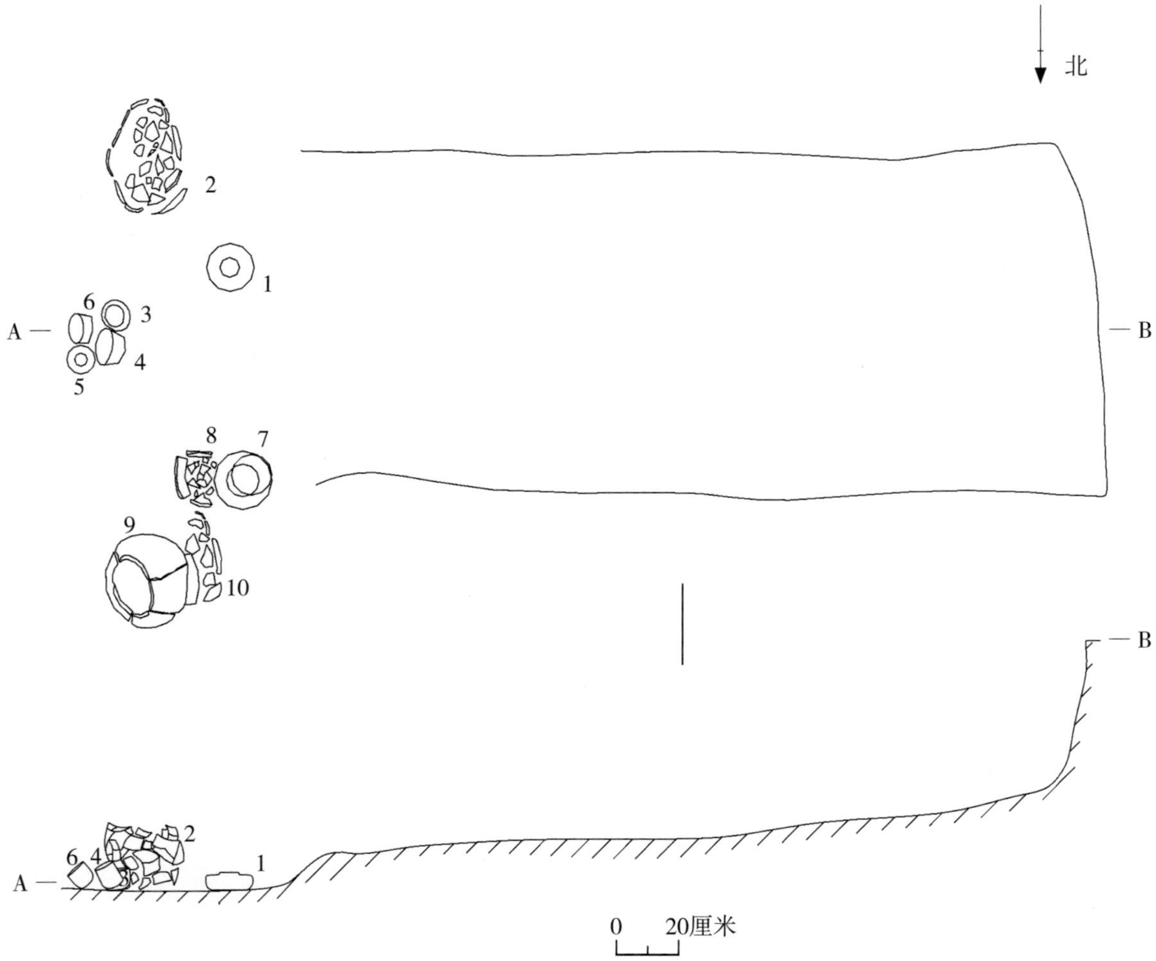

图一七　2009LWMSD1M2平、剖面图

1、2、10. 泥质红陶罐　3～6. 原始瓷盅　7、9. 硬陶罐　8. 夹砂红陶釜

2．2009LWMSD1M2

M2位于墩子正东部，东西向（图一七；彩版七七:1）。墓坑开口于③层下原山体的风化层，墓坑长方形，向下倾斜呈簸箕形，长250、宽105、深0～49厘米。墓坑内没有随葬品，墓坑下端有一块被整理平整的区域，与墓底相平，一组器物位于平台上。因①层下就发现了器物，而墓坑这时还没有出现，因此把这组器物认为是器物群，并编号为2009LWMSD1Q4，最后觉得把这组器物归属为M2的随葬品更合适，因此取消了原来的编号。

随葬品共10件，主要为泥质灰陶罐、泥质红陶盆、原始瓷盅、硬陶罐、夹砂红陶釜等。

泥质陶

罐　3件。2009LWMSD1M2∶1，泥质红陶罐，直口微敞，尖唇，高领，平弧肩，肩部饰一对扁拱系，球形腹，腹部有凸棱三周，平底，底下承三矮乳丁足。口径7.1、底径10.8、高12厘米（图一八∶5；彩版七八∶1）。2009LWMSD1M2∶2，泥质红陶，侈口，卷沿，束颈，斜弧肩，弧腹，平底。腹部饰模糊席纹。口径20、底径21.6、复原高度24厘米（图一八∶7）。2009LWMSD1M2∶10，泥质红陶，因器体较薄，且被树根缠绕靠近地表，所以残缺严重，仅能大致辨出器型。

夹砂红陶釜　1件（2009LWMSD1M2∶8）。靠近地表残缺严重，根据少量腹片勉强辨别出器型。

印纹硬陶

罐　2件。2009LWMSD1M2∶7，灰胎，侈口，尖唇，卷沿，短领束颈，斜折肩，弧腹，平底。颈、肩部施凸弦纹两周，肩、腹部满饰方格纹不及底。泥条盘制加轮制，内腹壁有手刮、捏的痕迹，器表纹饰拍印清晰，整体器型规整。口径12.6、底径12.8、高17厘米（图一八∶6；彩版七八∶5）。2009LWMSD1M2∶9，红胎，侈口，方唇，卷沿，短领束颈，弧肩，弧鼓腹，平底，最大径位于腹上部。颈、肩部施弦纹数周，肩、上腹部为席纹，中、下腹施菱形填线纹不及底。口径19、底径18、高27.6厘米（图一八∶8；彩版七八∶6）。

原始瓷盅　4件。均为敞口，尖唇，斜直壁，下腹近底处折收，平底，器内腹壁及底有旋痕，轮制，素面。灰白胎，青灰釉。2009LWMSD1M2∶3，口径12.6、底径5.8、高6.7厘米（图一八∶4；彩版七八∶4）。2009LWMSD1M2∶4，口径13.2、底径5.8、高6.4厘米（图一八∶1）。2009LWMSD1M2∶5，口径12.6、底径5.6、高6.7厘米（图一八∶3）。2009LWMSD1M2∶6，口径12.8、底径5.3、高6.7厘米（图一八∶2；彩版七八∶3）。

3．2009LWMSD1M3

M3位于土墩东北部，也是一座土坑竖穴墓，墓坑方向40°（图一九；彩版七七∶2）。墓坑开口于③层下，直接开挖在倾斜的山体上，因此墓坑也是倾斜的，呈簸箕形，墓底坡度较缓，尾端与山体自然相接。墓坑为不规则长方形，长276、宽92、深0～30厘米。墓坑内填土灰褐色，含大量的砂石颗粒，比较潮湿。随葬品位于墓坑内一侧，靠近尾端

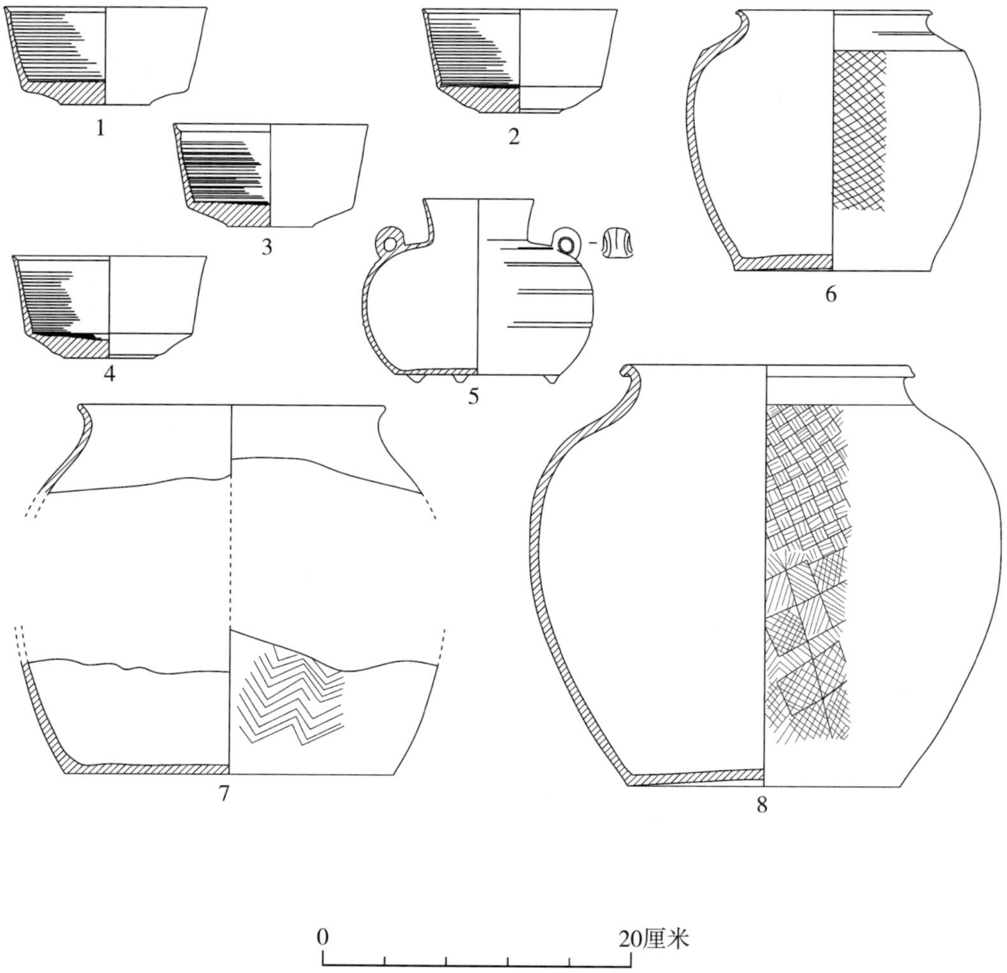

图一八　2009LWMSD1M2出土器物

1～4. 原始瓷盅（M2：4、M2：6、M2：5、M2：3）　5、7. 泥质红陶罐（M2：1、M2：2）
6、8. 印纹陶罐（M2：7、M2：9）

墓壁，摆放整齐，放置在倾斜的墓底，因此器物也呈向下倾斜状态。因墓坑为倾斜形而且较浅，随葬器物较高，且位于墓葬的下坡处，靠近墩子边缘，因此发掘时表土层下面就发现随葬器物，当时把这组器物暂定为 Q3，最后确定 Q3 为 M1 的随葬品，取消先前编号。

随葬品共 10 件，主要为灰陶罐、石箭镞、夹砂红陶釜、原始瓷碗、夹砂红陶鼎、硬陶罐等，下面按陶质不同分别介绍。

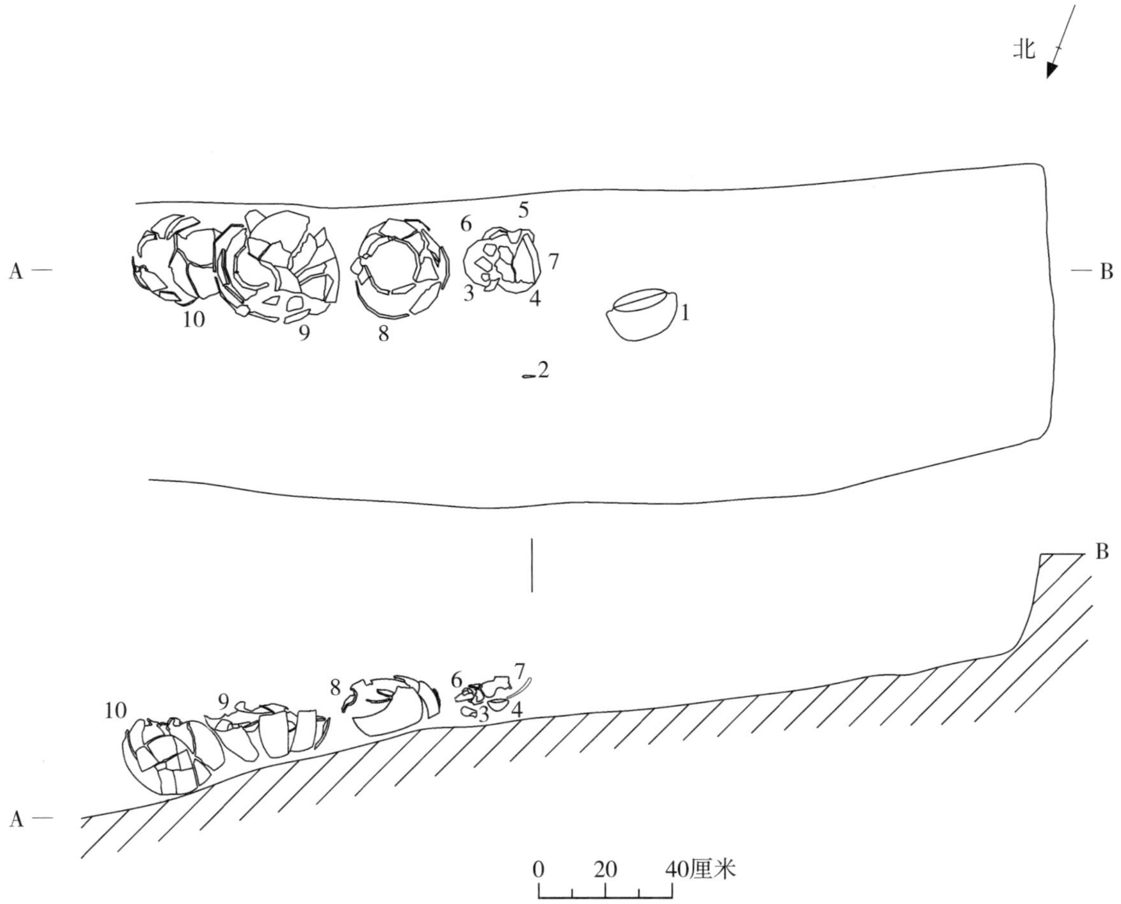

图一九 2009LWMSD1M3平、剖面图

1. 灰陶罐 2. 石箭镞 3. 甑 4~6. 碗 7. 红陶鼎 8~10. 硬陶罐

印纹硬陶

罐 3件。2009LWMSD1M3：8，侈口，尖唇，卷沿，短领束颈，微鼓肩，深弧腹，平底微凹。领、颈部施弦纹数周，肩及上腹部施指半月加双竖纹，下腹饰方格纹，不及底。口径15.8、底径16、高24.4厘米（图二〇：9；彩版八〇：1）。2009LWMSD1M3：9，侈口，尖唇，卷沿，短领束颈，溜肩，深弧鼓腹，平底微凹。领、颈部施弦纹数周，肩及上腹部施水波纹，中、下腹部为菱形填线纹。轮制加泥条盘制，腹内壁有手刮、捏的痕迹。口径15.8、底径18、高29厘米（图二〇：10；彩版八〇：2）。2009LWMSD1M3：10，侈口，尖圆唇，卷沿，沿面近平，有一周凹槽，矮领束颈，肩微耸，圆鼓腹下收，平底微凹、上

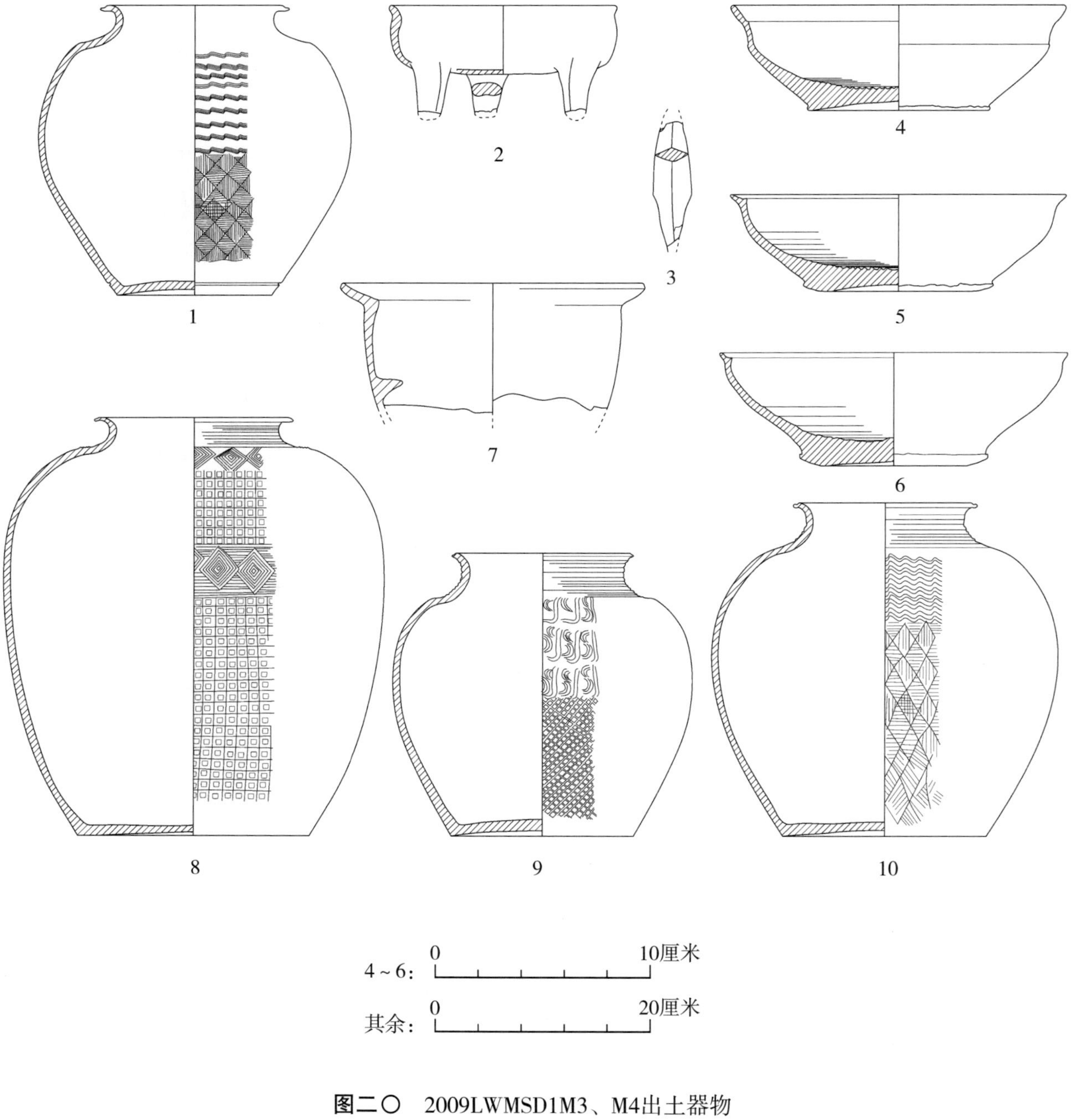

图二〇　2009LWMSD1M3、M4出土器物

1、9、10. 硬陶罐（M3：10、8、9）　2. 红陶鼎（M3：7）　3. 石箭簇（M3：2）
4、5、6. 原始瓷碗（M3：5、4、6）　7. 红陶甑（M3：3）　8. 硬陶坛（M4：16）

腹部施水波纹，中、下腹部为菱形填线纹不及底，腹壁有手抹、捏的痕迹。口径16.4、底径13.4、高24.8厘米（图二〇：1；彩版八〇：3）。

夹砂红陶

鼎 1件（2009LWMSD1M3：7）。侈口，圆唇，卷沿，盆形腹，圜底近平，底腹处下承三扁舌足。手制，素面。口径19.8、通高9.2厘米（图二〇：2；彩版八〇：4）。

甑 1件（2009LWMSD1M3：3）。敞口，圆唇，宽折沿，束颈，深直弧腹，圜底，器内壁附3个半月形支架。口径26.4、复原高16厘米（图二〇：7）。

泥质灰陶罐 1件（2009LWMSD1M3：1）。残缺严重，无法复原。

原始瓷碗 3件。2009LWMSD1M3：4，敞口，尖圆唇，折沿，沿面内凹，平底，假矮圈足，内底有旋痕，轮制，素面。灰白胎，未施釉。口径14.4、底径8.1、高4.2厘米（图二〇：5；彩版八〇：5）。2009LWMSD1M3：5，敞口，尖圆唇，折腹，上腹有凸棱一周，平底微凹，内底有旋痕，内腹有凸弦纹一周，轮制，素面。红褐胎，青灰釉。口径14.5、底径8、高4.5厘米（图二〇：4；彩版八〇：6）。2009LWMSD1M3：6，敞口，尖唇，折沿，沿面内凹，弧腹下收，平底微凹，假矮圈足。内底有旋痕和烧制时形成的气泡，轮制，素面。灰白胎，青灰色釉。口径15、底径8.2、高4.9厘米（图二〇：6；彩版八一：1）。

石箭镞 1件（2009LWMSD1M3：2）。柳叶形，中间有脊，截面为菱形，两面刃，尖部和铤都部分残断，残长5.2厘米（图二〇：3）。

4．2009LWMSD1M4

M4位于墩子中心，是一座带石棺床的平地掩埋墓葬（图二一；彩版七九：1）。墓葬范围为一长7.6、宽5.2米的不规则形，表面较平整。一侧为石棺床，发现于③层下，石棺床用大小不一的天然石块铺设为不规则长方形，表面坑洼不平，南北长6.6、东西宽2.07米，中间略高两侧略低。其余地方为黑灰色夹有大量石块的垫土，与墩子周围山体相接，在中心形成一个相对平整的区域，随葬品基本都位于石棺床和黑灰色垫土上，两个盗洞位于墓葬范围内。墓葬底部为西高东低的原始山体。

随葬品残剩18件，大致东西两排摆放，部分位于石棺床上面，部分摆在垫土上，下面分别介绍。

印纹硬陶

坛 1件（2009LWMSD1M4：16）。侈口，尖唇，卷沿近平，短领束颈，平弧肩微耸，深弧鼓腹下收，平底微凹。颈部饰弦纹数周，肩部施弦纹加套菱纹，腹部为回纹和弦纹加套菱纹，轮制加泥条盘制，腹壁有手抹、捏的痕迹。口径17.2、底径20、高36.4厘米（图

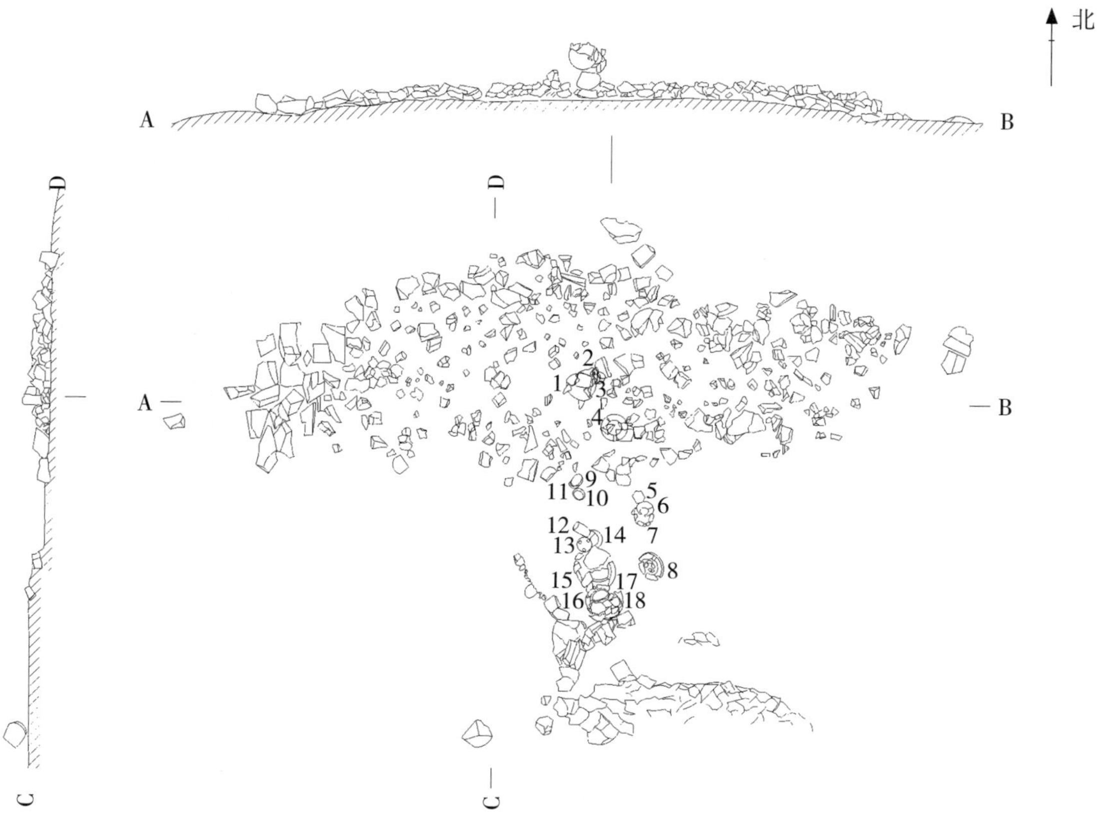

图二一　2009LWMSD1M4平、剖面图

1. 夹砂红陶鼎　2、3. 原始瓷豆　4. 灰陶盆　5、6. 硬陶罐　7. 泥质红陶罐　8. 泥质灰陶盆　9、10. 原始瓷盂　11. 原始瓷豆　12. 直筒杯　13、14. 泥质红陶鼎　15. 夹砂红陶釜　16. 硬陶坛　17、18. 原始瓷豆

二〇: 8；彩版七九: 3)。

罐　1件（2009LWMSD1M4 : 5)。侈口，尖圆唇，卷沿，高领束颈，溜肩，上腹圆鼓，下腹弧收，平底微凹，器型小巧，烧制变形。颈部施弦纹数周，腹部满布折线纹不及底。口径8.6、底径9、高10厘米（图二二: 2；彩版八一: 2)

瓿　1件（2009LWMSD1M4 : 6)。侈口，尖唇，卷沿，短领束颈，弧肩较平，直弧腹，大平底微凹，颈部施弦纹数周，肩腹部满施折线纹，不及底。口径7.2、底径12.6、高8.8厘米（图二二: 14；彩版八一: 3)。

夹砂红陶

鼎　3件。2009LWMSD1M4 : 1，侈口，方圆唇，卷沿外翻，深盆形腹，圜底，底

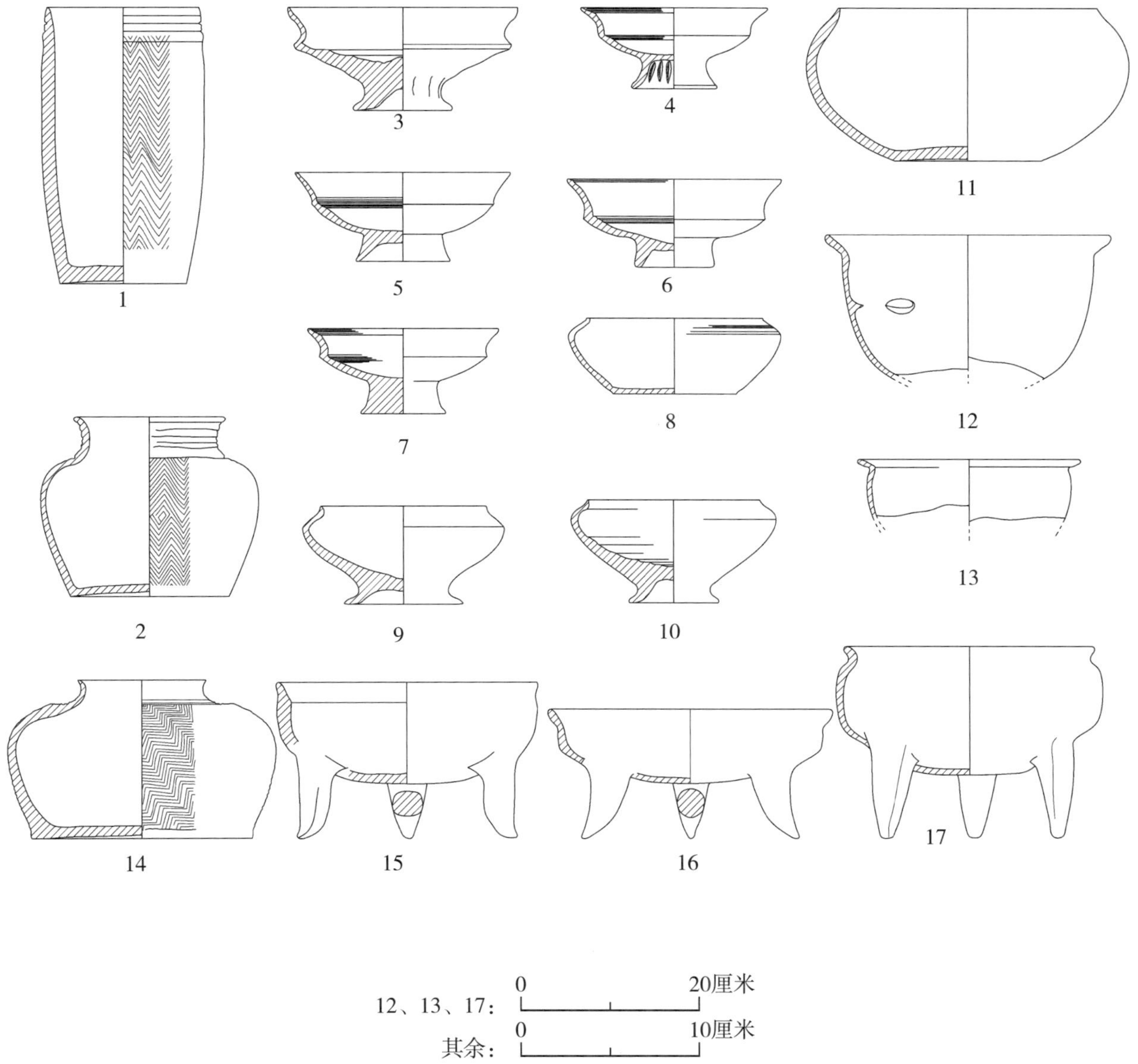

图二二　2009LMMSD1M4出土器物

1. 灰陶杯（M4：12）　2. 印纹陶罐（M4：5）　3～7. 原始瓷豆（M4：11、M4：18、M4：3、M4：2、M4：17）
8. 泥质灰陶钵（M4：4）　9、10. 原始瓷盂（M4：9、M4：10）　11. 红陶钵（M4：7）　12. 夹砂红陶甑（M4：15）
13. 釜（M4：8）　14. 瓿（M4：6）　15～17. 鼎（M4：14、M4：13、M4：1）

部承三扁圆锥足，足稍外撇，素面，底部有烟炱。口径28.4、通高21.4厘米（图二二：17；彩版八一：4）。2009LWMSD1M4：13，侈口，圆唇，浅盘形腹，圜底近平，底部承三舌形扁足，素面。口径15.9、通高7.3厘米（图二二：16，彩版八一：5）。2009LWMSD1M4：14，侈口，圆唇，盆形腹，圜底，底腹处承三舌形扁足，素面。口径14.8、通高8.7厘米（图二二：15；彩版八一：6）。

甗 1件（2009LWMSD1M4：15）。敞口，方唇，折沿，束颈，盆形腹，圜底。器内壁附三半月形支点。口径32、复原高22厘米（图二二：12）

釜 1件（2009LWMSD1M4：8）。侈口外敞，宽折沿，束颈，盆形腹，圜底。口径24.8、复原高12.8厘米（图二二：13）。

泥质陶

钵 2件。2009LWMSD1M4：4，黑皮陶，敛口，方唇，折腹，下腹弧收至底，平底，上腹施弦纹数周。口径20、底径14、高8.5厘米（图二二：8；彩版八二：1）。2009LWMSD1M4：7，泥质红陶，敛口，圆唇，扁鼓腹，平底微凹，素面。口径14.6、底径8.5、高8.6厘米（图二二：11；彩版八二：2）。

杯 1件（2009LWMSD1M4：12）。直口，筒形壁，平底，器身上部有弦纹数周，其余满布折线纹不及底。口径8.6、底径7.2、高15.6厘米（图二二：1；彩版八二：3）。

原始瓷

豆 5件。器型相同均为敞口，尖唇，浅盘，折腹，圈足，豆盘内壁折腹处有数周弦纹，素面。灰白胎，青褐色釉。2009LWMSD1M4：2，口径12、底径4.5、高5厘米（图二二：6）。2009LWMSD1M4：3，口径12.2、底径5.3、高5厘米（图二二：5；彩版八二：4）。2009LWMSD1M4：11，口径12.8、底径5.6、高5.8厘米（图二二：3；彩版八二：5）。2009LWMSD1M4：17，口径10.8、底径5.4、高4.8厘米（图二二：7）。2009LWMSD1M4：18，口径10.6、底径4.9、高4.5厘米（图二二：4；彩版八二：6）。

盂 2件。2009LWMSD1M4：9，敛口，尖唇，斜肩，折腹弧收，圈足，素面。灰白胎，茶叶末釉。口径9.4、底径6.7、高5.5厘米（图二二：9；彩版七九：2），2009LWMSD1M4：10，敛口，尖唇，折腹弧收，矮圈足，素面。灰白胎，青褐色釉。口径9.8、高5.8厘米（图二二：10）。

结　语

通过对庙山土墩墓的发掘，发现了9处器物群和4座墓葬，从其层位关系上看2009LWMSD1M4位于最下层，其时代最早，M1、M2、M3围绕在M4棺床周围，呈放射状分布，其墓坑都少量的打破石棺床，因此从时代上讲要晚于M4。9处器物群也位于不同的层中，依据器物底部位于的层次上看，Q1、Q2、Q9、Q10、Q11的器物都直接放置在原始山体上，且位置靠近M4，从理论上讲这5处器物群与M4有一定的从属关系，器物放置的时间比M4下葬的时间稍晚，但相差不会很久远，时代上应相同或比较接近。而其他4处器物群基本上都位于原山体坡度较陡，后期堆积最厚的东南部分，器物底部所处的层位晚于其他，所以这4处器物群在时代上应当是最晚的。

从发掘出土器物的来看，基本都为炊器、盛器和食器，不见生产工具等，属于土墩墓常见的器物组合，器物特征与邹厚本先生在《江苏南部土墩墓》一文中第二、三期描述的特征吻合。出土的盆形鼎一般较矮，器腹浅，口沿多为折沿；硬陶罐、坛口沿多为卷沿近平，肩部基本为圆肩或溜肩，少见早期的耸肩和晚期的折肩，最大腹径位于中上部；M4出土的原始瓷豆分两种，一为敞口、折腹、圈足，一为敛口，折腹，圈足，两种类型的圈足介于高矮之间，比较符合第二期陶豆的特征。从器物纹饰上看，纹饰组合以席纹、方格纹、菱形填线纹等组合纹饰为主，另有少量的第三期才出现的波浪纹，总体符合第二、三期的纹饰特征。因此，庙山土墩墓的时代为春秋早中期，少量器物具有西周晚期的风格，比如中心主墓M4的部分器物时代明显偏早。

M4位于墩子中心区域，为一处带石棺床的平地起封的墓葬，其他三座墓葬形制相同，规格一致，呈放射状分布于M4周围，可以表明M4为庙山土墩墓中心主墓，而其他三座墓葬则处于附属的地位。这种围绕中心主墓呈放射状分布的墓葬特征在以前的发掘中也多次出现，其反应的是一种特殊的文化现象。

庙山土墩墓直接修筑于山脊之上，修建以前并未对山体进行修整，而直接依山势而建，不同于其他地区土墩墓修整、构建基础后再建的特殊埋葬风俗。中心主墓的石棺床一方面是出于丧葬文化方面考虑，另一方面也具有实际用途，石棺床抬高了东面较低的山体，使墓葬区域形成一个较为平坦的地方，防止尸体和随葬品滚落。M1、M2、M3的浅坑也是直接开挖在坡度较大的山体上，其用途是为了降低山体坡度，从而比较容易的安置尸体和随葬品，而非为当地固有的墓葬挖坑传统。总之，庙山土墩墓具有比较特殊的特点，一方面是受当地文化的影响，一方面也是适应自然的一种需要。它的发掘为溧阳地区古代历史文化的研究增添了新的资料，对于研究西周晚期以来溧阳地区先民的社会、经济、生活方式，以及丧葬习俗具有重要的意义，同时为江南土墩墓的研究提供了新的资料。

领　队：林留根

参加发掘人员：王书敏　李永军　居法荣

摄　影：李永军　居法荣

绘　图：李永军　居法荣

执　笔：李永军

门口田土墩墓D1发掘报告

镇江博物馆

一 概 况

门口田土墩墓 D1（编号 2009LWMKD1）位于江苏溧阳天目湖区吴村大队桃园村农田内，墩子中心地理坐标为东经 119° 23.477′、北纬 31° 14.575′，海拔高度约 22 米（图一）。2005 年南京博物院考古研究所负责对溧阳抽水蓄能电站建设征地范围内的文物点进行考古调查、勘探时发现，因常年耕种或其他原因，墩子被破坏严重，原始外形已难以判断，仅残剩一个长 9 米，宽 2～4 米顶部呈弧形的陇埂，距离地表最高处 2.2 米（图二；彩版八三：1）。

2009 年 12 月 18 日至 2010 年 1 月 15 日，镇江博物馆考古队对该墩进行了发掘。参加发掘的工作人员有南京博物院考古所林留根（项目总领队），镇江博物馆王书敏（项目领队）、李永军、居法荣。2010 年 2 月至 3 月，对门口田土墩墓的发掘资料进行了整理。参加整理的人员有镇江博物馆李永军、居法荣，技工吕亚怀、刘晓红。

二 工作方法

该墩被破坏严重，所剩无几，难以采用传统的四分法进行发掘，所以根据土墩保留的现状把东西向断面铲出，根据土质土色划分堆积层次，并编号、拍照、绘图。然后从上到下按

图一　溧阳抽水蓄能电站文物点分布示意图

照之前划分好的层次逐层下挖，注意遗迹、遗物的发现与出土，并随时进行文字、绘图、照相记录，保证考古发掘资料的完整性和科学性。根据土墩墓的特殊性，特别注重在下一层表面和地层中刮铲平面，判断是否有遗迹现象。处理完所有遗迹后，发掘范围内全部到生土后结束。

三　地层堆积及包含物

根据土质土色及地层出土的包含物，2009LWMKD1 的地层共可分为四层，以东西向断面南壁为例，分述如下（图二；彩版八三：2）。

第①层：表土层，土质松软，灰褐色，含大量植物腐殖物。厚 20～28 厘米。

第②层：黄土，土质松软，含有少量的砂石颗粒，较纯净。厚 54～110 厘米。

第③层：灰白土，土质紧密，含较多的砂石颗粒，干燥时坚硬，潮湿时稍松软，土色稍发黄。含物较少，偶见印纹硬陶片。厚 80～140 厘米。在该层中开始出现器物，虽经多

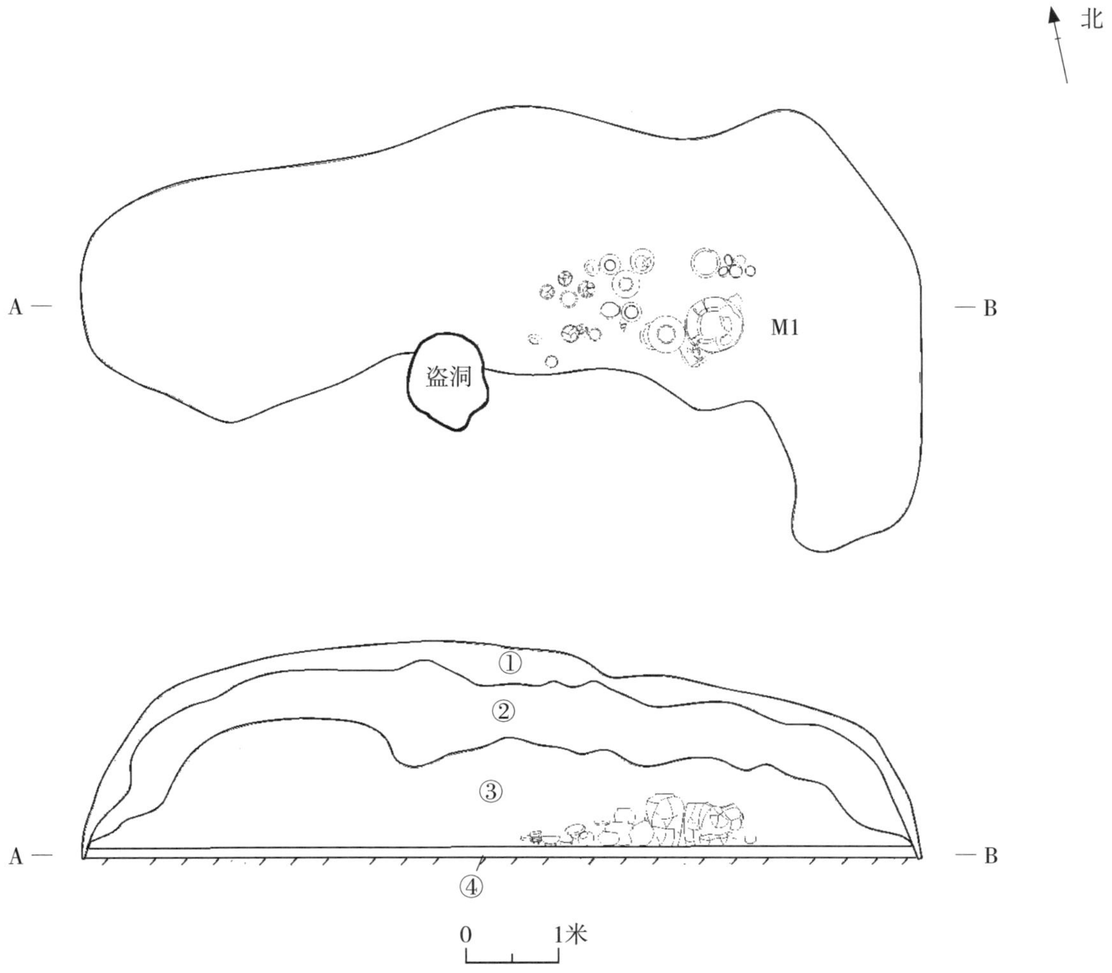

图二 2009LWMKD1平、剖面图

次刮铲平面但都未在器物周围发现墓坑，直至最后所有器物全部清理出来都没有发现，但这些器物摆放规则，大致呈东西向分两排排列，而且数量较多，器物底部基本都处在同一层上，因此暂判断为墓葬，编号为2009LWMKD1M1。

第④层：灰褐土，部分红褐色，土质较松软，纯净，含少量的草木灰屑，厚10厘米，其下即为红色生土。

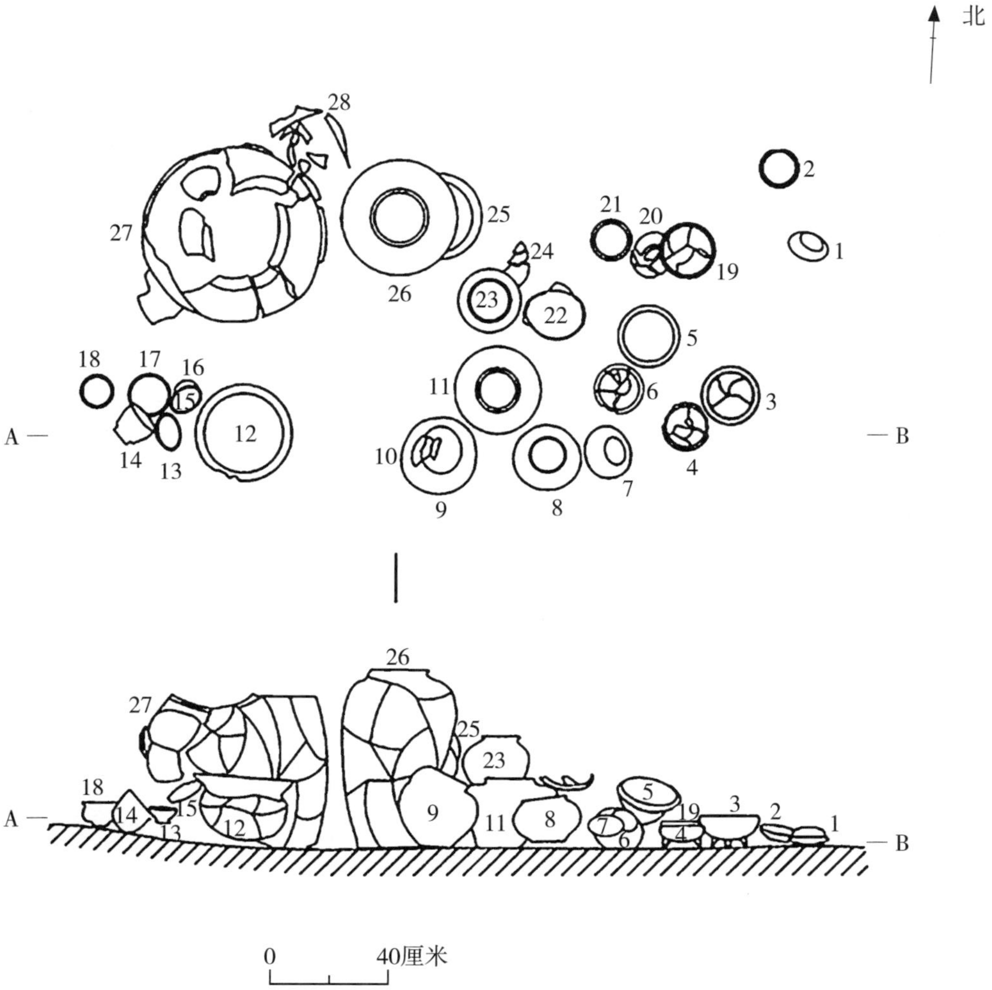

图三　2009LWMKD1M1平、剖面图

1、2、7、13～18、20、21. 原始瓷碗　3～5. 红陶三足盘　6、22. 泥质灰陶钵　8～9、23、27. 硬陶罐
10、25. 泥质灰陶盘（器盖）　11. 灰陶罐　12. 红陶釜　19、24. 灰陶盆　26. 红陶坛　28. 红陶罐

四　遗迹遗物

在2009LWLD1的发掘中没有发现带有墓坑，仅发现一组数量较多且排列规则的器物，根据土墩墓的性质，并参考以前发掘的土墩墓资料可以判断这组器物就是门口田土墩墓主墓中的随葬品。虽未见墓坑，应为墓葬，编号2009LWMKD1M1（图三；彩版八四：1）。

M1位于现存土墩的东南边缘，部分器物紧靠断面。出土器物均为陶瓷器，共28件，摆放规则，大致呈东西向两排排列，方向82°，器物范围长2.55、宽1.3米。器型以罐坛等容器和盘碗等盛食器为主，陶质以硬陶、泥质灰陶为主，另有少量夹砂红陶炊器，原始瓷均为豆、碗之类，现按陶质分述如下。

印纹硬陶5件，有瓿、罐、坛等。

瓿　1件（2009LWMKD1M1∶8）。侈口，尖圆唇，卷沿，束颈矮领，弧肩，矮鼓腹，最大径位于腹中部，平底。手制加轮制，内腹壁见有刮抹痕及泥条盘筑痕。颈肩处饰弦纹数周，肩腹部满饰席纹。口径13.2、底径14、高10.8厘米（图四∶11；彩版八四∶2）。

罐　3件。2009LWMKD1M1∶9，侈口，尖唇，卷沿，矮领，束颈，溜肩，弧鼓腹，最大径位于腹上部，平底。手制加轮制，内腹壁见有刮抹痕及泥条盘筑痕和烧制时形成的气泡，颈部饰弦纹数周，肩腹部满饰席纹不及底。口径14.8、底径16、高17.5厘米（图四∶13；彩版八四∶3）。2009LWMKD1M1∶23，侈口，尖唇，卷沿，束颈，短领，溜肩，弧鼓腹，最大径位于腹上部，平底内凹。泥条盘制加轮制，器内有手捏、刮抹痕迹，颈部饰弦纹数周，肩及上腹部饰席纹，中、下腹部饰菱形填线纹。口径13.7、底径14、高17.6厘米（图四∶10；彩版八七∶4）。2009LWMKD1M1∶27，直口微敛，尖圆唇，束颈，无领，圆肩，深鼓腹，平底微凹，肩部有一周凸棱，上腹部泥条贴塑两对称“U”形纽，上腹部饰席纹，下腹部菱形填线纹，不及底，泥条盘制加轮制。口径24.6、底径26、高35厘米（图四∶14；彩版八七∶3）。

坛　1件（2009LWMKD1M1∶26）。红陶，侈口，圆唇，卷沿，短颈微束，圆肩上耸，深腹，最大径位于腹上部，平底。颈部饰弦纹数周，肩部与上腹部饰席纹，中下腹饰菱形填线纹，泥条盘制加轮制。口径20、底径24、高43.4厘米（图四∶15；彩版八五∶1）。

泥质灰陶7件，器型主要为钵、罐、器盖等。

钵　3件。均为敛口，尖唇，鼓肩，斜直腹，平底，素面，轮制。2009LWMKD1M1∶6，口径16.2、底径11.4、高6厘米（图四∶1；彩版八五∶2）。2009LWMKD1M1∶10，口径14.8、底径10.6、高5.9厘米（图四∶3）。2009LWMKD1M1∶22，口径16.8、底径12.2、高6厘米（图四∶4；彩版八六∶6）。

器盖　2件。2009LWMKD1M1∶19，覆盘形，直口微敞，斜腹微折，顶平，顶部有一半圆形钮，轮制。口径18.1、顶径16.6、高4厘米（图四∶2；彩版八七∶5）。2009LWMKD1M1∶25，覆钵形，子母口，鼓肩，斜直腹，顶平，轮制。口径23.4、底径17.4、高7厘米（图四∶5；彩

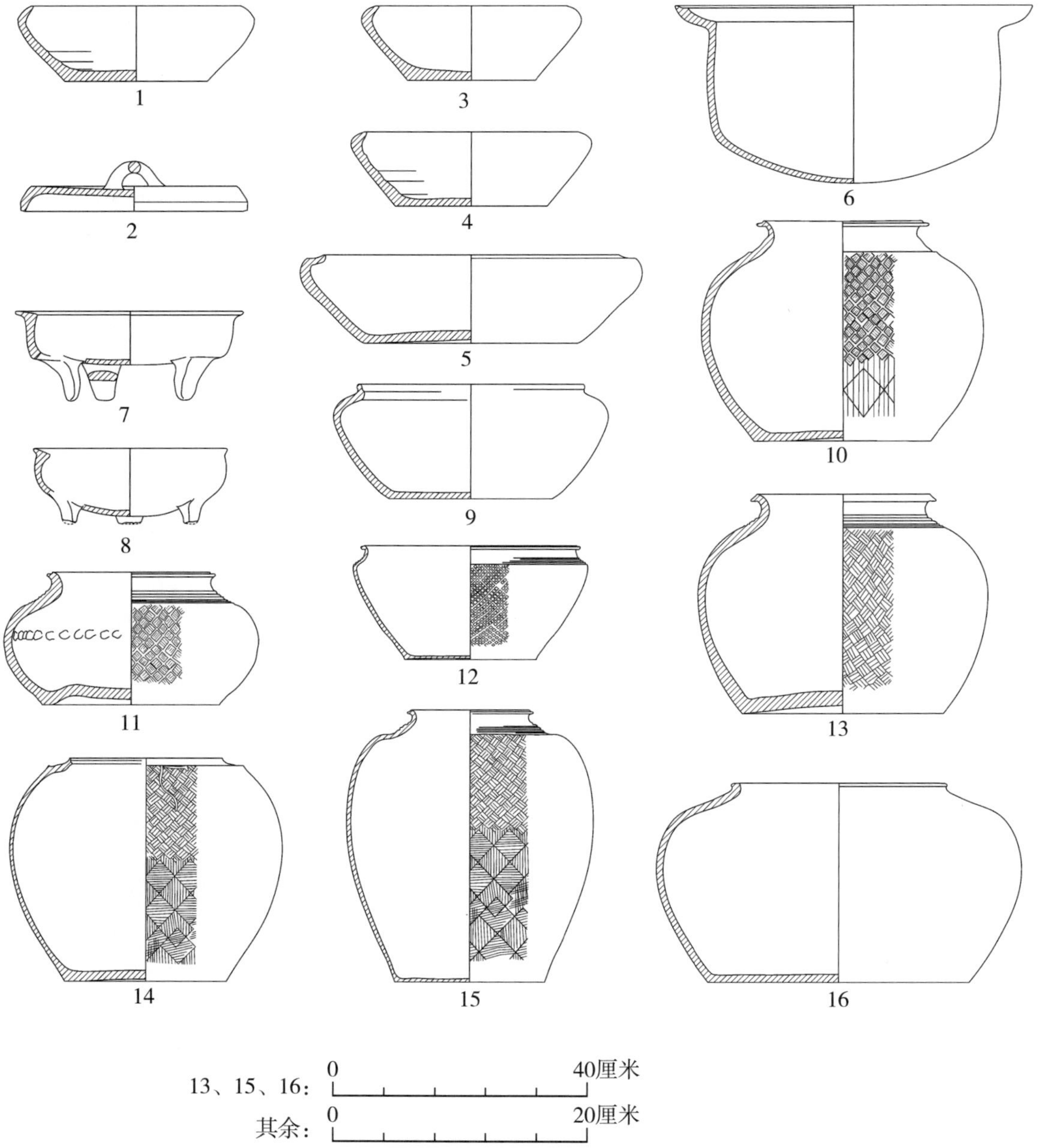

图四 2009LWMKD1M1出土陶器

1、3、4. 钵（M1：6、M1：10、M1：22） 2、5. 器盖（M1：19、M1：25） 6. 夹砂红陶釜（M1：12） 7、8. 夹砂红陶鼎（M1：5、M1：3） 9、16. 灰陶罐（M1：24、M1：11） 10、13、14. 印纹陶罐（M1：23、M1：9、M1：27） 11. 瓿（M1：8） 12. 泥质红陶罐（M1：28） 15. 印纹陶坛（M1：26）

版八七: 6)。

罐　2件。2009LWMKD1M1 : 11，侈口，尖圆唇，卷沿，束颈，无领，斜肩近平，上腹圆鼓，下腹弧收，肩部饰弦纹数周，素面，轮制。口径17、底径20.8、高15.8厘米（图四: 16；彩版八五: 3)。2009LWMKD1M1 : 24，侈口，尖圆唇，束颈，无领，弧鼓肩微折，斜弧腹，平底，素面，轮制。口径18.3、底径13.5、高9厘米（图四: 9；彩版八六: 4)。

泥质红陶罐　1件（2009LWMKD1M1 : 28)。广口盆形，侈口，尖圆唇，卷沿，束颈，斜肩，盆形腹，平底。肩部饰弦纹数周，腹部饰斜方格纹不及底，轮制。口径35.2、底径21.2、高18.4厘米（图四: 12)。

夹砂红陶4件，器型主要为鼎、釜。

鼎　3件。2009LWMKD1M1 : 3，釜形鼎，侈口，圆唇，宽折沿，沿面下倾，直弧腹，圜底，腹底处下承三矮扁足，素面。口径15.3、通高6厘米（图四: 8；彩版八七: 1)。2009LWMKD1M1 : 4、5，盆形。2009LWMKD1M1 : 4残碎不存。2009LWMKD1M1 : 5，侈口，圆唇，宽折沿，沿面近平，直腹，平底，底部下承三舌状扁足，素面，轮制。口径18.1、底径16、高7.2厘米（图四: 7；彩版八五: 4)。

釜　1件（2009LWMKD1M1 : 12)。侈口，尖圆唇，宽折沿，沿面上有凸棱一周，束颈，深桶形腹，圜底。素面，器下腹及外底有烟炱痕迹，轮制。口径28.2、通高14.2厘米（图四: 6；彩版八五: 5)。

原始瓷11件，器型主要为豆、碗、盅。

豆　4件。2009LWMKD1M1 : 13，敛口，尖唇，浅盘腹中部微折，平底，矮假圈足，器表素面，器内底及下腹有旋痕，器外底部有“×”刻画符号，内底烧制时形成的气泡。灰褐胎，器身内外施青灰釉。口径13.6、底径7.6、高4.4厘米（图五: 1；彩版八六: 5)。2009LWMKD1M1 : 15，侈口，尖唇，折腹，平底微凹，矮假圈足，器下腹及内底有密集旋痕，素面，轮制。灰白胎，青黄釉。口径13.7、底径7.6、高4.6厘米（图五: 2)。2009LWMKD1M1 : 16，侈口，尖唇，折腹，平底微凹，矮假圈足，器内下腹及内底有密集旋痕，器内底部有烧制时形成的气泡，素面，轮制。灰白胎，器身内外施青褐色釉。口径13、底径6.9、高5厘米（图五: 3)。2009LWMKD1M1 : 21，直口微敛，尖圆唇，沿面有弦纹一周，折腹，平底内凹，矮假圈足。器内腹及内底有密集旋痕，内底部烧制时形成的气泡，素面，轮制，灰白胎，器身内外施青褐色釉，部分脱落。口径12.2、底径6.3、高5（图五: 4；彩版八五: 6)。

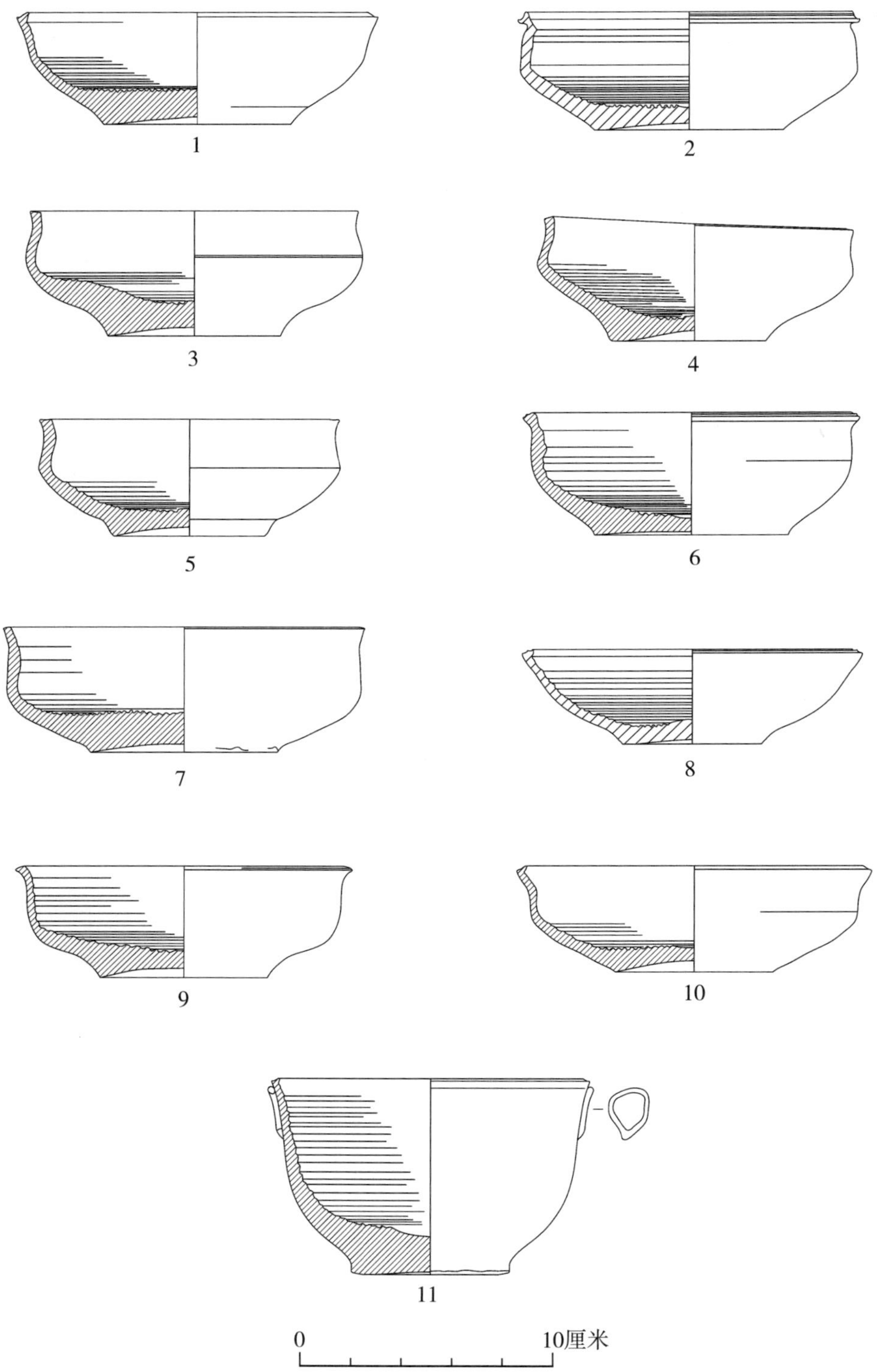

图五 2009LWMKD1M1出原始瓷器

1～4. 瓷豆（M1：13、M1：15、M1：16、M1：21）

5～10. 瓷碗（M1：1、M1：2、M1：7、M1：17、M1：18、M1：20） 11. 瓷盅（M1：14）

碗　6件。2009LWMKD1M1∶1，直口微侈，尖唇，平折沿，直腹弧收，平底微内凹，假圈足，器内底部有旋痕，轮制，素面。灰白胎，器身内外青褐色釉。口径12、底径6.2、高4.6厘米（图五∶5）。2009LWMKD1M1∶2，直口微侈，尖唇，折沿，沿面有凸弦纹一周，直弧腹，近底内收，平底，矮假圈足，器内底及下腹有旋痕，轮制，素面。灰白胎，青褐色釉。口径13.5、底径8、高4.8厘米（图五∶6；彩版八六∶3）。2009LWMKD1M1∶7，直口微侈，尖唇，直弧腹，近底弧收，平底，矮假圈足，器内底及下腹有旋痕，器外底有"大"字形刻画符号，轮制，素面。灰白胎，青褐色釉。口径，14.3、底径7.5、高5.1厘米（图五∶7；彩版八六∶1）。2009LWMKD1M1∶17，子口，尖圆唇，浅盘腹，平底微凹，矮假圈足，腹上部饰弦纹一周，器内腹及底密布旋痕，素面，轮制。灰白胎，釉大部分已脱落。口径13.4、底径5.5、高3.8厘米（图五∶8）。2009LWMKD1M1∶18，直口微侈，尖唇，沿面有凸弦纹一周，直弧腹，近底内收，平底微凹，矮假圈足，器内有旋痕，素面，轮制。灰白胎，器身内外施青褐色釉。口径13.3、底径6.6、高4.5厘米（图五∶9；彩版八六∶2）。2009LWMKD1M1∶20，子口，直弧腹，下腹内收，平底微凹，矮假圈足。器表素面，器内下腹及内底部有旋痕，轮制。灰白胎，器身内外施青褐色釉，大部分已脱落。口径14.2、底径6.4、高4.2厘米（图五∶10）。

瓷盅　1件（2009LWMKD1M1∶14）。口微敞，尖唇，平折沿，深直弧腹，近底内收，平底，矮假圈足，器表素面，内腹及底满布弦纹，沿下贴塑不规则圆形系一对，器身与内底有烧制时留下的气泡，轮制。青灰胎，器身内外施灰褐色釉。口径12.6、底6.2、高7.7厘米（图五∶11；彩版八七∶2）。

结　语

2009LWMKD1是一座典型的平地起封的土墩墓，从土墩墓的发展过程来看，这种类型的墓葬延续的时间很长，从土墩墓开始出现，到最后消失都占有相当的比重，一度被认为是土墩墓的主要特征类型。从出土的随葬品来看，其中夹砂红陶鼎器身较矮，盆形腹，扁嘴形足外撇，与句容浮山果园24号墩出土的鼎相同，与刘建国先生《论土墩墓分期》中总结的春秋晚期鼎的特征相同。2009LWMKD1M1∶12夹砂红陶釜宽折沿、筒形腹，与高淳马山2号墩出土的釜相同。印纹硬陶瓿、坛等与溧水徐母塘土墩墓出土的一致。豆的圈足变矮，多数为假圈足，折腹的特征淡化，早期的敞口、折腹、高圈足的豆不见，总体处于向碗过渡阶段。从器物纹饰上看，席纹、回字纹等与菱形填线纹的组合为主。无论从器型还是从纹饰上看门口田土墩墓出土的器物都比较符合邹厚本先生《江苏南部土墩墓》中第四、五期的器物特征。因此综合墓葬形制和出土器物可以初步判断2009LWMKD1的年代为春秋中晚期偏晚阶段。

2009LWMKD1是此次发掘中唯一一座位于地势平坦的田地内土墩，虽然早期遭严重的破坏，但仍然能看出与其他位于山顶坡地的土墩墓的不同。首先墓葬选址和营建过程都比较讲究，封土也是有意识地进行选择，接近器物的封土选择细腻、透水性差的土，上面的封土也选择比较纯净的黄土，而其封土较厚。其次随葬器物数量较多，常见的器物种类齐全，原始瓷的比例超过1/3。因此可以推测2009LWMKD1的墓主人的级别应该高于其他位于山顶坡地上面的土墩主人，或者说墓主人在当地有着比较特殊的身份和地位。

领　队：林留根

参加发掘人员：王书敏　李永军　居法荣

摄　影：李永军　居法荣

绘　图：李永军　居法荣

执　笔：李永军

四分山土墩墓D3发掘简报

徐州博物馆

一 概 况

四分山土墩墓 D3（编号 2009LWSD3）位于溧阳市天目湖镇平桥区吴村村桃园自然村西北的四分山上，中心地理坐标为东经 119° 23.534′北纬 31° 14.852′（图一；彩版八八：1）。2005 年，受江苏省文物局委托，南京博物院考古研究所负责对溧阳抽水蓄能电站建设征地范围内的文物点进行考古调查、勘探时发现。

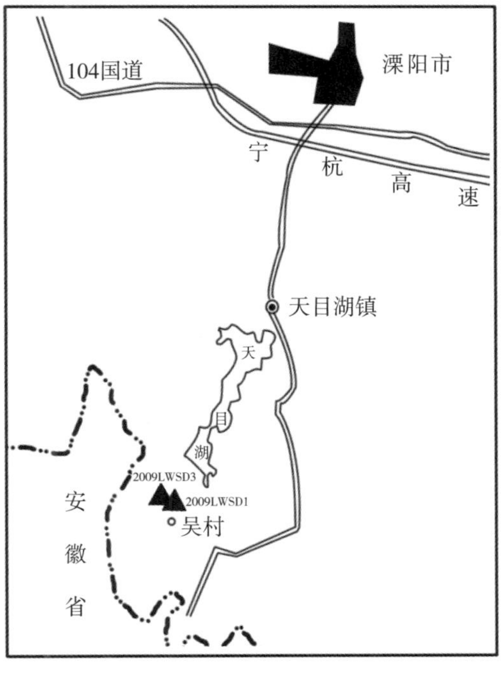

图一 2009LWSD3、2009LWQD1位置示意图

为配合溧阳抽水蓄能电站的建设，按照江苏省文物局的统一安排，2009 年 12 月 10 日至 2010 年 1 月 3 日，徐州博物馆负责对该土墩墓进行发掘。

2009LWSD3 所在的位置地势比较平缓，发掘前是一片竹林。2009LWSD3 保存情况较差。经考古调查人员钻探，在距地表 0.2 米处钻探到夹砂红陶片。推测此土墩墓的年代应为西周—春秋时期。

二　工作方法

2009LWSD3的发掘工作，严格按照《田野考古工作规程》的要求进行，根据此土墩墓保存方面的特殊情况，采用探方法发掘此墓，逐层向下进行发掘，注意遗迹、遗物的发现与出土，并随时进行文字、绘图、照相记录，保证考古发掘资料的完整性和科学性。在土墩发掘过程中，十分注意安全问题。

三　地层堆积及包含物

由于历年来的取土建房，2009LWSD3已经被严重地破坏，现在的2009LWSD3已经基本变成一处平地。可见其被破坏之严重。

使用探方法发掘2009LWSD3。发掘总面积为50平方米，按照土质土色的不同，可分为6层，以探方北壁为例，表述如下（图二）：

第①层：表土层，暗黄土，土质疏松，有大量竹根、树根及植物根茎等，分布于整个土墩墓，为现代扰土层，厚约5厘米。

第②层：鲜黄土层，土质较松，含水量大，较纯净，厚约15厘米。

第③层：深黄土层，土质较硬，包含零星陶片及石块，陶片为印纹硬陶，厚约30～150厘米。

第④层：灰黄土层，土质较硬，出土一些印纹硬陶，厚约125厘米。

第⑤层：白黄土层，厚约250厘米，出土少量陶片，多为印纹硬陶，少量泥质灰陶及

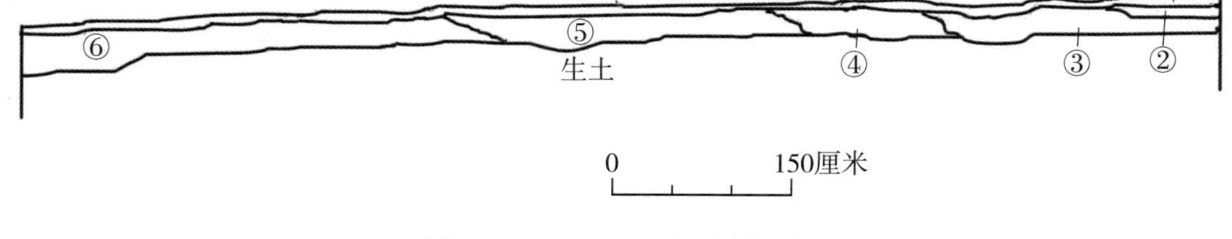

图二　2009LWSD3北壁剖面图

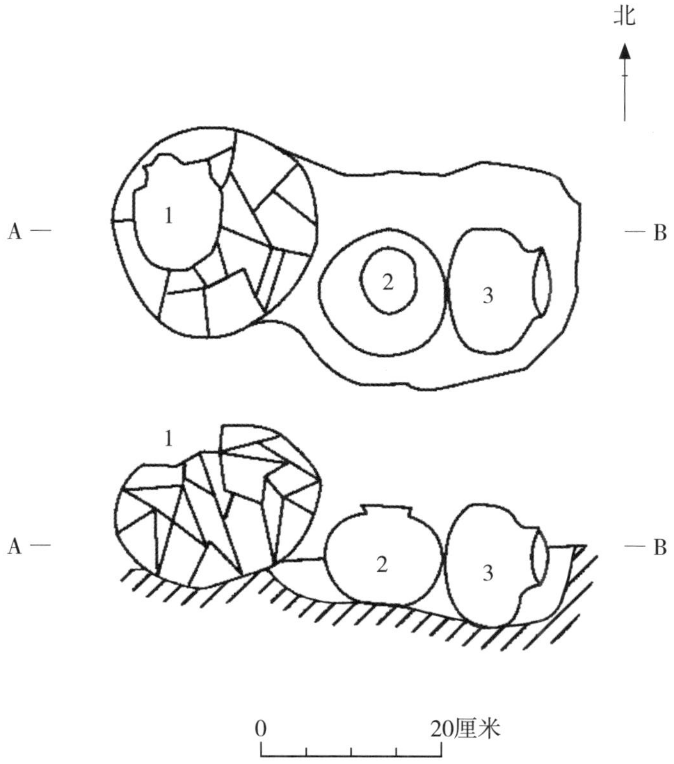

图三 2009LWSD3Q1平、剖面图
1. 泥质红陶罐 2、3. 印纹硬陶罐

红陶，纹饰多为方格纹、席纹等，还有少量夹砂红陶片。该层下开口遗迹有Q1。

第⑥层：浅黄土层，土质较纯净，厚约350厘米。

四 遗 迹

1. 器物群

Q1 位于探方西部，形状不规则，东西长56、南北宽40～50、深10厘米。⑤层下开口，打破第⑥层及生土。出土两个印纹硬陶罐和一个泥质红陶罐（图三）。

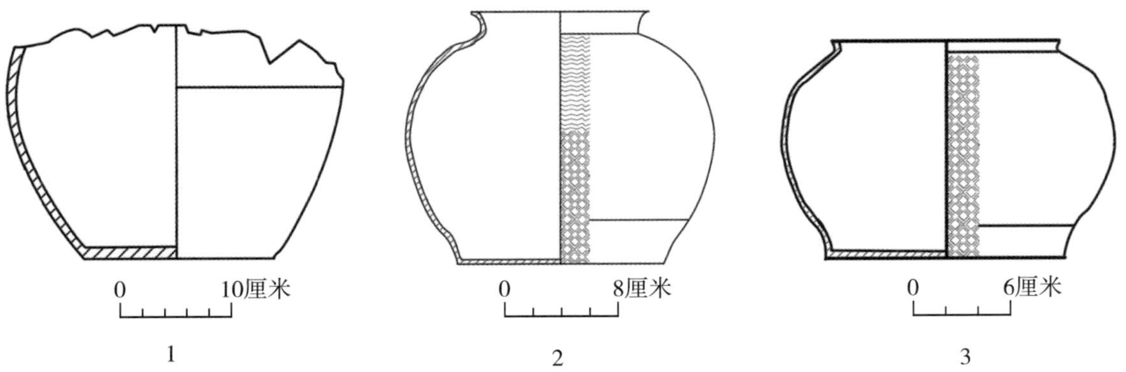

图四 2009LWSD3Q1出土器物
1. 泥质红陶罐（2009LWSD3Q1：1）
2、3. 印纹硬陶罐（2009LWSD3Q1：2、2009LWSD3Q1：3）

五 遗 物

出土两个印纹硬陶陶罐和一个泥质红陶陶罐。

罐 3件。Q1:1，泥质红陶，腹部以上残，弧腹，平底，器物的最大腹径在上部，素面。底径17、残高21、最大腹径30.5厘米（图四:1，彩版八九:1）。Q1:2，印纹硬陶，敞口、方唇、短颈、鼓腹、下腹部略收、平底，上腹部饰拍印的波浪纹、下腹部饰拍印的席纹，口径12、底径14，高17、最大腹径21厘米（图四:2，彩版八九:2）。Q1:3，印纹硬陶，微敞口、方唇、无颈、有肩、鼓腹、下腹部略收、平底，通体饰拍印的席纹，口径14.5、底径16、高13.5、最大腹径21厘米（图四:3，彩版八九:3）。

结 语

此次发掘的四分山土墩墓D3已经被严重的破坏，所以我们无法得知两座土墩墓的墓葬形制以及特点；另外，由于墓葬被破坏，很多随葬品也不见踪迹，也无法判断两座墓葬的年代范围。

但是，根据2009LWSD3出土的3件器物，我们能发现一些墓葬年代上的线索。从器形上看，2009LWSD3Q1:2罐与丹徒烟墩山M2:24罐酷似[①]；2009LWSD3Q1:3罐与丹徒烟墩山M2:13罐形制也很接近。有学者认为丹徒烟墩山属于土墩墓第二期墓葬，约相当于中原西周中期②。四分山 3 号墓的三件器物位于 Q1 内，从四分山 3 号墓的地层堆积看，Q1 属于早期堆积，所以，四分山 3 号墓很可能早到西周早、中期。

领　队：林留根

参加发掘人员：耿建军　许鹏飞

摄影及绘图：许鹏飞

执　笔：许鹏飞　耿建军

注释

① 江苏省丹徒考古队：《江苏丹徒大港土墩墓发掘报告》，《文物》1987 年第 5 期。

② 刘建国：《论土墩墓分期》，《东南文化》1989 年第 4、5 期。

青龙墩土墩墓D1发掘简报

徐州博物馆

一　概　况

青龙墩土墩墓 D1（编号 2009LWQD1）位于溧阳市天目湖镇平桥区吴村村坟山南部的青龙墩上，地理坐标为东经 119° 23.626′北纬 31° 14.370′，位于 2009LWSD3 的西北方向（彩版八八：2）。2005 年，受江苏省文物局委托，南京博物院考古研究所负责对溧阳抽水蓄能电站建设征地范围内的文物点进行考古调查、勘探时发现。

青龙墩 D1 是在一个面积有几百平方米的小土岗上，土岗上种有桑树和蔬菜，青龙墩 D1 位于这个小土岗的南部，土岗上的地势比较平缓，已经看不出土墩墓原来的形状。

为配合溧阳抽水蓄能电站的建设，按照江苏省文物局的统一安排，2009 年 1 月 4 日至 2010 年 2 月 1 日，徐州博物馆负责对该土墩墓进行发掘。

二　工作方法

溧阳抽水蓄能电站征地范围内文物点的考古工作，严格按照《田野考古工作规程》的要求进行，根据土墩墓相对特殊的发掘对象，采用四分法和探方法相结合。按照四分法布方，土墩近中部留正方向十字形交叉的 1 米宽隔梁，西北、东北、西南、东南四个探方编号为Ⅰ、Ⅱ、Ⅲ、Ⅳ。然后按照探方逐层向下进行发掘，注意遗迹、遗物的发现与出土，并随时进行文字、绘图、照相记录，保证考古发掘资料的完整性和科学性。

三　地层堆积及包含物

据当地人介绍，若干年前的D1也是个大的土包，由于常年的取土建房，土墩很早前就已经变成平地，后来又在土墩墓上挖深沟种桑树，青龙墩D1就彻底地被破坏了。

根据土质土色及地层出土的包含物，2009LWLD1的地层共可划分为3层（以南北隔梁东壁为例），分述如下（图一）：

第①层：灰褐色土层。厚5～15厘米。土质松散，有大量树根及植物根茎等，分布于整个土墩墓，为现代扰土层。

第②层：为浅黄土层，厚10厘米，出土少量印纹硬陶陶片。下为粗砂土，为生土。

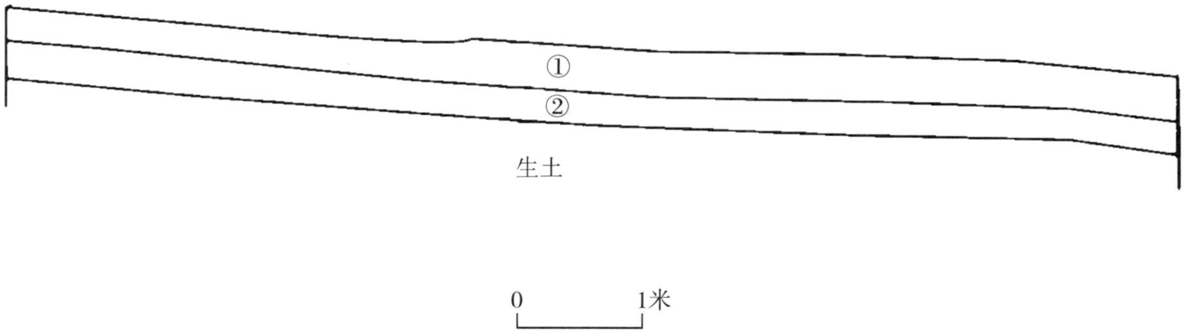

图一　2009LWQD3南北隔梁东壁剖面图

由于青龙墩土墩墓D1破坏严重，土墩封土皆无存，地层堆积较为纯净，仅出土少量印纹硬陶残片，故该土墩墓时代不能判定。

领　队：林留根
参加发掘人员：耿建军　许鹏飞
摄影及绘图：许鹏飞
执　笔：许鹏飞　耿建军

桃园遗址、坟山头遗址发掘简报

常州博物馆

为配合溧阳抽水蓄能电站工程的施工建设，按照江苏省文物局统一安排，常州博物馆于2009年12月18日至2010年2月5日对溧阳市平桥镇吴村桃园明清遗址、坟山头明清遗址进行了抢救性考古发掘。参与发掘的工作人员有常州博物馆黄建康、彭辉、王偈人、黄川林和溧阳市文物管理办公室曹昕运。2010年3月对发掘资料进行了整理，参加整理的工作人员有彭辉、王偈人、黄川林。现整理简报如下。

一　桃园明清遗址

（一）遗址概况

桃园明清遗址位于溧阳市天目湖镇吴村村桃园自然村的东部，沙河水库的西面。遗址为高出平地约0.5米的条形台地，南北长约50、东西长约40米，总面积逾2000多平方米，平均海拔高程12.3米。现表面栽有较多的桑树。在遗址上发现有较多的明清时代的青花瓷片、砖瓦片等，经钻探，文化层堆积约0.8米。该遗址当地俗称“老村基”，据桃园村村民介绍，1963年沙河水库（现天目湖水库）建成蓄水前，该遗址尚为桃园村旧村基址，1963年后，村民陆续迁至现桃园村位置，原村址荒废。

（二）工作方法

根据遗址性质，采取探方法进行发掘揭露，共布 10×10 平方米探方 4 个，扩方 5 米 × 20 米，布方总面积 500 平方米，实际发掘面积 460 平方米（彩版九一）。发掘以 T1 西南角为测量基点，基点坐标东经 119° 23′ 39.7″，北纬 31° 14′ 42.3″，基点海拔高程 12.8 米。遗址编号 2010LWT。

（三）地层堆积及主要包含物

根据发掘显示，该遗址地层情况较为简单，总共分两层（以 T1、T3 东隔梁壁为例）（图一）。

第①层：表土层，灰褐色松土，厚 10～20 厘米，主要包含物为桑树根、现代作物、生活垃圾等，也有一些青花瓷片，可辨器形主要为碗、杯等。

第②层：明清层，灰黄色黏土，距地表 10～20、深 15～20 厘米，主要包含物为青花瓷片，可辨器形为碗、杯、盘等。

为了完整地保存遗迹面貌，②层下未继续发掘。

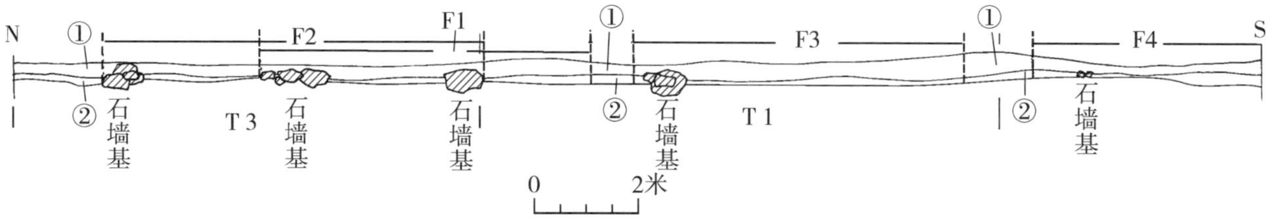

图一 桃园遗址T1、T3东壁剖面图

（四）主要遗迹

本次发掘的重点内容——清代老村基位于①层下，该处村落经过多次毁坏、重建，部分区域的墙基排布相当凌乱，现有发掘区域大致能分辨出五座房屋（2010LWTF1～F5）和一座灶（2010LWTZ1）（图二；彩版九三：2）。根据相互叠压打破关系可把五座房址分为早中晚三期。现选择其中有代表性的房址介绍如下：

2010LWTF1　第一期房址。位于遗址西侧，部分压于探方西壁下。平面略呈长方形，门向东南，距地表约 0.11、总进深约 15、总面阔约 27 米。F1 外围以大块平整青石作为基础，

图二　桃园遗址平面图

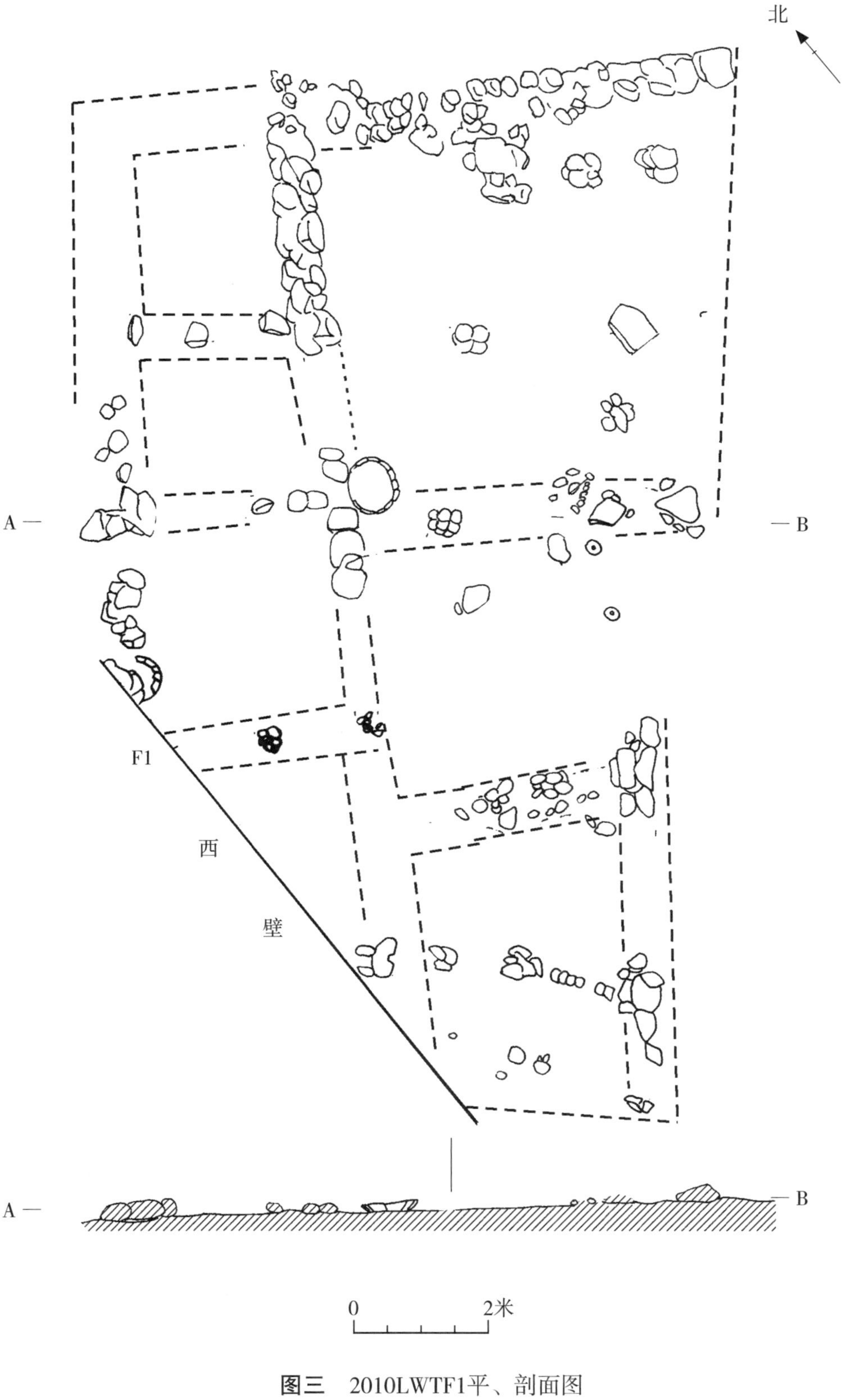

图三　2010LWTF1平、剖面图

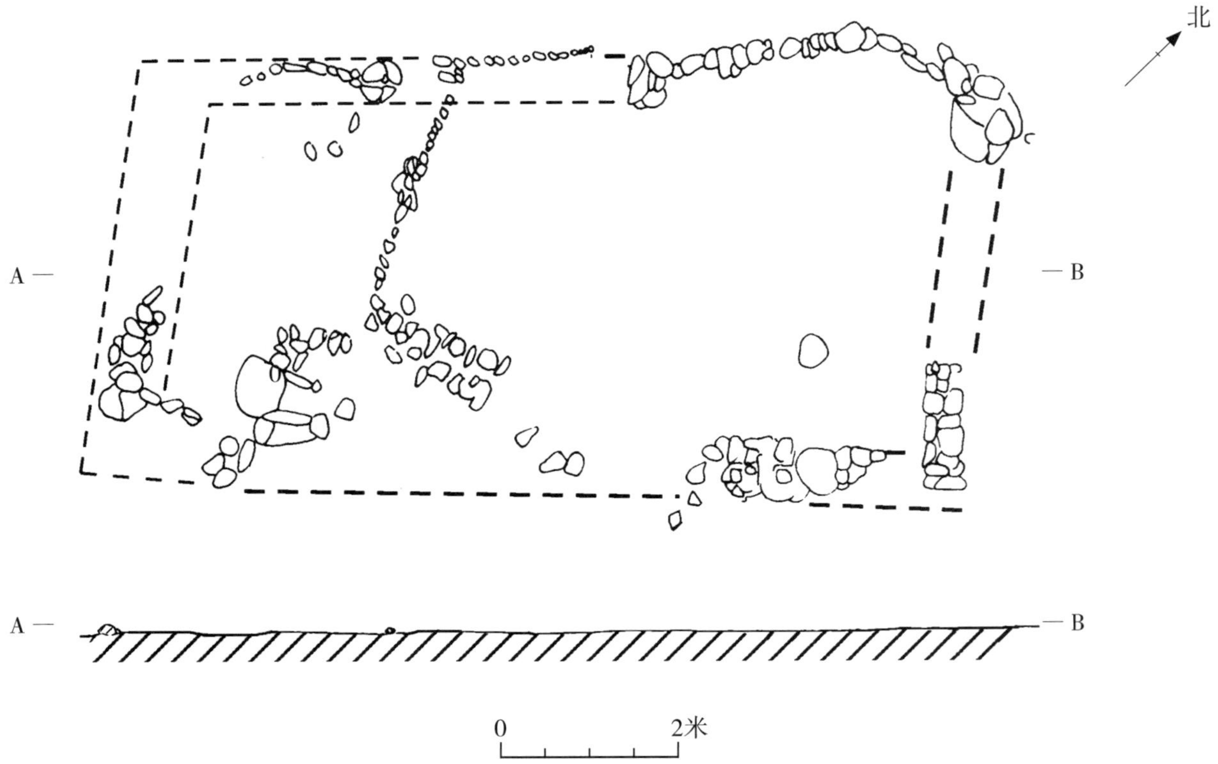

图四　2010LWTF3平、剖面图

石基宽约60、高约25厘米。受后期破坏，石基排布不连续。F1东部中央墙基附近有两个圆形柱础，柱础直径约15厘米，推测此处可能为大门位置。F1内共分为6个小开间，从南到北依次排列，西边三间略小，每间进深3～4、面阔2.25～3米；东边三间略大，每间进深4～5.5、面阔2.25～4米。各间之间的隔墙以小砖铺成。屋内踩踏面为灰黄色沙土，包含物较少。该房址北面及东面墙基多处被F2、F3打破，故推测该房址建造年代早于F2、F3（图三；彩版九二）。

2010LWTF3　第二期房址。位于遗址中部偏南侧。平面呈长方形，门向东南，距地表约0.11、总面阔约9、总进深约5米。F3以一排小青砖作为隔墙分为南北两座开间，隔墙受到后期扰动有些错位。北部房间较大，面阔约6、进深约4.5米。南部房间较小，受到后期扰动较厉害，面阔约3.5、进深约3米。外侧石墙基不连续分布，墙基宽约0.40、高约0.23米。屋内踩踏面为灰黄色沙土，无包含物（图四；彩版九三：1）。

2010LWTF4　第三期房址。位于遗址南侧，部分压于探方南壁之下。平面略呈长

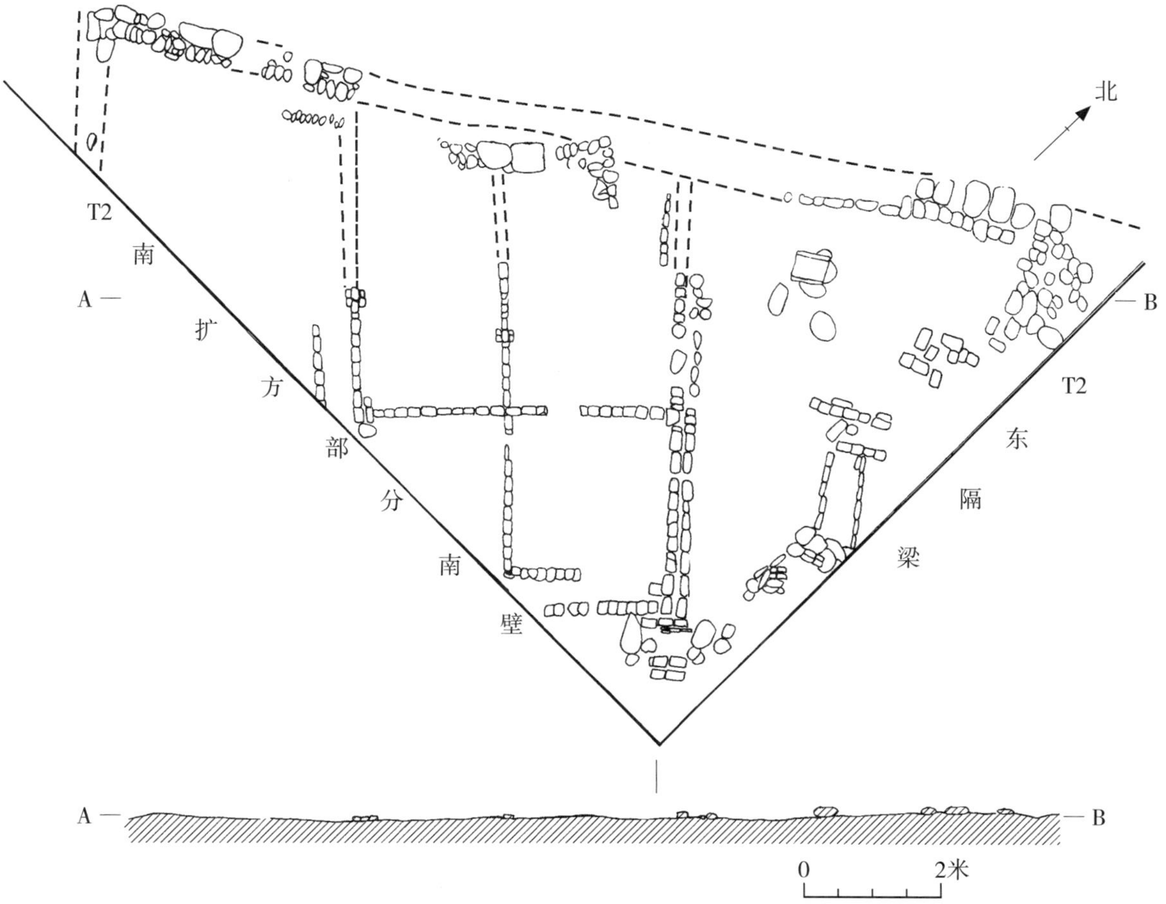

图五 2010LWTF4平、剖面图

方形，门向东南，距地表约0.11、总面阔约16、总进深约8米。F4内分为6个小开间，西北部的房间被扰动较厉害，中间发现有一段陶质排水管道（彩版九四: 2），可能为灶间。中部有4座排列整齐的青砖砌筑的小房间，四座隔间体量相当，面阔约3～4、进深约2～2.5米。西南部一个房间被破坏得较厉害，面阔约4、残进深约2.25米。地面为灰黄色沙土，踩踏面较硬。在当心间一侧墙基下发现石鼓形柱础一件，可能为门道位置（图五；彩版九四: 1）。

2010LWTZ1 位于F2东北角灶间。平面略呈转角方形，局部遭到破坏。长约2、宽约1.5、距地表约0.1、残高约0.2米。灶砖长约0.3、宽约0.15、厚约0.05米。灶分两火眼，中间由一道砖砌的隔梁隔开。灶眼内有大量黑色草木灰和烧土堆积（图六；彩版九三: 2）。

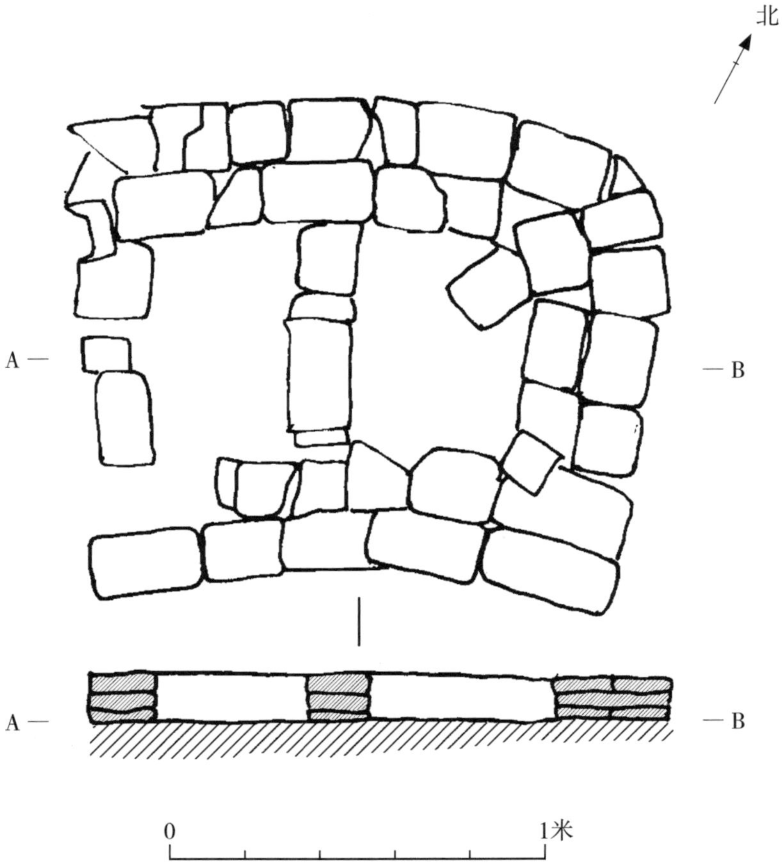

图六　2010LWTZ1平、剖面图

（五）出土遗物

桃园遗址出土物不多，能完整复原者较少，主要为青花瓷片，可辨器形主要为青花瓷碗、青花瓷杯、青花瓷盘、青瓷碗等，主要的青花纹饰为几何纹、缠枝花卉纹、人物山水纹、八卦纹、虫草纹等（彩版九五：1），此外，青花色泽基本分为两类，一类颜色较为暗淡，一类颜色更为明亮，偏蓝。多数瓷器底部均有所谓的“花押”，是清代民间制瓷的典型做法，只有一件瓷碗底部为字款，写有“友昆连君之珍”，未发现年款瓷器。

在遗址当中还出土了少量小件器皿，均为日常生活用器，有青花粉盒、陶纺轮、铜泡、青瓷鼻烟壶、白玉如意型发簪、紫砂器盖、带釉莲花纹瓷器盖、方形石砚台以及铜钱、铁犁铧等，部分保存较为完好的铜钱上的可辨文字为“康熙通宝”“乾隆通宝”（图七）。

现选择部分典型器物介绍如下：

青花瓷碗　1件（2010LWTT3②:3）。侈口，圆唇，弧腹，腹往下内收，圈足。器身上有手绘波浪状青花花纹。器身一侧有焗碗留下的焗孔。口径16.8、底径7、高8.6厘米（图八:1；彩版九五:2、3）。

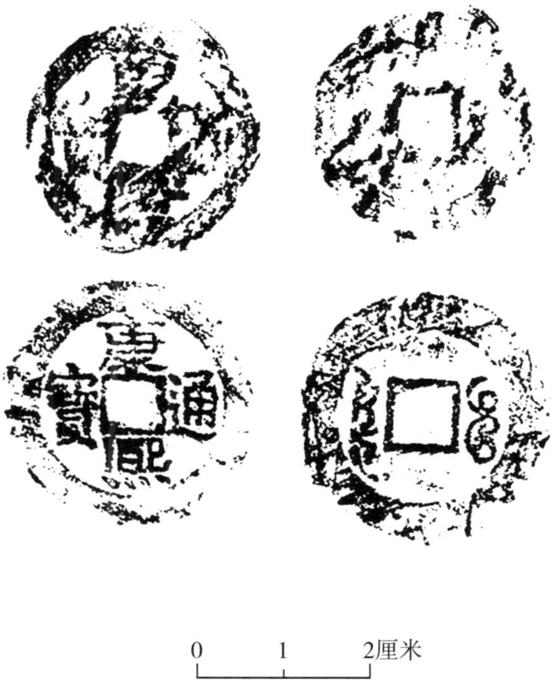

图七　桃园遗址出土钱币拓片

青花瓷杯　1件（2010LWTT4②:2）。侈口，尖圆唇，弧腹，腹往下内收，圈足。器身上有手绘青花兰草纹饰。口径6.5、底径3、高3.5厘米（图八:2，彩版九六:1）。

青瓷碗　1件（2010LWTT3②:2）。侈口，圆唇，弧腹，腹往下内收，圈足。口径10、底径5.2、高5.5厘米（图八:3；彩版九六:2）。

青花瓷盘　1件（2010LWTT1②:3）。原器残，侈口，尖圆唇，弧腹，腹往下内收，圈足。碟内部有青花花卉纹。口径10、底径5.1、高2.8厘米（图八:5）。

青花粉盒　1件（2010LWTT2②:1）。子母口，卷沿，尖圆唇，口部以下往内收，弧腹，圈足，器身上有两道弦纹。口径9.2、底径6.1、高2厘米（图八:6；彩版九六:3）。

鼻烟壶　2件。2010LWTT2②:3，侈口，尖圆唇，卷沿，竖颈，鼓腹，腹部有一圆形凸棱，素面无纹。器高2.5、底径1、口径1厘米（图八:8；彩版九六:5）。2010LWTT2②:7，侈口，尖圆唇，卷沿，竖颈，鼓腹，腹部有一圆形凸棱，素面无纹。器高2.5、底径1、口径1厘米（图八:9；彩版九六:6）。

带釉瓷器盖　1件（2010LWTT2②:2）。圆形瓷器盖，盖顶边缘略残，顶面饰一圈莲花纹。盖面刷黄绿釉。盖内部无釉，盖口直口。口径12、高1.2厘米（图八:10；彩版九六:4）。

紫砂器盖　1件（2010LWTT1②:5）。圆形，截面凹字形，平口圆唇，盖身直，盖底中央有一圆孔，孔四周有篦修痕迹。口径10.8、器高1.4厘米（图八:11；彩版九七:1）。

石砚台　1件（2010LWTT2②:9）。石质砚台，一边有一凹槽，砚池略微内凹，有长

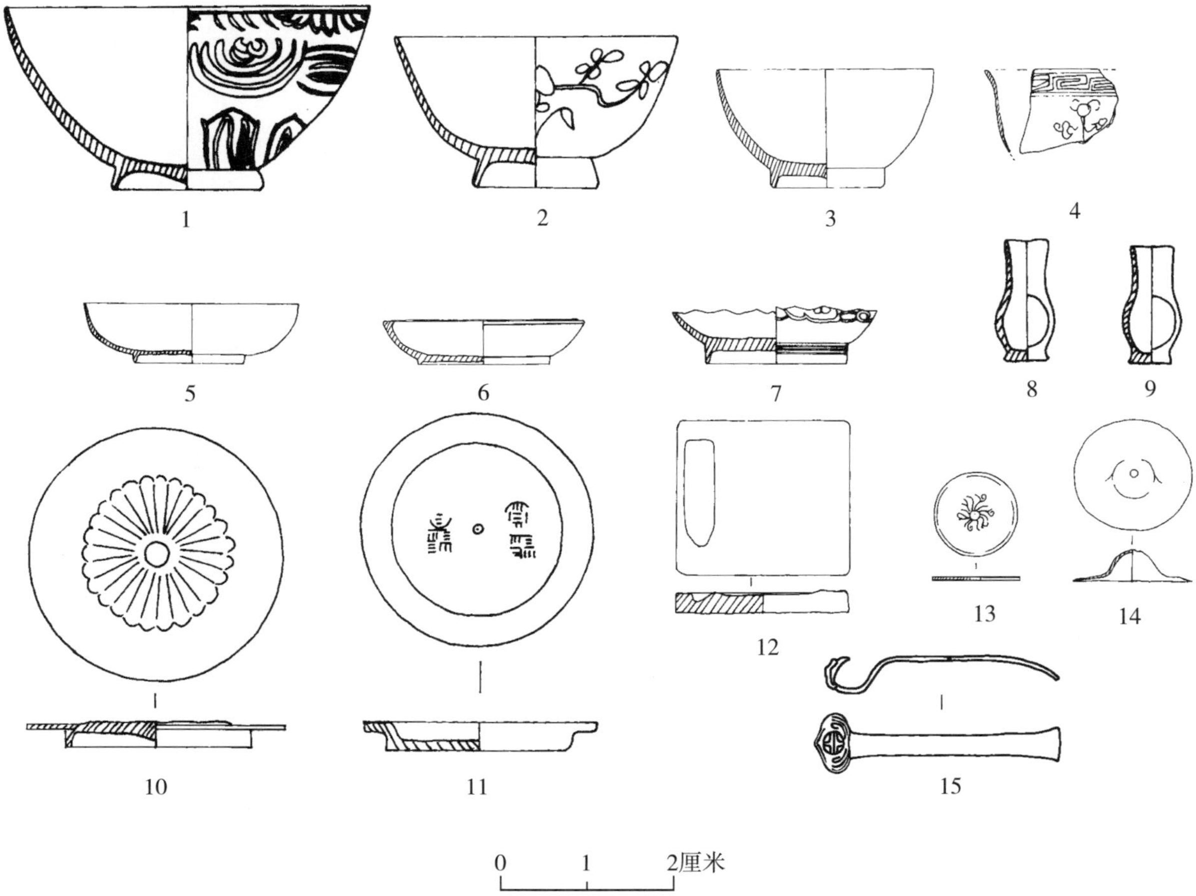

图八 出土器物

1．青花瓷碗（2010LWTT3②：3） 2．青花瓷杯（2010LWTT4②：2） 3．青瓷碗（2010LWTT3②：2）
4．青花瓷碗标本（2010LWTT4②：3） 5．青花瓷盘（2010LWTT1②：3） 6．青花瓷粉盒（2010LWTT2②：1）
7．青花瓷碗标本（2010LWTT4②：1） 8、9．青瓷鼻烟壶（2010LWTT2②：3、2010LWTT2②：7）
10．带釉陶器盖（2010LWTT2②：2） 11．紫砂器盖（2010LWTT1②：5） 12．石砚台（2010LWTT2②：9）
13．陶纺纶（2010LWTT1②：2） 14．铜泡（2010LWTT3②：1） 15．如意形发簪（2010LWTT1②：4）

期使用痕迹。长 8、宽 7.3、厚 1 厘米（图八：12；彩版九七：3）。

红陶纺轮 1 件（2010LWTT1 ②：2）。圆形纺轮，中心一圆孔，孔四周一圈云气纹。直径 8 厘米（图八：13；彩版九七：4）。

铜泡 1 件（2010LWTT3 ②：1）。圆形铜泡，盔状，顶部中间有一小孔，素面无纹。直径 5.5、高 1.5、厚 0.2 厘米（图八：14；彩版九七：2）。

玉发簪 1 件（2010LWTT2 ②：4）。 扁圆形玉簪头，顶部略尖，上有十字形和云纹刻饰，长柄，整体为如意型。尾端残断。长 11.5、宽 1.5、发簪头宽 2.8 厘米（图八：15；彩版九七：5）。

（五）发掘认识

本次发掘对当地清代中晚期该地民间房屋建筑结构有了一个比较清晰的认识，该处遗址地势较低，地下水位较高，因此建筑房址一律开挖基槽，以大石块填埋作为房基，以使基础更为稳固，然后再在石头房基上砌筑砖墙建筑房屋主体。房址内部开间以条砖砌筑隔墙。房址朝向基本一致，门向东南方向。从现场房基的打破关系可以看出多处房基之间存在打破叠压关系，部分墙基存在缺失、毁损现象，与村民所说村址经历多次兴废翻建的说法基本一致。

各房址早晚年代差距不大，其中探方北部的房基年代较早，而东南部的 F4 由排列整齐的砖墙砌筑，四小间构筑成一座较大的方间结构，房屋内部地面为板结的块状土层，这几间房屋保留了比较完整的砖墙，其下没有石头墙基，并且在砌筑时直接打破了早期房址的石头墙基，属年代较晚的房址。在石材的选择上，早期房址使用大块打磨较平整的青石，中期房址使用小块麻古石，晚期房址大部采用砖基础，部分采取石基础。

发掘出土的多数清代青花瓷器，如碗、杯、盘等，器形朴拙，纹饰粗犷，应为地方民窑烧制的日用瓷器，与遗址作为普通生活居址的性质相符，形象地反映了当时村民的社会生活状况，另外在遗址中还出土了白玉如意型发簪、方形石砚、青花粉盒、鼻烟壶等物，说明这些器物的拥有者具有一定的经济实力，应是当时村中具有一定的身份地位的人家。

根据出土的铜钱钱文，以“康熙通宝”“乾隆通宝”为最多，再结合其他出土器物器形，推测该处遗址的年代大约为清代中晚期。

二　坟山头明清遗址

（一）遗址概况

坟山头明清遗址位于溧阳市天目湖镇吴村村坟山头自然村东面的山坡上，其东南面现有一大水塘。地表种植有桑树，周围有杉树环绕。遗址南北长约 80 米，东西宽约 60 米，

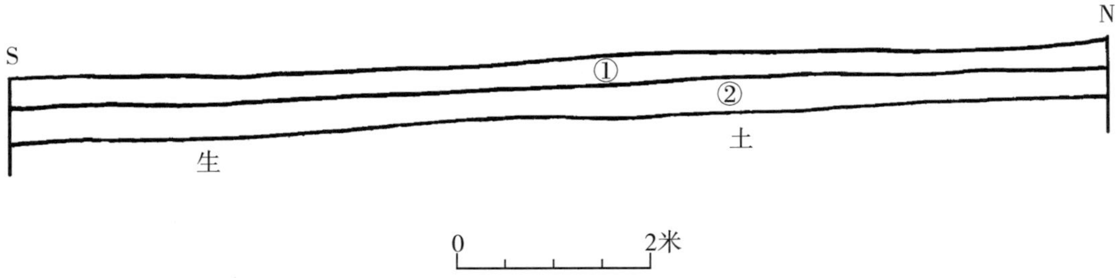

图九　2010LTFT2西壁剖面

总面积有4800多平方米。在遗址的地表上采集有较多的陶瓷片，有宋代的影青瓷片，明清时期的青花瓷片、陶罐腹片等，另外发现有极少量的几何印纹硬陶片。遗址由于平整土地耕种，被破坏的较厉害，文化层堆积较簿。

（二）发掘及地层分布情况

根据遗址性质，我们采取探方法进行发掘揭露，共布10×10平方米探方2个，布方面积200平方米，实际发掘面积162平方米。发掘以T1西南角为测量基点，基点坐标东经119°23′25.1″，北纬31°14′44.4″，基点海拔高程26.4米。遗址编号2010LTF。根据发掘显示，该遗址地层情况较为简单，总共分两层（以2010LTFT2西壁为例，图九）：

第①层：表土层。全方分布，厚10～20厘米，黑褐色土，潮湿松软，主要包含物为植物根系、砖屑、石块和红烧土粒。

第②层：全方分布，厚10～25厘米，黄白色粉沙状土，土质坚硬致密，包含青花瓷片、陶片、砖块、石块和红烧土粒。

第②层以下为生土。赭红色黏土，致密坚硬，含有较多水锈斑。

（三）遗迹情况

遗址中发现清代灰坑遗迹一处，编号2010LTFH1（图一○）。

H1位于2010LTFT2东北部，开口于①层下，打破第②层。坑口为椭圆形，坑壁斜直，锅底形坑底。长118、宽83、深21厘米。灰坑内填土为深褐色土壤，土质干硬。灰坑内包含青花瓷片，瓦片，陶片。时代约为清代晚期。

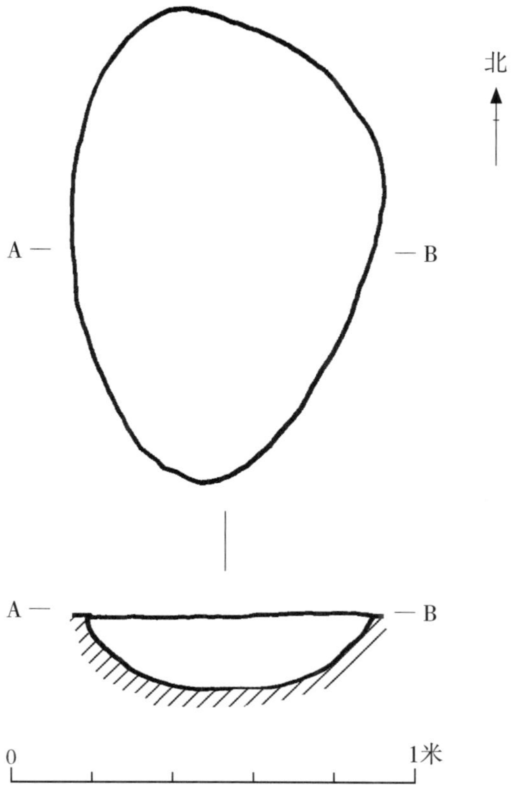

图一〇 2010LTFH1平、剖面图

（四）遗址性质

根据坟山头遗址的发掘情况来看，此处属于一处明清时期人类生产活动场所，从出土的瓷片来看，遗址下层瓷片年代以清代中晚期为主，推测该遗址堆积年代不早于清代中晚期。

领　队：林留根

参加发掘人员：黄建康　彭　辉　王偈人
黄川林　曹昕运

摄　影：王偈人　黄川林

绘　图：王偈人

执　笔：王偈人　彭　辉

后　记

本次溧阳抽水蓄能电站征地范围内文物点的考古工作共清理发掘春秋战国时期的土墩墓9处、明清遗址2处，清理各种遗迹数量超过50个（处），出土各类祭祀、随葬器物近400件。其中主要收获如下：

1．本次发掘，发现大多数的土墩墓皆修筑于山脊之上，修建以前并未对山体进行修整，为依山势而建，不同于其它地区土墩墓修整、构建基础后再建的特殊埋葬风俗，为溧阳地区古代民俗文化的研究增添了新的资料，对于研究春秋时期溧阳地区先民的社会、经济、生活方式，以及丧葬习俗具有重要的意义，同时为江南土墩墓的研究提供了新的资料。

2．四分山D3器物群挖坑放置祭祀器物群的现象说明该地区也存在少量器物群挖坑放置的特点，这与以前江南地区有些土墩墓的祭祀现象相同，说明该地区先民随葬或祭祀方式存在多样性。

3．本次发掘，在吴村较小的面积内发现并清理了9座春秋战国时期的土墩墓、2处宋元至明清的遗址，说明该地区的土墩墓、遗址分布的密集性；大量随葬、祭祀器物以及遗址中大量器物的出土，说明该地区古文化内涵的丰富性和多样性，这为我们以后的工作有不可忽视的指导意义。

4．土墩墓由于大多修筑于山顶，且溧阳西南地区山顶的土层很薄，所以土墩墓中的人为堆积用土是从附近搬运而来的。在2009LWLD1的发掘中发现，从第①层至第⑤层都出土了较多的夹砂红陶片，特别是在第③、④层出土了一些器形可辨的陶片，属典型的良渚文化时期陶器，有鬲足、鬲口沿、鼎足、支座等。说明在2009LWLD1附近地区存在有良渚文化时期的遗址类遗存，并且内涵较为丰富。

本次发掘工作得到了江苏省文物局、溧阳市文化局、溧阳抽水蓄能电站项目部等单位领导的大力协助与支持，使我们能够顺利的开展工作并取得较好的成绩，值此机会深表敬意和谢意！

溧阳天目湖联合考古队

2010年4月4日

彩版

1. 2009LWLD1近景（从东向西）

2. 2009LWLD1发掘现场远景

1. 2009LWLD1东西隔梁南剖面东段

2. 2009LWLD1东西隔梁北剖面西段

1. 2009LWLD1南北隔梁东剖面北段

2. 2009LWLD1南北隔梁西剖面南段

1. 有段石锛（2009LWSD1③：1）

2. 石镞（2009LWLD1③：2）

3. 石凿（2009LWLD1④：1）

4. 石锛（2009LWLD1④：2）

1. 有孔石刀（2009LWLD1④：3）

2. 石镞（2009LWLD1④：4）

3. 鼎足（2009LWLD1④：5）

4. 鼎足（2009LWLD1④：6）

1. 鼎足（2009LWLD1④：7）

2. 鼎足（2009LWLD1④：8）

3. 鼎足（2009LWLD1④：9）

4. 支座（2009LWLD1④：10）

1. 鬲（2009LWLD1④：11）

2. 罐（2009LWLD1④：12）

3. 罐（2009LWLD1M1：1）

4. 三足盆（2009LWLD1Q1：1）

1. 2009LWLD1M1清理后

2. 2009LWLD1M1石棺床

1. 2009LWLD1Q1清理后

2. 2009LWLD1Q2清理后

1. 碗（2009LWLD1Q2：1）

2. 碗（2009LWLD1Q2：2）

3. 碗（2009LWLD1Q2：3）

4. 碗（2009LWLD1Q3：1）

5. 盆（2009LWLD1Q5：2）

6. 罐（2009LWLD1Q5：3）

1. 2009LWLD1Q3清理后

2. 2009LWLD1Q4清理后

1. 2009LWLD1Q5清理后

2. 2009LWLD1Q6清理后

1. 瓿（2009LWLD1Q5：1）

2. 碗（2009LWLD1Q6：2）

3. 碗（2009LWLD1Q6：3）

4. 罐（2009LWLD1Q7：1）

5. 三足盆（2009LWLD1Q7：2)

6. 罐（2009LWLD1Q8：1）

1. 2009LWLD1Q7清理后

2. 2009LWLD1Q8清理后

1. 2009LWLD1Q9清理后

2. 2009LWLD1Q10清理后

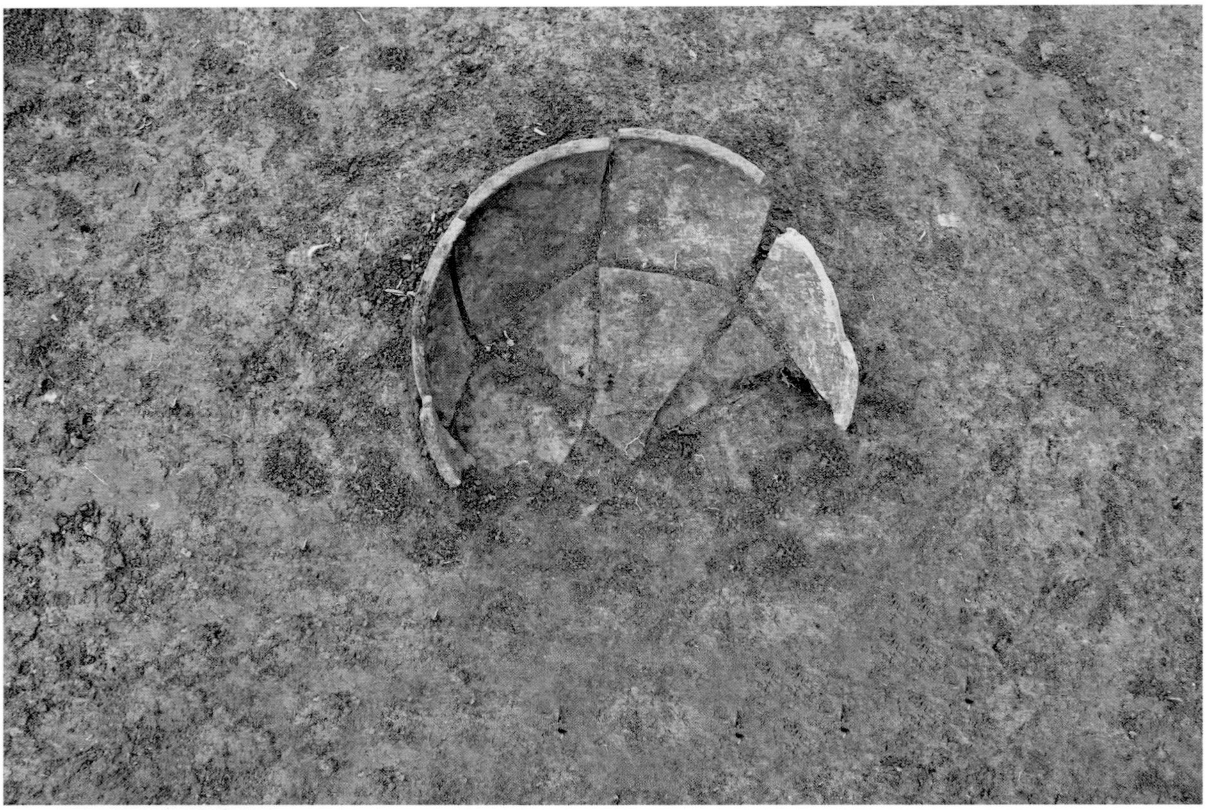

1. 2009LWLD1Q11清理后

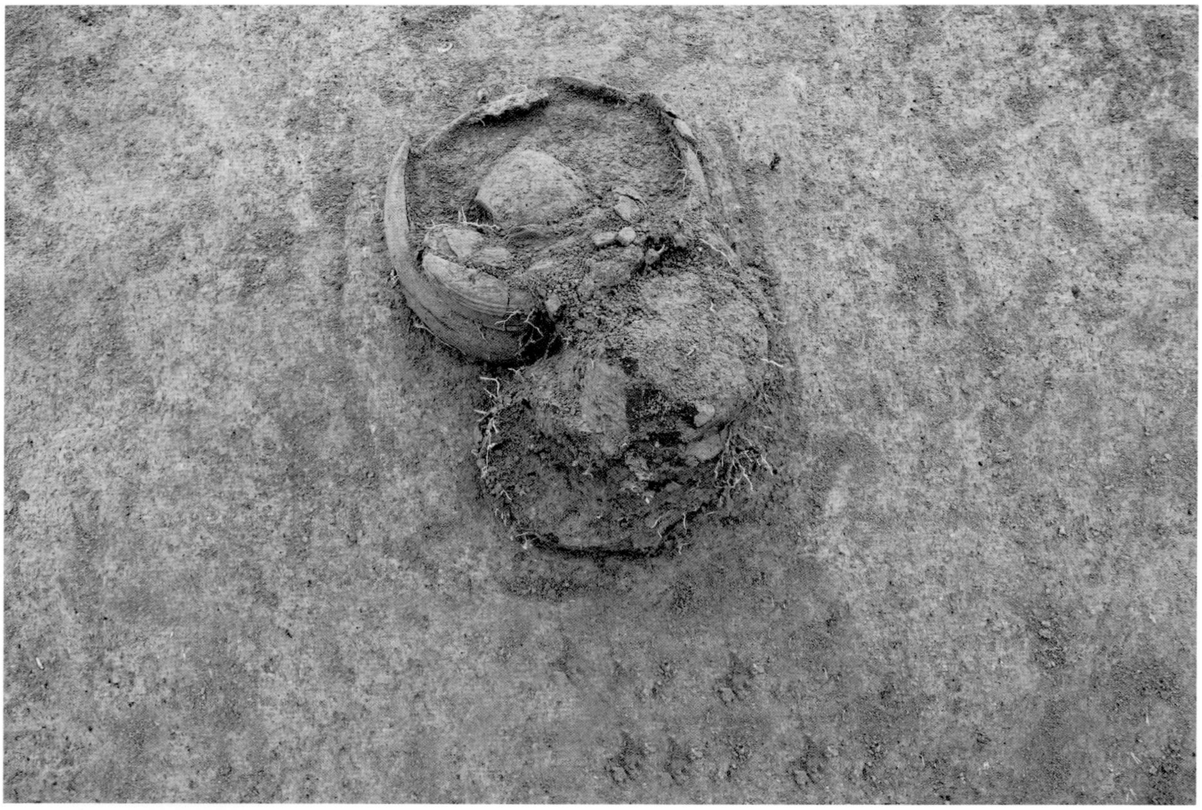

2. 2009LWLD1Q12清理后

1. 豆（2009LWLD1Q10：1）

2. 盆（2009LWLD1Q11：1）

3. 罐（2009LWLD1Q12：1）

4. 三足盆（2009LWLD1Q12：2）

5. 罐（2009LWLD1Q12：4）

6. 罐（2009LWLD1Q12：5）

1. 2009LWLD1Q13清理后

2. 2009LWLD1Q14清理后

2009LWLD1Q15清理后

1. 罐（2009LWLD1Q13：1）

2. 罐（2009LWLD1Q13：2）

3. 盆（2009LWLD1Q13：4）

4. 三足盘（2009LWLD1Q14：1）

5. 碗（2009LWLD1Q15：1）

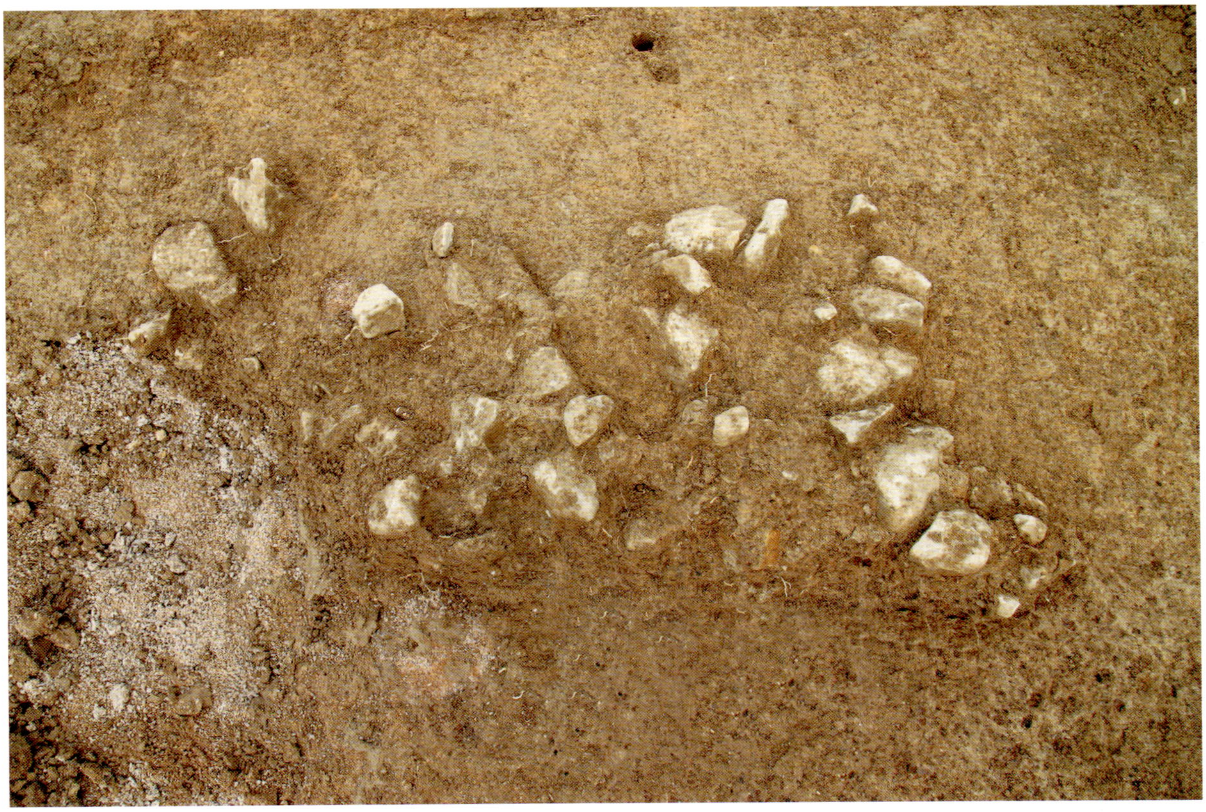

1. 2009LWLD1SD1清理后

2. 2009LWLD1SD2清理后

1. 2009LWSD1远景

2. 2009LWSD1清理后

1. 大口罐（2009LWSD1①：1）

2. 2009LWSD1⑤层出土石器

3. 条形器（2009LWSD1⑤：1）

4. 石斧（2009LWSD1⑤：2）

5. 石料（2009LWSD1⑤：3）

6. 石料（2009LWSD1⑤：4）

1. 2009LWSD1Q1清理后

2. 2009LWSD1Q3清理后

1. 2009LWSD1Q4清理后

2. 2009LWSD1Q6清理后

彩版二六

1. 豆柄（2009LWSD1⑤：5）

2. 原始瓷碗（2009LWSD1采：1）

3. 罐（2009LWSD1Q1：1）

4. 盆（2009LWSD1Q6：1）

5. 罐（2009LWSD1Q10：1）

6. 2009LWSD1Q2出土原始瓷

1. 2009LWSD1Q10清理后

2. 2009LWSD1Q2清理后

1. 碗（2009LWSD1Q2：3）

2. 碗（2009LWSD1Q2：4）

3. 碗（2009LWSD1Q2：5）

4. 碗（2009LWSD1Q2：6）

5. 碗（2009LWSD1Q2：7）

6. 碗（2009LWSD1Q2：8）

1．碗（2009LWSD1Q2：9）

2．碗（2009LWSD1Q2：10）

3．器盖（2009LWSD1Q2：1）

4．器盖（2009LWSD1Q2：2）

5．器盖（2009LWSD1Q2：11）

6．器盖（2009LWSD1Q2：13）

1. 2009LWSD1Q7 清理后

2. 2009LWSD1Q9 清理后

1. 2009LWSD1Q7出土器物

2. 三足盆（2009LWSD1Q7：1）

3. 纺轮（2009LWSD1Q7：3）

4. 纺轮（2009LWSD1Q7：4）

5. 2009LWSD1Q9出土器物

6. 罐（2009LWSD1Q9：1）

1. 2009LWSD1Q5清理后

2. 2009LWSD1Q8清理后

1. 瓿（2009LWSD1Q9：3）

2. 瓿局部（2009LWSD1Q9：3）

3. 盆（2009LWSD1Q9：2）

4. 2009LWSD1Q5出土器物

5. 四系罐（2009LWSD1Q5：1）

6. 罐（2009LWSD1Q5：2）

1. 盂（2009LWSD1Q5：4）

2. 盂（2009LWSD1Q5：5）

3. 盂（2009LWSD1Q5：6）

4. 纺轮（2009LWSD1Q5：3）

5. 2009LWSD1Q8出土器物

6. 碗（2009LWSD1Q8：3）

1．2009LWSD1Q11清理后

2．2009LWSD1Q12清理后

1. 盆（2009LWSD1Q8：2）

2. 罐（2009LWSD1Q8：6）

3. 双系罐（2009LWSD1Q8：7）

4. 双系罐钮细部（2009LWSD1Q8：7）

5. 罐（2009LWSD1Q8：4）

6. 罐（2009LWSD1Q11：1）

1．2009LWSD1Q12出土器物

2．碗（2009LWSD1Q12：1）

3．碗（2009LWSD1Q12：2）

4．碗（2009LWSD1Q12：5）

5．碗（2009LWSD1Q12：11）

6．盂（2009LWSD1Q12：3）

1. 罐（2009LWSD1Q12：6）

2. 罐（2009LWSD1Q12：7）

3. 盂（2009LWSD1Q12：10）

4. 三足盆（2009LWSD1Q12：4）

5. 2009LWSD1Q13出土器物

6. 碗（2009LWSD1Q13：3）

1．2009LWSD1Q13清理后

2．2009LWSD1Q14清理后

1. 碗（2009LWSD1Q13：12）

2. 碗（2009LWSD1Q13：16）

3. 盂（2009LWSD1Q13：1）

4. 罐（2009LWSD1Q13：8）

5. 罐（2009LWSD1Q13：11）

6. 罐（2009LWSD1Q13：13）

1. 盆（2009LWSD1Q13：5）

2. 盆（2009LWSD1Q13：7）

3. 罐（2009LWSD1Q13：14）

4. 罐（2009LWSD1Q13：17）

5. 罐（2009LWSD1Q13：18）

6. 双系罐（2009LWSD1Q13：20）

1. 豆（2009LWSD1Q13：19）

2. 2009LWSD1Q14出土器物

3. 原始瓷带盖碗（2009LWSD1Q14：2）

4. 原始瓷带盖碗（2009LWSD1Q14：3）

5. 原始瓷带盖碗（2009LWSD1Q14：4）

6. 原始瓷碗（2009LWSD1Q14：1）

1．原始瓷碗（2009LWSD1Q14：5）

2．原始瓷碗（2009LWSD1Q14：8）

3．原始瓷碗（2009LWSD1Q14：9）

4．原始瓷器盖（2009LWSD1Q14：6）

5．原始瓷器盖（2009LWSD1Q14：7）

6．原始瓷（2009LWSD1Q14：10）

1．2009LWSD1M1清理后

1．2009LWSD2近景

1. 2009LWSD1M1出土器物

2. 碗（2009LWSD1M1：1）

3. 碗（2009LWSD1M1：2）

4. 碗（2009LWSD1M1：3）

5. 碗（2009LWSD1M1：4）

6. 碗（2009LWSD1M1：5）

1. 罐（2009LWSD1M1：8）

2. 罐（2009LWSD1M1：13）

3. 罐（2009LWSD1M1：15）

4. 罐（2009LWSD1M1：16）

5. 罐（2009LWSD1M1：6）

6. 罐（2009LWSD1M1：11）

1. 盆（2009LWSD1M1：7）

2. 盆（2009LWSD1M1：10）

3. 盆（2009LWSD1M1：14）

4. 钵（2009LWSD1M1：9）

5. 钵（2009LWSD1M1：12）

1. 2009LWSD2清理后近景

2. 2009LWＳD2发掘后远景

1. 2009LWSD2Q1 清理后

2. 2009LWSD2Q2清理后

1. 2009LWSD2Q2出土器物

2. 罐（2009LWSD2Q2：1）

3. 罐（2009LWSD2Q2：2）

4. 罐（2009LWSD2Q3：1）

5. 罐（2009LWSD4Q1：1）

1. 2009LWSD2Q3清理后

2. 2009LWSD4发掘前远景

1. 2009LWSD4清理地表后远景

2. 2009LWSD4发掘后远景

1. 2009LWSD4清理后远景

2. 2009LWSD4Q1清理后

1. 2009LWSD4Q1出土器物

2. 罐（2009LWSD4Q1：3）

3. 罐（2009LWSD4Q1：2）

4. 带盖罐(2009LWSD4Q1：4)

5. 带盖罐（2009LWSD4Q1：4）

1. 2009LWSD4Q2清理后

2. 2009LWSD4Q3清理后

1. 双系罐（2009LWSD4Q4：1）

2. 罐（2009LWSD4Q3：1）

3. 碗（2009LWSD4Q4：4）

4. 碗（2009LWSD4Q4：3）

5. 2009LWSD4Q4出土器物

1. 2009LWSD4Q4清理后

2. 2009LWSD4Q5清理后

1. 碗（2009LWSD4Q4：5）

2. 双系罐（2009LWSD4Q4：1）

3. 双系罐（2009LWSD4Q4：2）

4. 双系罐（2009LWSD4Q4：2）

5. 2009LWSD4Q5出土器物

6. 罐（2009LWSD4Q5：4）

1. 罐（2009LWSD4Q5：6）

2. 罐（2009LWSD4Q5：7）

3. 瓿（2009LWSD4Q5：3）

4. 瓿局部（2009LWSD4Q5：3）

5. 罐（2009LWSD4Q5：1）

6. 三足钵（2009LWSD4Q5：5）

1. 2009LWSD4Q6清理后

2. 2009LWSD4M1清理后

1. 2009LWSD4Q6出土器物

2. 碗（2009LWSD4Q6：1）

3. 碗（2009LWSD4Q6：2）

4. 碗（2009LWSD4Q6：3）

5. 碗（2009LWSD4Q6：4）

6. 碗（2009LWSD4Q6：5）

1．2009LWSD4M1清理后

2．碗（2009LWSD4Q6：6）

3．碗（2009LWSD4Q6：7）

1. 2009LWSD4M1出土器物

2. 豆（2009LWSD4M1：1）

3. 豆（2009LWSD4M1：2）

1. 豆（2009LWSD4M1：3）

2. 豆（2009LWSD4M1：4）

3. 碗（2009LWSD4M1：15）

4. 碗（2009LWSD4M1：16）

5. 碗（2009LWSD4M1：18）

6. 钵（2009LWSD4M1：17）

1. 钵（2009LWSD4M1：19）

2. 罐（2009LWSD4M1：9）

3. 罐（2009LWSD4M1：10）

4. 罐（2009LWSD4M1：12）

5. 罐（2009LWSD4M1：14）

6. 罐（2009LWSD4M1：21）

1. 罐（2009LWSD4M1：22）

2. 罐（2009LWSD4M1：23）

3. 罐（2009LWSD4M1：7）

4. 盆（2009LWSD4M1：5）

5. 盆（2009LWSD4M1：8）

6. 三足钵（2009LWSD4M1：11）

1. 庙山土墩墓D1近景

2. 2009LWMSD1东西向隔梁剖面（南壁东段）

1. 2009LWMSD1Q1清理后

2. 2009LWMSD1Q2清理后

1. 2009LWMSD1Q5清理后

2. 2009LWMSD1Q6清理后

1. 印纹硬陶罐（2009LWMSD1Q2：3）

2. 印纹硬陶罐（2009LWMSD1Q2：5）

3. 印纹红硬陶罐（2009LWMSD1Q2：7）

4. 印纹硬陶瓮（2009LWMSD1Q2：15）

5. 原始瓷盅（2009LWMSD1Q2：8）

6. 原始瓷盅（2009LWMSD1Q2：12）

1. 印纹陶罐（2009LWMSD1Q5：1）

2. 印纹硬陶瓿（2009LWMSD1Q5：2）

3. 印纹硬陶瓿（2009LWMSD1Q5：3）

4. 印纹硬陶瓮（2009LWMSD1Q6：2）

5. 印纹硬陶罐（2009LWMSD1Q7：1）

6. 印纹硬陶罐（2009LWMSD1Q7：2）

1．2009LWMSD1Q7清理后

2．2009LWMSD1Q8清理后

1. 原始瓷盅（2009LWMSD1Q7：3）

2. 原始瓷盅（2009LWMSD1Q7：4）

3. 印纹硬陶瓿（2009LWMSD1Q9：2）

4. 印纹硬陶罐（2009LWMSD1Q9：3）

5. 原始瓷豆（2009LWMSD1Q8：1）

6. 夹砂红陶鼎（2009LWMSD1Q10：1）

1．2009LWMSD1Q9清理后

2．2009LWMSD1Q10清理后

1. 2009LWMSD1Q11清理后

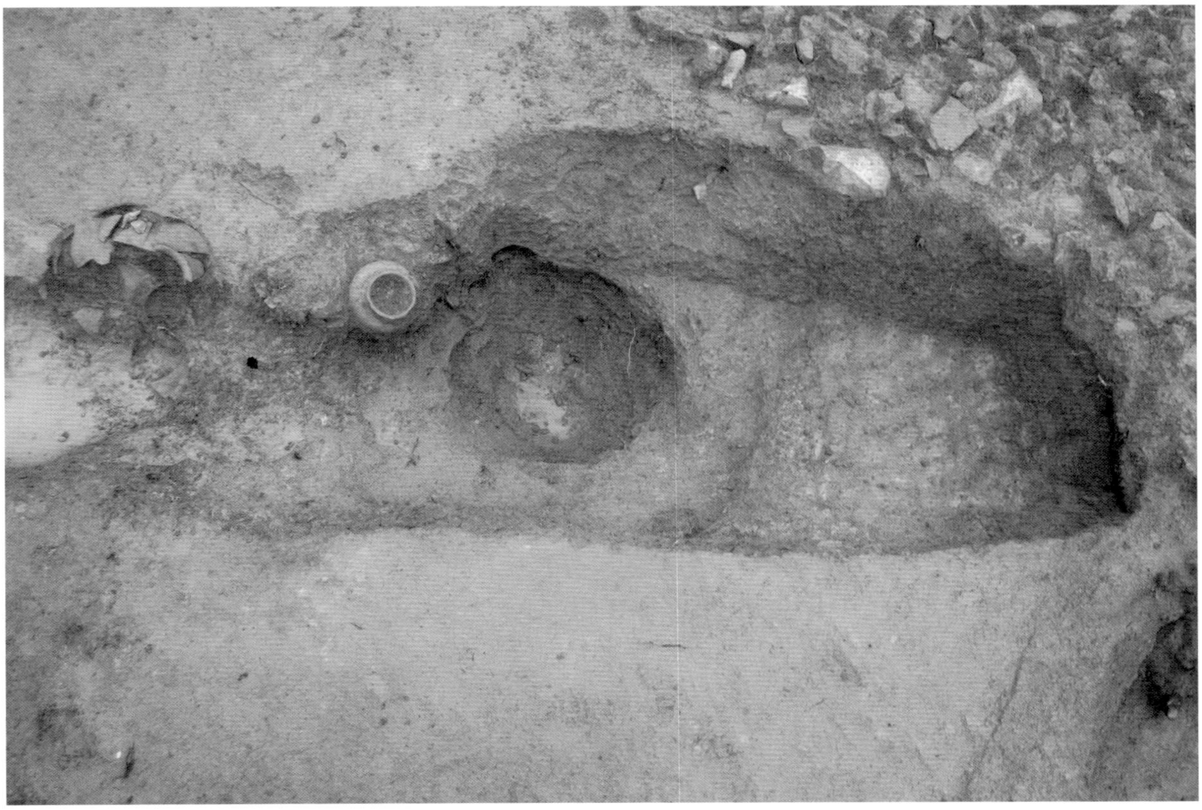

2. 2009LWMSD1M1清理后

1. 印纹硬陶罐（2009LWMSD1Q10：3）

2. 原始瓷盅（2009LWMSD1Q10：4）

3. 泥质灰陶纺轮（2009LWMSD1Q10：5）

4. 原始瓷碗（2009LWMSD1Q11：3）

5. 泥质灰陶罐（2009LWMSD1Q11：2）

6. 印纹红硬陶罐（2009LWMSD1Q11：4）

1. 2009LWMSD1M2清理后

2. 2009LWMSD1M3清理后

1. 印纹硬陶瓿（2009LWMSD1M1：1）

2. 泥质红陶罐（2009LWMSD1M2：1）

3. 原始瓷盅（2009LWMSD1M2：6）

4. 原始瓷盅（2009LWMSD1M2：3）

5. 印纹硬陶罐（2009LWMSD1M2：7）

6. 印纹红硬陶罐（2009LWMSD1M2：9）

1. 2009LWMSD1M4清理后

2. 原始瓷盂（2009LWMSD1M4：9）

3. 印纹硬陶坛（2009LWMSD1M4：16）

1. 印纹硬陶罐（2009LWMSD1M3：8）

2. 印纹硬陶罐（2009LWMSD1M3：9）

3. 印纹硬陶罐（2009LWMSD1M3：10）

4. 夹砂红陶鼎（2009LWMSD1M3：7）

5. 原始瓷碗（2009LWMSD1M3：4）

6. 原始瓷豆（2009LWMSD1M3：5）

1. 原始瓷豆（2009LWMSD1M3：6）

2. 印纹硬陶罐（2009LWMSD1M4：5）

3. 印纹硬陶罐（2009LWMSD1M4：6）

4. 夹砂红陶鼎（2009LWMSD1M4：1）

5. 夹砂红陶鼎（2009LWMSD1M4：13）

6. 夹砂红陶鼎（2009LWMSD1M4：14）

1．泥质黑皮陶钵（2009LWMSD1M4：4）

2．泥质红陶钵（2009LWMSD1M4：7）

3．泥质灰陶杯（2009LWMSD1M4：12）

4．原始瓷豆（2009LWMSD1M4：3）

5．原始瓷豆（2009LWMSD1M4：11）

6．原始瓷豆（2009LWMSD1M4：18）

1. 门口田土墩墓D1发掘前全景（南–北）

2. 门口田土墩墓D1剖面（南–北）

1. 2009LWMKD1M1出土器物

2. 硬陶瓿（2009LWMKD1M1：8）

3. 硬陶罐（2009LWMKD1M1：9）

1. 硬陶坛（2009LWMKD1M1：26）

2. 泥质灰陶钵（2009LWMKD1M1：6）

3. 泥质灰陶罐（2009LWMKD1M1：11）

4. 夹砂红陶鼎（2009LWMKD1M1：5）

5. 夹砂红陶釜（2009LWMSD1M1：12）

6. 原始瓷豆（2009LWMSD1M1：21）

1. 原始瓷碗（2009LWMKD1M1：7）

2. 原始瓷碗（2009LWMKD1M1：18）

3. 原始瓷碗（2009LWMKD1M1：2）

4. 灰陶罐（2009LWMKD1M1：24）

5. 原始瓷豆（2009LWMKD1M1：13）

6. 灰陶钵（2009LWMKD1M1：22）

1. 夹砂红陶鼎（2009LWMKD1M1：3）

2. 原始瓷盅（2009LWMKD1M1：14）

3. 硬陶罐（2009LWMKD1M1：27）

4. 硬陶罐（2009LWMKD1M1：23）

5. 灰陶器盖（2009LWMKD1M1：19）

6. 灰陶器盖（2009LWMKD1M1：25）

1. 2009LWSD3全景（东-西）

2. 2009LWQD1全景（南-北）

1. 泥质红陶罐（2009LWSD3Q1：1）

2. 印纹硬陶罐（2009LWSD3Q1：2）

3. 印纹硬陶罐（2009LWSD3Q1：3）

1. 桃园遗址发掘现场

2. 桃园遗址清理后全景

F1清理后

1. 坟山头遗址发掘现场

2. 2010LWFH1清理后

1. 2010LWTF3清理后

2. 2010LWTZ1清理后

1. 2010LWTF4清理后

2. 2010LWTF4内部陶排水管

1. 桃园遗址出土瓷片

2. 青花瓷碗（2010LWTT3②：3）

3. 青花瓷碗（2010LWTT3②：3）

1．青花瓷杯（2010LWTT4②：2）

2．青瓷碗（2010LWTT3②：2）

3．青花粉盒（2010LWTT2②：1）

4．带釉瓷器盖（2010LWTT2②：2）

5．鼻烟壶（2010LWTT2②：3）

6．鼻烟壶（2010LWTT2②：7）

1．紫砂器盖（2010LWTT2②：5）

2．钢泡（2010LWTT3②：1）

3．石砚台（2010LWTT2②：9）

4．红陶纺轮（2010LWTT1②：2）

5．玉发簪（2010LWTT2②：4）